新版

旅行業概論

―― 旅行業のゆくえ ――

編著
森下晶美

著者
松園俊志／近藤光則／谷口和寛／藤本幸男／越智良典
矢ケ崎紀子／島川崇／徳江順一郎／野村尚司

同友館

『新版 旅行業概論』の刊行にあたって

日本人の海外旅行が自由化されたのは1964年、前回の東京オリンピックが開催された年でした。そこから半世紀が過ぎ、次の東京オリンピックを迎えようとしている今、旅行業というビジネスも大きな転換期を迎えています。2017年の国内の需給ギャップは、9年ぶりに需要が供給を上回り、日本経済のデフレ脱却が確実になったともいわれる中、旅行業は環境変化の波に乗れず相変わらず低迷が続いています。

世界的な交流人口の増加に伴い、わが国でもインバウンド旅行者は2,400万人を超え、観光産業は成長産業の柱として、また地域活性化の要として存在感を増していますが、旅行業は増加していくインバウンド市場を取り込めていません。旅行業が取り扱うインバウンドの額は、最大手のJTBですら売り上げ全体の1割に満たず、成長市場の波に乗れていないのです。

ICTテクノロジーの旅行業への影響についても、すでに10年以上も前から指摘されており、Web予約の増加や海外企業の進出は相変わらず続いていますが、こうした販売手段への影響以外にも、SNSなどを利用した旅行者が持つ情報量の飛躍的な増加や、AI（人工知能）使った企画、VR（ヴァーチャルリアリティ）を使った疑似旅行体験など、旅行業、旅行商品そのものの根幹を揺るがしかねない影響も生じています。

サプライヤー（パートナー産業）といわれる宿泊や航空などの業界も大きく変化し、旅行会社を必要としない直販が当たり前となっただけではなく、民泊など新しい形態の宿泊施設の登場や、企画旅行には使いづらいといわれるLCC（ローコストキャリア）の増加など、旅行素材の供給環境もこれまでとは様変わりをしています。

また、本来は旅行業がもっとも得意とすべき「企画」の分野においても、十分な旅行の魅力の訴求ができず、若者の旅行市場が減少する「若者の海外旅行離れ」といった現象も指摘されおり、こうした旅行業の現状を、田村明比古観光庁長官は、2018年のJATA経営フォーラムの中で「旅行業界では、今、M・ポーターの言う競争上の脅威が5つとも教科書通りに起きている」と指摘しています。

もちろん、旅行会社もこうした脅威に対し、ただ手をこまねいているわけではありません。海外へ進出し外国人の日本以外への海外旅行を取り扱う「第３国観光」ビジネスに乗り出したり、国内の地域の観光資源の発掘やPRといった地域活性化ビジネスを手掛けるなど、新しい形態の旅行ビジネスの動きも出てきています。

本書は、旅行業のビジネスの現状を正しく理解するためにまとめたもので、そもそも旅行業とはなにか、といった基本の理解から、国内、海外、法人、インバウンドの各市場の状況、パートナー産業や環境変化の状況まで、広く旅行業を網羅しました。執筆陣も各分野の第一人者を集め、多角的な視点からアプローチした充実した内容となっています。成長産業として期待される観光産業の中でも、旅行業は重要な産業です。本書によって旅行業の現状と課題を理解し、そのゆくえをともに考えてみてください。そして、観光産業が近い将来、名実ともに日本の基幹産業となることを願ってやみません。

最後になりましたが、各章を執筆いただいた先生方、多数の執筆者の原稿をまとめてくださった編集の大河内さほさんに心からの感謝と御礼を申し上げます。

2018年３月吉日

森下 晶美

もくじ

第1章

旅行業の発展史と観光政策

旅行業は、パラダイム・シフトの最中にある。インターネット環境の進展で、旅行業にとって旅行商品を構成するサプライサイドが、消費者と直接つながることができるようになり、交通機関や宿泊機関が消費者を囲い込むようになった。個人や家族の国内旅行に関しては、ネットエージェントがSNSを利用しての信頼性を獲得してきた。航空業界もアライアンスやFFPで消費者の囲い込みに積極的である。またローコストキャリア（LCC）が、次第に消費者のニーズをつかみ始めた。国家戦略となったインバウンド振興では、LCCやクルーズ船の果たしてきた役割は大きい。旅行業の将来を考察するためには、歴史的観点から俯瞰を行い、その存在基盤を考えることが必要である。

1 旅行業の仕組み

(1) 旅行業の存在基盤

旅あるいは旅行は、旅行者自身が計画を立てて、交通機関や宿泊機関に予約を手配すれば自己完結するものである。スマートホンやiPadを利用すれば簡単に手配できるし、SNSにより詳細な情報も同時に手に入れることができる。江戸時代までは、公共交通機関がなく、権力者以外は徒歩による方法が唯一であり、山賊や海賊に遭う危険を覚悟した旅行であった。「入り鉄砲出女」（江戸に持ち込まれる鉄砲と江戸を出る女性を取り締まること）が原則であり、女性で旅行ができるのはごく限られた者のみであった。男性でも寺社仏閣を巡るための手形を持つ者だけであり、不慮の事故を覚悟して、「水杯」を家族と交わして旅に出るのが普通であった。

現代でも、個人で手配し旅行に出る際には、安全性への責任を自己で負う必要がある。個人で手配する場合は料金が割高になるのが当たり前である。リスク回避のために、旅行傷害保険に加入すべきだ。とくに海外旅行は、国内旅行と異なり治安の悪化している場所が日々刻々と変化するし、通り一本違っただけで危険な場所も多い。近年、テロリストによる銃撃事件、爆破事件が頻発しており先進国も例外ではない。また、海外で急病になり医療機関に掛かると、高額な医療費を請求されるのが普通である。顧客を最低限度の旅行傷害保険に加入させ、リスクマネジメントを推奨するのは当たり前である。

旅行産業が歴史的に存在してくるのは、産業革命以降のことである。すなわち、船舶に蒸気機関を利用して天候性を克服したり、多数の旅客を乗船させるための大型鉄鋼船舶が開発されたり、蒸気機関を使用した鉄道が開発されたりしたあとである。当初、鉄道は人の移動に使用されるより貨物輸送が優先されており、物資の輸送が主であった。高額な料金を取られるのが当たり前だったのだ。しかし権力者や富裕層は利用できたし、彼ら自身で専用客車を所有して各鉄道会社に接続させたりもしたのである。

わが国においても、横浜－新橋間に鉄道が開通した当初の運賃は高額で外国人や富裕層だけが利用していた。明治政府は、欧米に似して国家統一を図るために鉄道網を全国へ普及させるが、物資の輸送や軍人の移動が優先された。一般大衆が旅行を楽しむ環境を得るのは、第２次世界大戦後に交通インフラの復旧・改善が進み、「所得倍増」の高度成長期まで待つしかなかった。

旅行業の役割が重要になったのは、1950年代後半になり、朝鮮動乱の補給物資の供給で経済的にも潤い、米国向けの輸出が増加することで戦後の復興が進んでからである。企業の経営者は、従業員の福利・厚生のために、また会社に対しての忠誠心を確保するために、会社ぐるみの団体旅行を頻繁に行うようになった。戦時中、禁じられていた中学・高校の修学旅行も解禁された。修学旅行と会社ぐるみの団体旅行は、旅行業者にとって大きな収入源となった。鉄道路線の復興だけでなく、道路網の復旧も進み、貸切バスの団体旅行での利用が進んだ。集団で温泉地の大規模旅館に宿泊し、夜遅くまで宴会をして旅行する形態が1980年代まで続いた。

1964年に海外旅行が自由化された。当初は高額で、富裕層しか参加できなかったが、1970年代前半になると、海外まで企業の団体旅行が普及した。税法上、福利・厚生のために３泊４日まで経費として計上可とされていたので、東南アジアへの企業ぐるみの団体旅行が普及した。現在は、４泊６日まで認められており、ハワイや豪州のゴールドコーストが目的地として人気を集めている。２度のオイルショック以降、デフレ経済下で企業を挙げての団体旅行は減少したが、会社全体で移動する形態から、部門別や小グループ化が進んでいる。企業、学校、宗教法人、組合等の団体旅行（オーガナイズド・ツアー）は、旅行業の一番の収益源であるが、旅行会社間の競争が激しく厳しい状況が続いている。

個人あるいは家族の国内旅行においては、旅行会社に依頼する必然がなくなりつつある。モータリゼーションの進展で自家用車保持とレンタカー普及が進み、高速道路網が発展してきたことがその要因である。インターネットの普及でスマートフォンによる宿泊の手配は当然となり、オンライン・トラベル・エージェンシー（OTA）の台頭で旅行会社をバイパスする消費者が多くなってきている。しかし海外旅行においては、インターネットが利用できるようになり、海外旅行先の情報は手に入れやすくなったが、個人で手配する航空運賃が割高であることと外国語による手配に関しての消費者の不安もあり、旅行会社に依頼する割合が高くなっている。

(2) 企画型旅行商品の重要性

旅行会社の役割は、企業や個人から依頼を受けて旅行の手配をする（受注型）だけではない。1970年代当初にボーイング747型機が導入された。この航空機の巨大化が航空運賃の流動化をもたらした。海外旅行が自由化された時点では、航空座席の需要が高く、旅行代金も日本交通公社の欧州旅行では、17日間で71万5,000円であった。高まる海外旅行熱に対して、高額な海外旅行をいかに廉価な旅行にするかが旅行業者に求められた。そのために開発されたのが、海外旅行のパッケージ化（企画型旅行）である。

先に述べたが、1970年代に国内航空会社に747型機が導入されると、キャリア側も空き座席の増加を防ぐため、バルク運賃を導入して旅行会社に対して海外パッケージ旅行の造成を積極的に依頼してきた。大手旅行会社だけでなく中小旅行会社も海外旅行のパッケージ商品を造成するようになると、業者間の価格競争が激しくなり、海外旅行の激安化が進んだ。そして国内旅行と海外旅行の価格逆転現象も起き始めた。

わが国の海外旅行者数は年間1,600万人台が続いている。そして海外旅行だけでなく、国内旅行にもパッケージ化（企画型旅行）の流れが強まった。この流れに乗って、旅行素材の大量仕入れによるスケールメリットを追う旅行会社も出現した。その結果、ホールセール（製造・卸）の旅行会社と、売れ残りのリスク低減のために販売に重心を移すリテール（小売り）の旅行会社に分化されてきた。パッケージ化（企画型旅行）を実施する旅行会社は、旅行商品のオリジナリティを演出できて、なおかつ価格的に廉価性を持つという矛盾に満ちた企画力が必要とされている。当然、旅行商品の企画立案者には、マーケティングの知識や市場の分析能力等が必須のスキルとなる。

旅行業と一般の製造業とで大きく違う点は、旅行商品の固有の性質に、大きく５つの問題点が存在していることである。１つめは、販売時点では消費者が手に取って確認できない「無形商品」であることである。パンフレットやDVDで映像化しても、その商品全体を表現できない。２つめは、素材の需要と供給の変動幅が大きい「シーズナリティ」の問題である。とくにわが国の場合、EU圏の国々と比較すると、消費者の有給休暇制度の取得率の低さと有給休暇期間の短さは如何ともしがたい。シーズンオンとオフの急激な落差を生み出している。３つめは、「商品在庫の不可能性」である。交通機関や宿泊機関と同様に、出発や利用までに売り切らないと商品価値を失ってしまう。４つめは、「販売段階では不完成商品」であることが大きい。旅行が終了するまで、旅行者の安全を確保し不測の事態に対して旅程を管理し続けなければならない。最後の５つめは、旅行商品の個々の構成素材が、「非所有素材」であり同一素材でないことである。航空座席も宿泊客室も多様な会社の素材を利用しなければならない。また、このことは旅行会社同士で同一の素材を利用して旅行商品の造成を行う必要があることを意味する。そのうえで、旅行会社には商品の差別化を行う力がなければならない。付加価値を創造できない旅行会社は、残念ながら旅行商品の価格競争に巻き込まれることとなる。

旅行会社の業態については、大手10社程度を除いて歴史も浅く、中小企業が多いのが特徴である。旅行会社を創設するのには初期投資が少なくて済むので、旅行会社に従事していた従業員が独立することが多い。参入障壁が低く、企業間競争が激しく、企業倒産も比較的多く見受けられる。従業員数でみても第１種旅行業者の約80％は、従業員数50人以下の企業であり、第２種旅行業者の約80％は、10人以下である。第３種旅行業者に至っては、86％が従業員数５人以下である。旅行業者数は、１種、２種、３種、代理店業の全体で１万社を超えており、完全な競争環境で厳しい経営状況が続いている。

2 旅行業の歴史過程

（1）明治期以降第２次世界大戦終了まで

旅行会社の出現は、英国での鉄道業の開業（1830年）がなければありえなかった。産業革命をもたらした蒸気機関の発明は、陸上や海上で大量の物資の輸送を可能とし、鉄道や汽船が工業化社会の大きな交通インフラとなった。時代を経ると旅客輸送にも転用が進み、単に旅客の移動というよりは、情報を伝達する役割が大きくなり、近代社会の発展の礎になった。わが国の鉄道は、1872（明治５）年の東京（新橋）～横浜間が最初であり、近代化を急ぐ明治維新政府は、富国強兵の国家戦略の下で、鉄道網の全国への展開を進めた。しかしながら、この時代の旅客運賃は高額であり一部の富裕層しか利用できなかった。1890年代に入ると、関東・関西圏に鉄道のネットワークが広がり、外国人客の誘致が重要であるとの認識で、1893（明治26）年に貴賓会「ウェルカム・ソサエティ」が設立された。しかしこの当時、海外からの来訪者は、お雇い外国人やキリスト教の宣教師だけであり、貴賓会の活動は休止状態であった。

わが国に旅行業が出現するのは、1905（明治38）年のことである。滋賀県草津駅前の食堂業、南新助氏が国鉄の貸切臨時列車を使い、伊勢神宮、江ノ島、東京、日光、長野を周遊する「善光寺参詣団」（７日間）を組織して約900名の参加者を集めた。JR 西日本系列の（株）日本旅行の創業である。また、1912（明治45）年に鉄道院（国鉄）をはじめとして、ホテル、私鉄、船舶業の代表者を発起人として設立されたのが、JTB の前身「ジャパン・ツーリスト・ビューロー」である。その後、「貴賓会」の外客接遇の事業も継承され、第２次大戦終了時まで日本交通公社（現在の JTB）の独占に近い状況が続いた。

（2）世界史上最初の旅行業

世界で最初の旅行業は、英国人トーマス・クックが、1841年７月５日に開催される禁酒大会のために、ミッドランド鉄道と交渉してラフバラー～レスター間（12マイル）の廉価の運賃を勝ち取り、570名の参加者を集めて成功したことに遡る。英国は蒸気機関の発明により、羊毛や石炭等の物資輸送のために鉄道網が張り巡らされて、産業革命に成功した。鉄道の当初の役割は、原材料や製品の輸送であったが、徐々に快適性を求める王侯貴族が馬車の代りとして鉄道を利用し始める。王侯貴族は、ロンドン近郊のブライトン、ボーンマスに離宮や別荘を持っていた。移動の時に自己所有の専用客車を接続することにより、馬車の持つ振動や不定時性から解放されたのである。人の移動が活発になると、鉄道の機能として新たに情報伝達の能力が注目されることになった。

トーマス・クックは、1808年に英国中部のダービーシャーのメルバーンに生まれた。母方がバプティスト派の牧師の家系であったため、宗教的なモチベーションを持っており、成人してから禁酒運動に熱中する。この時代の労働者の勤務時間は一定でなく、長時間労働を強いられていた。疲れた身体を癒すためアルコールを大量に飲酒することが普通であった。安価でアルコール度数の高いジン等が製造され、労働者はアルコール依存症に罹患して、家族の不和が広がった。クックは布教活動の一環として、ラフバラーの印刷所で徒弟奉公して聖書の印刷技術を身につけていた。禁酒大会への参加を募るパンフレットやポスターの作成もこの時始めている。また大量の労働者が宿泊できる場所がなく、テントや食事の用意もした。1828年には、メルバーンのバプティスト派の布教師となり、宗教活動と禁酒運動に専心した。禁酒大会の成功によって彼は、歴史的に世界で最初の旅行業のビジネスモデルを創出したことになる。

この禁酒大会に参加するための旅行は、歴史的に最初の団体旅行ではない。というのも、1831年６月にマンチェスターからリバプール間を日曜学校の教師120名が団体旅行しているし、英国鉄道（British Rail）によると、1836年に800名の団体旅行の記録が残っている。トーマス・クックの禁酒大会のツアー以前にも団体旅行が行われているにもかかわらず、彼のツアーを世界最初の旅行業として認める理由は、①旅行のための広告・宣伝活動を行ったこと、②旅行中の飲食・宿泊の用意をしてパッケージ化し販売したことの２点である。

その後、クックの名声が確立されるのは、1851年の世界で最初の万国博覧会（ロンドン）に積極的に旅行者を送ったことによる。クックがロンドン万博に旅行者を送ったのは労働者の啓蒙活動がベースにある。産業革命の最中でもあり、この時代の労働者には教育機会が十分になく、労働者が先進的な知識を手に入れるにはロンドン万博が有効であると認識していた。クックはこの万博へ16万5,000人も送り込んだ。動員するために「博覧会クラブ」を創設し、旅行費の積立制度や旅行誌「エクスカーショニスト」を出版している。その後の第２回パリ万博にも旅行者を送り込んだので、海外旅行にも事業展開したことになる。

また翌年には、「大陸周遊旅行」を組織し、英国の海外旅行ブームに火をつけることになった。1864年には息子のジョンが事業を手伝うことになり、1872年「Thomas Cook & Son」が正式名称となる。1866年には「南北戦争戦跡めぐり旅行」で米国大陸に上陸し、1868年にはエジプト・パレスチナの訪問ツアーも造成している。これ以外にも、周遊切符とホテル・クーポンを組み合わせた個人向けツアーも作っている。また、1874年には旅行小切手をはじめて発行した。さらに、1890年代に入ると、世界の主要観光地に駐在員を置いて旅行客のトラブル処理に対処している。以上のように、トーマス・クックの企画力、広告・宣伝戦略、販売戦略等を見れば、彼が旅行産業の創始者であることは間違いない。

(3) 日本の旅行業の歴史的発展期

第２次世界大戦まで、わが国では、不要不急の旅行は自粛させられ、軍事優先の体制下で旅行業の果たす役割は限定されたものであった。戦後、旅行業界も再スタートを切ることとなる。全国の鉄道網も破滅的な打撃を受けていたが、徐々に復旧され、1946（昭和21）年には、お米持参の国内修学旅行が再開された。1947（昭和22）年には、世界を一周するプレジデント・モンロー号が横浜に寄港し、同年ノースウエスト航空とパン・アメリカン航空が相次いで東京に就航した。当時は米国の占領下であり、利用客は米軍関係者が中心であった。１ドル＝360円の時代で航空運賃も高額であり、日本人の海外渡航手段は貨客船と航空機利用の併存がしばらく続いた。

日本航空が国内線に就航するのは、1951（昭和26）年のことである。はじめは東京～大阪、東京～大阪～福岡、東京～札幌の３路線だった。陸上の移動手段は、道路網の整備が遅れており、復旧し始めた国鉄が中心であった。日本航空が国際線を開設するのは、サンフランシスコ講和条約調印後の1954（昭和29）年である。日本交通公社、京阪神急行、西日本鉄道、阪神電気鉄道、近畿日本鉄道、日本通運、ジャーディン・マジソン（香港系資本）の７社が、IATA（国際航空運送協会）の代理店として承認され、国際航空券を販売することとなった。

当時は、海外からの旅行客は米国からが中心で、外貨獲得の意味もあり、インバウンド業務が脚光を浴びていた。占領下の米軍基地の周辺には、旅行会社の営業所が開設されていた。明治期の「ジャパン・ツーリスト・ビューロー」は、戦時中の「亜東交通公社」を経て、戦後「日本交通公社」（現在の JTB）と名称を変更して営業を再開した。1948（昭和23）年には、近畿日本ツーリストの前身の「日本ツーリスト」が創業された。1949（昭和24）年には日本旅行会（現在の日本旅行）が営業を再開した。1950（昭和25）年、名鉄共栄社（現在の名鉄観光サービス）、1954（昭和29）年、東武鉄道観光と、続々と営業を開始しインバウンド事業に力を入れ始める。

昭和30年代に入ると、戦後からの復興が実り高度経済成長期を迎え、国内団体旅行の全盛期となる。貸切バスを連ねた地方の温泉旅館めぐりが脚光を浴びる。1964（昭和39）年は旅行産業にとってエポック・メイキングな年となった。「東京オリンピック」の開催である。オリンピック開催のため、東海道新幹線の開業、首都高速道路の開通と交通インフラの整備も進められた。宿泊業においても、オリンピックによる訪日外国人の増加にあわせて、1960年銀座東急ホテル、1961年パレスホテル、1962年ホテルオークラ、1963年東京ヒルトンホテル（現在のキャピトル東急ホテル）、1964年羽田東急ホテル、同年東京プリンスホテル、ホテルニューオータニ等と開催地東京を中心にホテルが新設されていった。

旅行業にとって重要なことは、1964（昭和39）年４月、日本人の海外旅行が自由化され、１人年１回500ドルの持ち出し制限が付いたが、海外渡航が一般にも開放されたことである。旅行会社もさっそく海外旅行を収益の柱にするべく力を入れることとなった。1964年７月には、海外パッケージツアーの第１号、スイス航空「プッシュボタン」が発売され、1965（昭和40）年１月には、日本航空が「ジャルパック」の販売を開始した。旅行会社側は、これらを代理業として販売し、自社のパッケージツアー造成の準備をした。

新しい時代のニーズに対応した旅行会社も、続々と誕生した。1956年に東急観光（国内旅行部門）が設立されたが、1960年東急航空と合併して海外旅行分野にも参画した。同じく1960年には、阪急国際交通社（阪急交通社）、1962年には読売旅行会（現在の読売旅行）が開業した。

1960年代後半になると、東名高速道路の開通など交通インフラ整備の拡大と地方の温泉地の旅館業の大規模化が、国内に「旅行ブーム」を引き起こした。特に熱海以南の伊豆半島の温泉旅館が脚光を浴びた。1970（昭和45）年に「大阪万博」が開催され、旅行業界も万博に強力な支援を行い、6,400万人という全人口の半数が参加するという巨大なイベントとなった。大阪万博終了後の反動で国内旅行者数の減少を恐れた国鉄（現在の JR）は、ポスト万博として「ディスカバー・ジャパン・キャンペーン」を展開し、日本中に「小京都」ブームを巻き起こし、大成功を収めた。

そして、高度成長期から続いてきた中年男性中心の団体旅行に代わって、若い女性たちが国内旅行に参加し始めた。女性雑誌が「小京都」特集を組んで各地を紹介し、女性の旅行マーケットの拡大をもたらす。法人団体旅行からパッケージ化した国内旅行への進展である。1971年に日本交通公社の国内旅行ブランド「エース」、1972年には近畿日本ツーリストの「メイト」と日本旅行の「赤い風船」が誕生した。この時期、大阪を中心に第２次ホテルブームが起きる。1969年にホテルプラザ（親会社は朝日放送だったが廃業）、東洋ホテルが開業する。東京でも1971年６月に京王プラザホテル、７月には品川のホテルパシフィック（京浜急行系だが廃業）が開業している。

また、海外旅行の強化を図る旅行業界は、量的拡大を狙い海外パッケージツアー開発を進めた。当初、航空会社系が先行していた海外パッケージツアーだが、旅行会社も対抗して販売を開始する。1968（昭和43）年10月、日本交通公社は海外パッケージツアー「ルック」の造成を日本通運と共同で行う。1969（昭和44）年４月、日本航空の「トラベルエア」構想に基づく「旅行開発」（現在のジャルパック）の設立に対し、同年７月、中堅の旅行会社が結集して「世界旅行」（1997年倒産）を立ち上げて「ジェットツアー」を売り出した。ホールセール専業の「旅行開発」と「世界旅行」の存在は、旅行業の変革を加速させ、大手旅行業（JTB ワールド・バケイション）もホールセール専業の系列会社を立ち上げるなど、ホールセール機能とリテール機能の分化をもたらした。

1970（昭和45）７月、ボーイング747機（通称ジャンボジェット機）が太平洋線に就航した。航空会社は、大幅に増加した座席数に合わせて大幅に割引した「バルク運賃」の導入を行う。その結果、海外パッケージツアーの大幅な値下げが可能となり、海外旅行販売を軌道に乗せることができた。この勢いに火をつけたのが為替制度の変動相場制への移行である。第２次世界大戦後に１ドル＝360円に固定されていたレートが、1971年には308円まで切り上げられた。また、貿易収支が改善して外貨獲得額が増加したことにより、海外旅行の外貨持ち出し限度額が徐々に拡大され、1972年になると制限枠がなくなった。それとともに、数次往復旅券制度が観光旅行目的でも利用できるようになり、「第２次海外旅行ブーム」が惹起された。

この時代に若者の海外旅行に拍車をかける２大メディア企業が参入する。１

つは大学生の就活情報誌としてスタートした「リクルート社」である。1975年10月に「リクルート・ヤングツアー」という就職内定者の卒業旅行を対象にした海外旅行事業に参画した。もう1つは「ダイヤモンド・ビッグ社」で、同じく大学生向け就職情報誌からスタートし、リクルート社より先にDSTという学生向け海外旅行事業を立ち上げ、「自由旅行」という旅行商品を開発し、「地球の歩き方」というベストセラーを出版した。リクルート社が現代のIT環境下に適合した「じゃらんNet」で活躍しているのを見ると感慨深い。

(4) 石油危機下での旅行マーケットの質的変化

1973（昭和48）年、突然OPEC（世界石油輸出機構）による製油価格の値上げが行われ、わが国の経済と社会に多大な影響を与えた。第1次石油危機（オイルショック）である。旅行需要も低迷し、旅行業界は冷や水をかけられた。航空燃料の高騰により航空運賃が値上がりして、順調に成長してきた海外旅行の出国者数が対前年度でマイナスになる。第2次海外旅行ブームの終焉であった。

わが国は、第1次石油危機と第2次石油危機（1979年）を技術革新で克服し、経済の再建を実現した。しかしこの期間、給与所得や可処分所得が伸び悩み、旅行の形態も高価格から安価へ、遠距離から近距離へ、長期間から短期間へと変化した。いわゆる「安・近・短」のツアーが主流になり、旅行需要に質的変化をもたらした。

1978（昭和53）年5月、新東京国際空港（成田）の開港で航空便の増発が可能になり、一時的にフライトの供給が需要を上回り、航空会社間の競争が激化した。「格安航空券」の誕生である。この時期に生まれたのがHIS（1980年）である。このころになると外国人旅行者にも質的変化が現れた。欧米圏からの旅行者に加え、東南アジアからの旅行者が目立ち始める。1983年、千葉県浦安市に東京ディズニーランドが開設されたこともあり、豊かになったNIES諸国から東京圏への旅行が増加し始める。

国内の航空会社は、この状況下で国内旅行に積極的に乗り出した。日本航空は、「旅行開発」に続き「国内旅行開発」を設立して、夏の沖縄キャンペーンと冬の北海道のスキーツアーを大規模に発売する。全日空も1978年、北海道に「ビッグスニーカー」列車を運行し、同様にスキーツアーも行い夏冬のキャンペーンを開始する。両航空会社がこれらのキャンペーンを打ち出せたのは、千歳と那覇の空港に3,000メートルの滑走路があって、海外で使用してきた747機が転用できたからである。化粧品メーカーや酒類メーカーとのタイアップキャンペーンであり、社会現象を巻き起こすほどの成功を収めた。

1978年ごろになると、第３次のホテルブームが起き、ホテルサンルート東京、品川プリンスホテル南館、1982年以降には、新高輪プリンスホテル、赤坂プリンスホテル新館、新宿ワシントンホテル、東京ヒルトンホテル（西新宿）などが一気にできた。地方の温泉地の旅館も大規模化を進めた。そこに第２次石油危機（オイルショック）が巻き起こった。当然大幅な供給過剰に巻き込まれ、特に旅館業間の競争が激化し倒産するところもあった。宿泊料金の低価格と高価格の二極化が起きてしまった。

オイルショックの影響が落ち着いた1986（昭和61）年、旅行業界は、増加しつつある募集型企画旅行商品のコストカットのために派遣添乗員制度の導入を行った。このことは、確かに旅行会社の収益の確保に貢献したかもしれないが、商品の品質確保の面では問題が多い。旅行業界はこの課題を今なお解決できていない。

(5) バブル景気下の旅行業界

バブル景気とは、1986年12月から1991年４月まで続いた好景気の53カ月間のことである。円高が続いたため、輸出主導の経済が維持できなくなり、内需主導の経済へと転換せざるを得なかった。輸出力が強すぎることから生じてくる貿易黒字を少しでも減少させるため、運輸省（現在の国土交通省）は、1987年９月に「海外旅行倍増計画」（通称テンミリオン計画）を発表した。1986（昭和61）年の海外旅行者数552万人を５年間で1,000万人にするという計画であった。ところが、予定より１年も早く計画を達成してしまう。円高の力が旺盛な海外旅行需要を喚起し、「第３次海外旅行ブーム」を引き起こしたのである。

また、経済の過熱を少しでも解消するために、新しい計画が1987（昭和62）年に立案された。「総合保養地域整備法」（通称リゾート法）の制定である。国鉄民営化に次ぐ中曽根政権の規制緩和の第２弾で、旺盛な国民の旅行需要を地域おこしに利用する計画であった。総合保養地域と重点整備地区に申請すれば、承認後、政府系金融機関から低利の融資が受けられるというシステムである。47都道府県から42の地域が承認され、国立公園法や農地法の規制緩和により、全国に観光公害を撒き散らした。政府のグランドデザインもなく、民間活力という美名のもと日本中にバブルと観光公害を還流させた最悪の政策であった。

1988（昭和63）年には、竹下政権による「ふるさと創生１億円事業」が始まり、市町村に一律１億円が交付された。１億円の使途に困った市町村に、温泉を掘削するのが流行した。しかし、温泉を引き当てても付帯する施設が必要になり、温泉資源を活用できない市町村もあった。ムダなバラマキ政策の典型である。

1987（昭和62）年４月、国鉄の民営化が実施され、自立したJR各社が独自の戦略により経営方針を立てることになった。JR各社には、旅行事業に関して微妙な方針の違いがある。JR東日本は国内旅行業に特化し、経営資源の有効活用を選択した。JR西日本は日本旅行と提携し、日本旅行を系列の旅行会社とした。JR東海はJTBと提携して、JR東海ツアーズという新会社を作った。

航空業界も規制緩和の流れの中で、長く続いてきた「航空憲法」を廃止した。日本航空の民営化が進められ、国際線・地方線の参入規制が緩和された。路線の複数化が認められ、新たな航空会社の参入が受け入れられることとなった。米国から始まった航空業の規制緩和（ディレギュレーション）が、航空会社間の競争をもたらした。世界中の航空会社が５つのアライアンスに統合され、新しくLCC（ローコストキャリア）の参入もあり、激烈な闘争を繰り広げている。

1988年３月には、大型公共事業である「青函トンネル」が開通し、その１カ月後には、四国と結ぶ「瀬戸大橋」が開通して全国が鉄道線路で結ばれることにもなった。大阪万博の成功体験から、地方自治体が各種万博、国内博を開催し、旅行業界に協力を求めて汗を流したが、成功した事例は少ない。

（6）バブル経済崩壊後の旅行業の経営環境

1991（平成３）年には、湾岸戦争が勃発して、海外旅行者数が過去最高の減少となり、旅行業にはいかに平和な環境が必要かを認識させられた。またバブル崩壊以降、デフレスパイラルに巻き込まれ、旅行商品の販売価格の低下傾向が顕著となり、旅行業界は経営難の時代に突入した。1992（平成４）年、成田国際空港の第２ターミナルが供用を開始し、新規の航空会社の就航や既存の航空会社の集約化が行われた。1997（平成９）年には、羽田空港の新滑走路が完成し40便が増便されたが、新規参入の航空会社には６便しか与えられず、規制緩和をした意味が認められなかった。また羽田空港の24時間化が可能になり、国際線と国際線チャーター機の利用の可能性が出てきた。

この時期から、外国の航空会社が一斉に「FFP」を導入して、顧客の囲い込みが始まった。既定の飛行マイル数をクリアすれば、無料の航空券がもらえるこのシステムは、ホテルやショッピングで使用するクレジットカードの利用でもマイル数を獲得でき、航空アライアンス間競争の激化をもたらした。

（7）国内旅行の空洞化と旅行業

バブル崩壊後、経済の低迷は長く続き、「失われた10年」と称された。1993年頃から、円高と海外のホテルの豪華さや割安感から海外旅行の旅行者は戻り始めている。それに引き換え、国内の高級温泉旅館の低迷は明らかだった。国内旅行が低迷する理由は、受け皿である旅館・ホテルが時代の価値観にフィットしていないことにある。個人や家族の旅行が中心になりつつあるのに、効率の良い団体客を集めるために、巨大で豪華な施設の建設にしのぎを削ってきた。

平成８年版「観光白書」では、国内旅行と海外旅行の価格の逆転現象を取り上げている。オフシーズンではあるが、沖縄に出かける旅行代金でハワイへ行くことが可能という現象である。1994（平成６）年９月、関西国際空港が開港して、関西圏からの海外旅行が便利となり、LCC の航空会社が多数入ったことが、旅行代金の低下に拍車をかけた。1999（平成11）年10月には、旅行会社の倒産が相次ぎ、営業保証金・弁済保証金制度に対する不安が生じている。募集型企画旅行の企画・販売を担当する旅行会社は、営業保証金の分担割合をより高めて旅行者の不安の解消を図るべきである。

同年、祝日法の改正が行われた。日曜日と重複した祭日を月曜日に移動する３連休制度を JATA が中心となって導入し、国内旅行で32％増、海外旅行で21％の増加をもたらした。2001年９月11日、米国を標的にする同時多発テロの勃発で海外旅行の自粛が強まった。2003年にはイラク戦争が始まったが、テロの可能性の低い目的地を目指す海外旅行者は増加している。

2003（平成15）年、小泉政権下で地方の観光地の活性化を目指して「ビジット・ジャパン・キャンペーン」が実施された。本格的にインバウンド振興を図る政策であり、外国人旅行者の確保に力を入れた。しかし、ゴールデンルートを中心に大都市の訪問者が多く、地方自治体も努力しているが、インバウンド振興の効果は出ていない。

（8）IT の進展と旅行業

インターネットの出現は、私たちの生活環境まで変化させた。必要とされる情報は、グローバルな壁を簡単に超えて手に入れることができる社会となった。旅行会社が秘匿してきた海外旅行の情報も、瞬時に手に入れられる環境である。国内旅行の情報など言わずもがなである。航空券も鉄道の指定席もスマートフォンで手に入るし、チケットレスも可能である。国内の宿泊予約だけでなく、海外のホテルの予約も自由にできる。エクスペディアをはじめ海外の OTA（オンライン・トラベル・エージェンシー）も国内で多数活動している。楽天トラベルは、国内旅行の売上高で JTB に次ぎ第２位である。OTA が強みを発揮しているのは、リアル店舗を持たなくてよいので、店舗の家賃・人件費等の固定費が少なくて済み、24時間対応ができる点である。

10年前、訪日海外旅行者は、740万人台であった。収益率の低い分野であり、旅行業界もあまり積極的に業務にかかわってこなかった。安倍政権下ではインバウンド振興を地方の観光地の活性化に資するものとして国家戦略としており、2017年度の訪日海外旅行者は2,400万人となった。2020年までに4,000万人を目標としている。インバウンド振興はこれからの旅行業界にとって重要な役割を果たすに違いない。

IT の技術革新も急激で、パソコンからタブレット、タブレットからスマートフォンへと成長し続けている。SNS（ソーシャル・ネットワーキング・システム）も発展し、ブログやフェイスブック、ツイッター、インスタグラムなど、個人が自由に意見表明できる環境にある。OTA は、旅行業が握っている推薦基準情報（協定旅館・ホテル等）に代わるものとして、その評価を利用者に任せている。また広範囲な企業グループによるポイント制度を導入し、囲い込みを進めてきている。

このような環境下で、既存のリアル店舗を持つ旅行会社は、どのように対応すればよいのであろうか。百貨店業界と同様、「何でもあります」という形態では消費者に適応できないかもしれない。顧客をセグメントして、専門店（ブティック化）するのもありだが、消費者のコンサルティングに特化するなど、今までの消費者の国内・海外旅行に対しての価値観をゼロベースから考察する必要がある。

3 日本の観光政策の変遷

（1）観光政策の黎明期

1）開国後の出入国と観光

1854年の開国後、日本では日米和親条約により外国人の出入国が始まり、1865（慶応元）年には国民の海外渡航が、1871（明治４）年には国内旅行が、それぞれ認められた。

また、名所・旧跡等を国民が親しむための公園の開設や、美術品の海外流出等を防ぐための文化財の保護もこの時期に始まった。1872年、東京・横浜間の鉄道開通を皮切りに、外国人の宿泊のためのホテルの建設が始まり、この頃レジャーとしての海水浴やスキー・スケート、登山や修学旅行も行われ始めた。

2）国際観光を推進する組織の設立

明治末期、日本を訪れる外国人は１万5,000人前後であったと推測されているが、この当時、政府には観光政策を行う組織は存在していなかった。このため、1893年に東京商工会議所は、宮内省等からの支援を得て日本ではじめて外国の接遇や案内を行うことを目的とした組織「貴賓会」を設立した。

1912年２月には、国際親善や国際収支の改善を図るため、鉄道院が中心となって「ジャパン・ツーリスト・ビューロー」（以下「ビューロー」）を設立した（これにより貴賓会は解散）。

ビューローは、日本を海外に紹介する情報発信や来訪した外国人の利便の増進等が業務とされ、その支部は大連、台湾、朝鮮などに設置されたほか、案内所は、国内はもとより欧米にも設置された。

３）観光政策に関する取り組み

1916（大正５）年８月、内閣の諮問機関である「経済調査会」は、次のような趣旨の決議を内閣総理大臣に提出した。

「外国人に手厚いおもてなしをして満足度を高めることは、日本との交流を深め、また、多くの外国人旅行者を誘致することは、日本の物産を海外に紹介することになり、ひいては外国人の消費が日本の経済の発展に寄与することになる。よって、外国人旅行者を誘致するための方策を確立させることが急務である。」

結果としてこの決議は、全面的に採用されなかったが、これが日本ではじめて、国際観光に関する事業が政策として議会で取り上げられたものであった。その後、鉄道院（鉄道省）はこの決議を踏まえ、外国人接遇のための職員の養成や旅行案内書の発行などを行った。

この当時、日露戦争後の南樺太の占有や日韓併合等により、日本の批判が国際的に高まっていたことから、日本は国際親善のために外国人の誘致や接遇が求められていた。そこで、ビューローでは関係者と協力して日本の海外宣伝や外国人の接遇などを行った。なお、当時のビューローは鉄道院の中に置かれていたが、予算の確保や運営も鉄道院が協力するなど、いわば半官半民の組織であった。

大正末期から昭和にかけては、戦後恐慌や関東大震災により、日本国内は不況となり、国際収支の改善が期待できる国際観光事業が注目されていた。そこで1927（昭和２）年、「経済調査会」では外国人の誘致のための受入体制の整備を答申し、さらに1929年の第56回帝国議会では、外国人の誘致に関する行政機関の設置が必要である旨の決議が行われた。

4）国際観光に関する組織と受入体制の整備

議会の決議を受け、1930（昭和５）年４月、鉄道省は外局に「国際観光局」を設置した。同局内には庶務課と事業課が置かれ、定員は局長以下23人であった。また同年７月には観光関係者60名からなる「国際観光委員会」（以下「委員会」）が設置され、諮問に対する答申等を行うこととされた。

さらに1931年12月には海外への日本の観光宣伝を行う組織として、鉄道大臣を会長とする財団法人「国際観光協会」が設立された。これにより、海外への観光宣伝は、国際観光局と国際観光協会によって行われることになり、ビューローの役割は、日本人および外国人旅行者の旅行あっ旋に重点が置かれるようになった。

同年11月、委員会は、「外客誘致に関し急速に実施を要する事項」をとりまとめた。これには観光関係の機関、宿泊施設、観光ルート、観光関係業者や地方機関の問題点や対策の方針が示された。このうち宿泊施設については、地方公共団体が建設するホテルに対し大蔵省からの低利融資が行われ、全国で15のホテルが整備された。なお、現在の横浜市のホテルニューグランドや長野県の上高地帝国ホテルは、この融資が活用された施設である。

5）戦時中の状況

1937（昭和12）年７月の日中事変等を受け、1939年12月、鉄道大臣の諮問を受け、委員会では観光客の受入体制整備のための助成や観光関係機関の体制整備のための法律の制定を行うべきとの答申を行った。しかし1941年12月に太平洋戦争が勃発したため、答申で指摘された法律が議会に提出される前の1942年10月、国際観光局は廃止され、ビューローも名称や業務の見直しが行われた。なお、当時は軍事力の増強が求められており、観光は単なる物見遊山であり不要不急のものとして扱われた。

（2）戦後の観光政策

1）政府の観光関係組織

戦後の観光関係の政府組織としては、1945（昭和20）年11月、運輸省鉄道総局業務局旅客課に観光係が設置された。その係は翌年には課に、1948年には観光部に昇格した。また政府内の観光関連組織としては、文部省文化財保護課、厚生省国立公園部、建設省都市局施設課（都市公園行政）がそれぞれ設置され、また、内閣には「観光事業審議会」が設けられた。

２）法令の制定

1947（昭和22）年12月、観光目的による外国人の入国が始まった当時、滞在が許可されていたのは東京、鎌倉、箱根、京都、大阪および神戸に限られていた。しかし、その後、地域制限は徐々に緩和され、外国人の数が増加したことから、外国人に対する案内対応が必要となってきた。このため、「通訳案内業法（現在の通訳案内士法）」が1949年６月に制定された。同法は、当時問題となっていた悪質ガイドを排除するため、試験に合格して免許を持つ者だけが通訳案内営業を行うことができるとする内容であった（2017年の法律改正により、通訳案内士などの特定の名称を名乗らなければ、免許がなくても外国語のガイドを行うことが可能となった）。

また、戦後不足していた外国人向けのホテル整備を促進させるため、1949年12月に「国際観光ホテル整備法」が制定された。同法は一定の基準を満たしたホテルは登録を受けることができ、登録を受けたホテルは税の減免や低利の融資が受けられるとの内容であった。

1952年の統計によると、日本を訪れる外国人は７万2,000人になり、さらに日本人の国内観光客も増えはじめた。このため旅行をあっ旋する業者も500社を超えた。しかし、中には悪質な業者もあり、数多くのトラブルが報告されるようになってきた。このため、同年７月に「旅行あっ旋業法（現在の旅行業法）」が制定された。同法は旅行者の保護を目的とし、損害の補償や料金の届出等の規定が設けられた。なお、同法は後年度に登録の更新や営業保証金に関する規定が追加されるなど、時代に対応した改正が定期的に行われ、最近では2017年にランドオペレーター（旅行サービス手配業）を登録対象とする内容の改正が行われた（第２章30頁参照）。

一方、海外への観光宣伝については、1949（昭和24）年12月に制定された「国際観光事業の助成に関する法律」による補助制度により、関係団体が事業を行うこととなった。

3）観光事業審議会における建議

戦後の観光政策としては、1948（昭和23）年に観光事業審議会が、主に以下の内容を建議している。

①　目的は、文化国家の建設と経済の復興の寄与

②　重点を置くべき事項は、国際間の相互理解と外貨の収得の促進

③　主な推進事項

・国際観光地帯の選定と整備

・観光資源の保護開発等

・官民の観光関係機構の強化

・観光関係産業の助長振興

・観光に関する国民の理解協力の促進

なお、当時国際観光地帯として選定されたのは、日光、湘南、富士箱根、北伊豆、京都・奈良、六甲および瀬戸内海であった。

（3）高度成長期の状況

1）観光基本法の制定

高度成長期においては、国民の所得水準や福祉の向上が求められ、経済の発展や生活の安定に寄与する観光の役割が見直されはじめた。しかし、日本人の海外旅行者数の拡大による旅行収支の悪化、国内の観光資源の破壊、特定観光地への旅行者の過度の集中などの課題が指摘されていた。

このような中、1963（昭和38）年、観光基本法が制定された。同法の前文では、「観光は、国際平和と国民生活の安定を象徴するものであつて、その発達は、恒久の平和と国際社会の相互理解の増進を念願し、健康で文化的な生活を享受しようとするわれらの理想とするところである。また、観光は、国際親善の増進のみならず、国際収支の改善、国民生活の緊張の緩和等国民経済の発展と国民生活の安定向上に寄与するものである」とされており、この当時に考えられていた観光政策の意義や目的が凝縮されている。

2）日本人海外旅行者と訪日外国人旅行者の状況

1964（昭和39）年に海外渡航が自由化されると、日本人の海外旅行は大衆

化が図られていく。これは、高度経済成長による国民生活のレベルの向上、円高の進行、パッケージツアーの普及による旅行費用の低廉化等が理由として挙げられている。

一方、訪日外国人旅行者の誘致は、旅行収支の改善や外国との国際相互理解、国際親善の必要性の点から、更なる取り組みが必要とされていたが、同年の東京オリンピックや1970年の大阪万博の開催などにより外国人旅行者の数は拡大していった。

3）その他の主な観光関連施策

昭和40年代から50年代にかけて行われた観光政策としては、訪日外国人旅行者の誘致のほかに、以下のようなものがある。

① 観光関係の国際協力（発展途上国に対する観光関係者の養成）

② 自然環境の保全（自然公園、森林、海洋、河川、湖沼、温泉、野生鳥獣の保護、都市の緑化等）

図表１－１　日本の観光政策に関係する主なできごと

年号	主なできごと（組織の設立、法律の制定、事業の実施）
1893年	東京商工会議所が「貴賓会」を設立
1912年	ジャパン・ツーリスト・ビューロー設立
1930年	鉄道省が外局に「国際観光局」を設置
1942年	太平洋戦争のため「国際観光局」廃止
1945年	運輸省に「観光係」を設置（3年後に「係」が「部」に昇格）
1949年	通訳案内業法（現在の「通訳案内士法」）制定
1949年	国際観光ホテル整備法制定
1952年	旅行あっ旋業法（現在の「旅行業法」）制定
1963年	観光基本法制定
1964年	日本人の海外渡航が自由化
1986年	テンミリオン計画策定
2003年	ビジット・ジャパン・キャンペーン開始
2006年	観光立国推進基本法制定
2008年	国土交通省が外局に「観光庁」を設置
2013年	訪日外国人旅行者数が1,000万人を超える
2016年	明日の日本を支える観光ビジョン策定
2017年	観光ビジョン実現プログラム2017策定

③　文化財の保護（重要伝統的建造物群保存地区の選定等）

④　観光週間の実施（旅行者の増加による観光地の汚れや観光資源の毀損等に対応するための観光に関する正しい観念の普及活動）

⑤　宿泊休養施設の整備等（国民休暇村、国民保養温泉地、青年の家・少年自然の家、国民宿舎、ユースホステル、国民保養センター等）

⑥　旅行者の安全対策（ハイジャック 防止対策、旅行業者の指導監督の強化）

（4）最近の状況

1）観光立国推進基本法の制定

年号が昭和から平成に変わり、バブル経済が崩壊して、経済の停滞や少子高齢化等の課題が顕在化するなか、特に地域における活力の低下が叫ばれるようになってきた。このような中、地域にある独自の自然、歴史、文化等の資源を活かして交流人口の拡大を図ることは、地域の活性化につながると考えられるようになってきた。

そこで、政府は2006（平成18）年に観光基本法を全面改正して、観光立国推進基本法を制定した。同法において観光は、地域経済の活性化、雇用機会の増大等国民経済のあらゆる領域にわたりその発展に寄与し、また国民生活の安定向上に貢献するとともに、国際相互理解を増進するものであるとしている。

2）訪日外国人旅行者の拡大

高度成長期以降、日本人の海外旅行者数は増加傾向を示し、特に1986（昭和61）年に策定されたテンミリオン計画の効果等により急激に増加し、2000（平成12）年には年間1,700万人を超えるまでになった。

一方、日本を訪れる外国人旅行者の数は、同年では476万人にとどまっており、日本人海外旅行者数に比べて伸び悩んでいたため、日本人と外国人の出入国者数は極めてアンバランスな状態であった。

このため政府は2003年、国際相互理解の増進と日本の国際的立場の向上、外国人の消費を通じた経済の活性化を目指して、訪日外国人旅行者の誘致を進める取り組みとして「ビジット・ジャパン・キャンペーン」（後に「ビジット・ジャパン事業」と名称を変更）を始めた。

訪日外国人旅行者は、ビジット・ジャパン事業の効果等により2007年まで増加傾向を示したが、新型肺炎の流行や東日本大震災などにより前年を下回る年もあった。しかし、その後は訪日ビザの緩和や免税制度の拡充等の諸施策の実施、アジアの経済成長や円安の進行等により訪日外国人旅行者は再び増加し、2013年には1,000万人を突破し、さらに2017年には2,800万人を超え、現在も増加傾向を示している。

3）観光立国を目指して

2008年10月、政府は観光立国を進める一環として、国土交通省の外局に観光庁を設置した。

訪日外国人旅行者が拡大し、また外国人による消費も拡大する中、政府は2016（平成28）年３月、観光政策を一層強化するための新たな政策と目標を盛り込んだ「明日の日本を支える観光ビジョン」（図表１－２参照）を策定した。

このビジョンは、訪日外国人旅行者の数を2020年までに4,000 万人に、また2030年に6,000 万人にするとともに、外国人旅行者の消費額やリピーターの数を５年間で２倍とするといった目標を掲げている。さらに、日本における観光資源の活用、観光産業の国際競争力の強化、旅行者の受入環境整備などに視点を置いたうえで、日本が観光立国を進めていくため、課題を克服するための改革を行う必要があるとしている。

ビジョン策定の翌年には、この実施計画である「観光ビジョン実現プログラム2017」が策定された。これに基づき、現在では赤坂や京都の迎賓館の一般公開が行われているほか、日本国内の景観の活用、観光人材の育成、海外旅行の促進、出入国審査の改善、通信環境の整備等が行われている。

昨今注目されている外国人旅行者による消費の増加や交流の拡大等により、観光振興に関する期待が一層高まっていることから、日本における観光の役割は、今後ますます重要になっていくと考えられている。

図表１－２　新たな観光政策と目標

「明日の日本を支える観光ビジョン」
－世界が訪れたくなる日本へ－

視点１
「観光資源の魅力を極め、地方創生の礎に」

「魅力ある公的施設」を、ひろく国民、そして世界に開放

●赤坂や京都の迎賓館などを大胆に公開・開放

「文化財」を、「保存優先」から観光客目線での「理解促進」、そして「活用」へ

●2020年までに、文化財を核とする観光拠点を全国で200整備、わかりやすい多言語解説など1000事業を展開し、集中的に支援強化

「国立公園」を、世界水準の「ナショナルパーク」へ

●2020年を目標に、全国５箇所の公園について民間の力も活かし、体験・活用型の空間へと集中改善

おもな観光地で「景観計画」をつくり、美しい街並みへ

●2020年を目途に、原則として全都道府県・全国の半数の市区町村で「景観計画」を策定

視点２
「観光産業を革新し、国際競争力を高め、我が国の基幹産業に」

古い規制を見直し、生産性を大切にする観光産業へ

●60年以上経過した規制・制度の抜本見直し、トップレベルの経営人材育成、民泊ルールの整備、宿泊業の生産性向上など、総合パッケージで推進・支援

あたらしい市場を開拓し、長期滞在と消費拡大を同時に実現

●欧州・米国・豪州や富裕層などをターゲットにしたプロモーション、戦略的なビザ緩和などを実施
● MICE 誘致・開催の支援体制を抜本的に改善
●首都圏におけるビジネスジェットの受入環境改善

疲弊した温泉街や地方都市を、未来発想の経営で再生・活性化

●2020年までに、世界水準DMOを全国100形成
●観光地再生・活性化ファンド、規制緩和などを駆使し、民間の力を最大限活用した安定的・継続的な「観光まちづくり」を実現

視点３
「すべての旅行者が、ストレスなく快適に観光を満喫出来る環境に」

ソフトインフラを飛躍的に改善し、世界一快適な滞在を実現

●世界最高水準の技術活用により、出入国審査の風景を一変
●ストレスフリーな通信・交通利用環境を実現
●キャッシュレス観光を実現

「地方創生回廊」を完備し、全国どこへでも快適な旅行を実現

●「ジャパン・レールパス」を訪日後でも購入可能化
●新幹線開業やコンセッション空港運営等と連動した、観光地へのアクセス交通充実の実現

「働きかた」と「休みかた」を改革し、躍動感あふれる社会を実現

●2020年までに、年次有給休暇取得率70%へ向上
●家族が休暇をとりやすい制度の導入、休暇取得の分散化による観光需要の平準化

〈参考文献〉

「インバウンド概論」JHRS、2003年。

ピアーズ・ブレドン著／石井昭夫訳『トマス・クック物語　近代ツーリズムの創始者』中央公論社、1995年。

玉村和彦著『パッケージ観光論』同文館出版、2003年。

中谷秀樹編著『観光と情報システム』流通経済大学出版会、2017年。

「観光行政100年と観光政策審議会30年の歩み」内閣総理大臣官房審議室資料。

「観光白書」総理府編および国土交通省編。

「創発的進化へ向けて」公益財団法人日本交通公社資料。

「訪日インバウンド50年の歩み」国際観光振興機構資料。

・日本旅行ホームページ

第2章

旅行業法と旅行業

報酬をもらって旅行者のために航空券や宿泊施設を手配したり、ツアーを企画・販売する場合には、旅行業法に基づく登録を取得し、旅行業法に基づくルールに従って旅行者と取引をしなければならない。

第2章では、旅行業法の概要について、2017年6月改正により追加された旅行サービス手配業に対する規制も含めて解説をする。

・旅行業法とは
・旅行業等の意義
・企画旅行と手配旅行
・旅行業等の登録について
・旅行業に対する主な規制
・旅行業者代理業に対する主な規制
・旅行サービス手配業に対する主な規制
・法令違反に対するペナルティ

1 旅行業法とは

旅行業法（昭和27年法律第239号）とは、旅行業務に関する取引の公正の維持、旅行の安全の確保、旅行者の利便の増進を目的として、旅行業等の営業者に対する登録制度を設けるとともに、業務を行うにあたって遵守すべき義務を定めた法律である。

旅行業法は、1952（昭和27）年に「旅行あっ旋業法」として制定されて以降、変化する旅行マーケットに対応するために改正が行われてきたが（第１章３節参照）、直近では、2017（平成29）年６月に、①着地型旅行を推進するための規制緩和（地域限定旅行業務取扱管理者資格の創設）、および②これまで規制対象外であった旅行サービス手配業（いわゆるランドオペレーター業）に対する登録制度の創設を行うための「通訳案内士法及び旅行業法の一部を改正する法律（平成29年法律第50号）」が成立し、2018（平成30）年１月４日から施行されている。

本章では、旅行業法の基礎的な概念を解説しつつ、特に2017（平成29）年６月改正に着目して、その全体像を俯瞰することとしたい。

2 旅行業等の意義

旅行業法は、(1) 旅行業、(2) 旅行業者代理業、(3) 旅行サービス手配業の３種類の事業を規制対象とするが、各事業の意義については、以下のとおりである。なお、旅行業法は、これらの事業のいずれについても、事業者が、報酬を得て事業として行う場合に限り規制対象としており、無償で行う場合や、有償であっても１回限りでしか行われない場合には、旅行業法の規制は及ばない。

（1）旅行業の意義

旅行業とは、一言でいうと、旅行者と運送サービスまたは宿泊サービス（以下「運送等サービス」という）の提供機関との間に立って、旅行者が運送等サービスの提供を受けられるよう運送等サービスを含む旅行商品を企画したり、運送等サービスを手配する行為や、これらに付随する行為を指す。その法律上の定義を要約すると、概ね以下のとおりである。

① 企画旅行にかかる基本的旅行業務（法第２条第１項第１号）
旅行計画を作成の上、同計画に定めた各サービスを旅行者に提供するため、自ら運送等サービス提供機関とサービス提供契約を締結する行為

② 企画旅行にかかる付随的旅行業務（法第２条第１項第２号）
①に付随して、運送等サービス以外の旅行関連サービスについて、自ら当該サービス提供機関とサービス提供契約を締結する行為

③ 手配旅行にかかる基本的旅行業務[注)]（法第２条第１項第３号、第４号）
旅行者と運送等サービス提供機関との間のサービス提供契約の締結に向けて、旅行者のための代理、媒介もしくは取次ぎ、または運送等サービス提供機関のための代理もしくは媒介を行う行為

④ 手配旅行にかかる付随的旅行業務（法第２条第１項第６号、第７号）
③に付随して、運送等サービス以外の旅行関連サービスについて、旅行者と当該サービス提供機関との間のサービス提供契約の締結に向けて、旅行者のための代理、媒介もしくは取次ぎ、または当該サービス提供機関のための代理もしくは媒介を行う行為

⑤ 渡航手続代行サービス等（法第２条第１項第８号）
前記の①または③の行為に付随して行う渡航手続代行サービスその他の旅行者の便宜となるサービスを提供する行為

⑥ 旅行相談（法第２条第１項第９号）
旅行日程の作成や旅行費用の見積り等の旅行の相談に応じる行為

なお、航空運送代理店やバス等の回数券販売所のように、運送サービス提供機関の代理人としての発券業務にのみ従事するような場合は、旅行業に該当しない（法第２条第１項、旅行業法施行要領〔平成17年国総旅振第386号〕「1」「4)」）。また、①または③に付随せずに行われる旅行関連サービス（観劇、イ

注）平成29年６月に成立した住宅宿泊事業法（平成29年法第65号）では、同法に基づく届出住宅における宿泊サービス（いわゆる民泊サービス）の手配は、旅行業者の他、同法に基づく登録を受けた住宅宿泊仲介業者においても実施できることとされた。もっとも、民泊サービスを含む企画旅行については、旅行業者においてのみ実施可能である。

ベントのチケットの手配、レストランの手配、運送等サービスを伴わない体験サービスの手配等）に関する②または④の行為は、旅行業には当たらない。

(2) 旅行業者代理業の意義

旅行業者代理業とは、旅行業者に代理し、当該旅行業者による旅行業務に関する契約を締結する行為である。旅行業者が取り扱う旅行商品を旅行業者の代理人として旅行者に販売する行為がこれに当たる。しかし、運送等サービス提供機関との間の契約を旅行業者に代理して締結をする行為は旅行業者代理業には当たらず、後述の旅行サービス手配業に該当する（法第２条第２項、旅行業法施行要領〔平成17年国総旅振第386号〕「1」「5)」)。

(3) 旅行サービス手配業の意義

旅行サービス手配業は、2017（平成29）年６月改正により新たに旅行業法の規制対象に加えられた事業である。いわゆるランドオペレーター業を指し、旅行業者から依頼を受けて、運送等サービスその他の旅行関連サービスの手配(代理、媒介または取次ぎ）を行う行為を指す（法第２条第６項)。

旅行業法は、旅行者（消費者）の取引の安全を法目的の１つとしていることから、2017年６月改正以前は、BtoB（旅行業者とランドオペレーター間、またはランドオペレーターとサービス提供機関間）の取引のみ行い、BtoC の取引を行わない旅行サービス手配業については、旅行業法の規制の対象外としていた。

しかし、昨今、海外の旅行業者から委託を受けた国内のランドオペレーターが手配をする訪日旅行の一部に、無資格ガイドを利用したり、土産物店への連れ回しや高額な商品購入を勧誘する問題のある旅行が散見され、ランドオペレーターによる行為を規制する必要性が指摘された。また、旅行の安全性確保の観点からは、運送機関等を選定したり、運送機関等との契約締結交渉を行うランドオペレーターを直接規制する必要性が認められたことから、ランドオペレーター業（旅行サービス手配業）についても、規制対象に加えられることとなった。

3 企画旅行と手配旅行

旅行会社により旅行者に提供される旅行には、①募集型企画旅行、②受注型企画旅行、③手配旅行がある。旅行業法は、これらの旅行の類型に着目して、第1種旅行業から地域限定旅行業の各登録区分を設定する他、特定の旅行類型にのみ適用される規制を設けたり、また、各旅行類型ごとの標準旅行業約款を用意するなどしており、旅行業法の規制を理解するにあたっては、まず、これらの各旅行類型の意義を理解しておく必要がある。

(1) 企画旅行について

企画旅行とは、前記2節（1）の①および②の業務により提供される旅行である。そのうち、広く参加者を募集するためにあらかじめ旅行業者が自ら旅行計画を作成するものを「募集型企画旅行」といい（いわゆるパッケージツアー）、特定の旅行者の依頼に基づき旅行計画を作成し、当該旅行者のために企画するオーダーメイド型の旅行を「受注型企画旅行」という（教育旅行や企業の研修旅行などに利用される例が多い）。

企画旅行においては、旅行業者は、旅行計画の実施のために、自ら運送機関等のサービス提供機関とサービス提供契約を締結し、その上で、旅行者との企画旅行契約に基づき、旅行者に対して当該サービスを提供する。そのため、旅行業者は、旅行者に対し、サービス提供機関をして契約上予定されたサービスを提供させる義務（債務）を負担し、万が一、それらのサービスが提供できなかった場合や旅行中に事故が生じた場合には、旅行業者に契約上の責任（債務不履行責任）が生じる可能性がある。

旅行業法は、このような企画旅行の性質に鑑み、旅行業者に対して、企画旅行の円滑な実施を確保するための措置を講じる義務（旅程管理義務）を課す他(法第12条の10)、標準旅行業約款において、旅行業者の契約上の責任を前提とする特別補償責任や旅程補償責任等の条項を整備している（標準旅行業約款「募集型企画旅行契約の部」および「受注型企画旅行契約の部」の各第7章)。

また、募集型企画旅行については、不特定多数に販売するものであるため市場規模が大きく、かつ、旅行業者が負担する責任が大きくなる傾向があることから、第１種旅行業から第３種旅行業の各登録区分の業務範囲は、募集型企画旅行の催行可能範囲を基準として設定され、募集型企画旅行の催行可能範囲が広域となればなるほど、多額の基準資産の保有および営業保証金の供託等が旅行業者に求められる（４節参照）。

(2) 手配旅行について

手配旅行とは、前記２節（1）の③および④の業務により提供される旅行であり、旅行業者の営業所の店頭やインターネットを通じて、航空券やホテルを手配するような場合がこれに当たる。

手配旅行の場合、旅行業者は、旅行者のための代理、媒介もしくは取次ぎ、またはサービス提供機関のための代理もしくは媒介を行い、いわば、旅行者とサービス提供機関を繋ぐ役割を担うにすぎず、旅行業者は、サービス提供機関によるサービス提供それ自体には、原則として、責任を負担しない。

また、手配旅行の場合、サービス提供契約はサービス提供機関と旅行者との間で成立する（または旅行者に損益が帰属する形でサービス提供契約が締結される）ため、各種サービスの代金は、当該サービス提供機関が設定した代金を旅行者がそのまま負担し、旅行業者は、代理、媒介または取次ぎにかかる役務提供についての手数料（旅行業務取扱料金）を取得するに留まる。この場合の手数料について、旅行業者は、事業の開始前にあらかじめ定め、営業所に掲示しておく必要がある（法第12条第１項）。

なお、企画旅行の旅行代金については、旅行業者が自らの責任により自由に設定することができ、企画旅行の実施の前提として、旅行業者がサービス提供機関と締結したサービス提供契約に定めた代金のとおりとする必要はない。

4 旅行業等の登録について

旅行業法は、旅行業、旅行業者代理業、旅行サービス手配業の事業ごとに登録制度を設け、さらに、旅行業については、その業務範囲に応じて第１種旅行業、第２種旅行業、第３種旅行業および地域限定旅行業の４種類の登録区分を設けている。各登録区分の登録行政庁、業務範囲および主な登録要件・義務の概要は図表２－１のとおりである。なお、旅行業の登録を取得していれば、旅行サービス手配業の登録を取得していなくても、旅行サービス手配業を実施することができる（法第34条）。

図表２－１のとおり、旅行業の各登録区分においては、業務範囲が広域となればなるほど、登録を受けるにあたり必要とされる基準資産額が増加し、また、多額の営業保証金または弁済業務保証金分担金が求められる。第１種旅行業から第３種旅行業の登録区分は、募集型企画旅行の催行可能範囲により区別されるが（前記３節（１）参照）、受注型企画旅行および手配旅行については、第２種旅行業者または第３種旅行業者でも、海外の受注型企画旅行や手配旅行を取り扱うことができる（なお、その場合、当該取扱いを行う営業所に総合旅行業務取扱管理者を選任しておく必要がある）。

また、地域限定旅行業は、着地型旅行の企画・実施の担い手となる事業者の新規参入を促す観点から、2013（平成25）年４月に創設された登録区分であり、その業務範囲は、募集型企画旅行、受注型企画旅行および手配旅行のいずれについても、事業者の営業所の存する市町村の区域、これに隣接する市町村

図表２－１　旅行業等の登録

		登録行政庁（申請先）	業務範囲				主な登録要件・義務		
			企画旅行			手配旅行	基準資産	営業保証金	管理者の選任
			募集型		受注型				
			海外	国内					
旅行業者	第１種	観光庁長官	○	○	○	○	3,000万	必要	旅行業務取扱管理者
	第２種	都道府県知事	×	○	○	○	700万	必要	旅行業務取扱管理者
	第３種	都道府県知事	×	△	○	○	300万	必要	旅行業務取扱管理者
	地域限定	都道府県知事	×	△	△	△	100万	必要	旅行業務取扱管理者
旅行業者代理業		都道府県知事	所属旅行業者のための旅行商品の代理販売				不要	不要	旅行業務取扱管理者
旅行サービス手配業		都道府県知事	旅行業者のための運送等サービスの手配				不要	不要	旅行業務取扱管理者または旅行サービス手配業務取扱管理者

△：事業者の営業所が存在する市町村の区域、これに隣接する市町村の区域および観光庁長官が定める区域内の旅行に限り取扱い可能。

の区域および観光庁長官が定める区域内に限定される。

5 旅行業に対する主な規制

(1) 営業保証金・弁済業務保証金

旅行業は、一般に、運送機関やホテルなどの他人のサービスを取り扱う事業であるため、事業開始にあたり、旅行業者自らが特段の資産（設備、施設等）を保有しておく必要はなく、小規模な事業者でも、多額の取引を取り扱う可能性がある。また、旅行代金は前払いが一般的であるが、旅行業者の業況が悪化した場合には、旅行代金を前払いしたのに手配が為されないといった事態が旅行者に生じる可能性があり、なおかつ、旅行業者に特段の資産がないため、返金を受けられないという状況に陥る可能性がある。

そこで、旅行業法は、旅行者の取引の安全を図るため、旅行業者に対して営業保証金の供託を求めており、旅行業者は、その旨を登録行政庁に届け出たあとでなければ、旅行業を開始できない（法第７条）。旅行業者と取引をした旅行者は、当該旅行業者が供託している営業保証金から、当該旅行業者に対して有する債権（前受金返還請求権等）の弁済を受けることができる（法第17条）。

営業保証金の金額については、図表２－２のように、旅行業者の登録区分と当該旅行業者の前事業年度の取引額に応じて定められ、事業年度終了後、前年度の取引額に照らして追加の営業保証金の供託が必要となる場合には、旅行業者は、事業年度終了後、100日以内に追加で営業保証金を供託しなければならない（法第９条）。

他方、旅行業者が観光庁の指定を受けた旅行業協会に加入している場合、旅行業協会が所属旅行業者に代わって弁済を行うため、当該旅行業者は、営業保証金の供託に代えて、営業保証金の５分の１相当額を弁済業務保証金分担金として旅行業協会に納付すれば足りる（法第22条の14）。

なお、観光庁は、2017（平成29）年３月に発生した第１種旅行業者の大型破産事案により多数の旅行者に被害が生じたことを受け、2018年４月に営業保証金等の金額を図表２－２のとおり見直した。

図表２－２　営業保証金の金額表

①　営業保証金額　　　　　　（単位：万円）

前事業年度の取引額	第１種旅行業者	第２種旅行業者	第３種旅行業者	地域限定旅行業者
400万円未満	7,000	1,100	300	15
5000万円未満	7,000	1,100	300	100
2億円未満	7,000	1,100	300	300
2億円以上4億円未満	7,000	1,100	450	450
4億円以上7億円未満	7,000	1,100	750	750
7億円以上10億円未満	7,000	1,300	900	900
10億円以上15億円未満	7,000	1,400	1,000	1,000
15億円以上20億円未満	7,000	1,500	1,100	1,100
20億円以上30億円未満	7,000	1,600	1,200	1,200
30億円以上40億円未満	7,000	1,800	1,300	1,300
40億円以上50億円未満	7,000	1,900	1,400	1,400
50億円以上60億円未満	7,000	2,300	1,600	1,600
60億円以上70億円未満	7,000	2,700	1,900	1,900
70億円以上80億円未満	8,000	3,000	2,200	2,200
80億円以上150億円未満	10,000	3,800	2,700	2,700
150億円以上300億円未満	12,000	4,600	3,200	3,200
300億円以上500億円未満	13,000	4,800	3,400	3,400
500億円以上700億円未満	14,000	5,300	3,800	3,800
700億円以上1,000億円未満	15,000	5,500	4,000	4,000
1,000億円以上1,500億円未満	16,000	6,000	4,300	4,300
1,500億円以上2,000億円未満	18,000	6,600	4,700	4,700
2,000億円以上3,000億円未満	20,000	7,600	5,400	5,400
3,000億円以上4,000億円未満	25,000	9,200	6,600	6,600
4,000億円以上5,000億円未満	30,000	11,000	7,900	7,900
5,000億円以上1兆円未満	35,000	13,000	9,300	9,300
1兆円以上2兆円未満	45,000	17,000	12,000	12,000
以上1兆円につき	10,000	3,000	2,500	2,500

注）弁済業務保証金分担金の納付額は上記の金額に5分の1を乗じた額

② 追加供託額（海外募集型企画旅行を取り扱う第１種旅行業者のみ）

海外募集型企画旅行の年間取引額		営業保証金追加供託額
	8億円未満	0万円
8億円以上	9億円未満	900万円
9億円以上	15億円未満	1,100万円
15億円以上	35億円未満	1,300万円
35億円以上	55億円未満	1,500万円
55億円以上	75億円未満	1,600万円
75億円以上	110億円未満	1,700万円
110億円以上	160億円未満	1,800万円
160億円以上	220億円未満	2,000万円
220億円以上	330億円未満	2,200万円
330億円以上	440億円未満	2,800万円
440億円以上	550億円未満	3,400万円
550億円以上	1,000億円未満	3,900万円
1,000億円以上	2,100億円未満	5,000万円
2,100億円以上	1,000億円につき	1,100万円

注）弁済業務保証金分担金の追加納付額は上記の金額に5分の1を乗じた額

(2) 旅行業務取扱管理者制度

旅行業者は、旅行業務に関する取引の公正、旅行の安全および旅行者の利便を確保するため、その営業所ごとに１人以上の旅行業務取扱管理者を選任する必要がある（法第11条の２第１項）。

旅行業務取扱管理者には、従前から存在した総合旅行業務取扱管理者、国内旅行業務取扱管理者に加え、2017（平成29）年６月改正により創設された地域限定旅行業務取扱管理者の３種類がある。地域限定旅行業者の催行可能範囲内（図表２－１参照）のみの旅行を取り扱う営業所においてはそれらのいずれか、当該範囲を超える範囲において国内旅行を取り扱い、海外旅行を取り扱わない営業所においては総合旅行業務取扱管理者または国内旅行業務取扱管理者のいずれか、海外旅行を取り扱う営業所においては総合旅行業務取扱管理者の選任が必要とされる（法第11条の２第６項、第11条の３第１項）。

旅行業務取扱管理者は、原則として、営業所を兼任することはできないが（法第11条の２第４項）、一部地域において、有資格者が不足しており、旅行業務取扱管理者の選任義務の存在が旅行業への参入障壁となっているとの声があったことから、2017（平成29）年６月改正により、地域限定旅行業者に限り、近接した場所に複数の営業所がある場合で、旅行業務取扱管理者がその複数の営業所を兼任しても支障が生じないような場合には、兼任が認められこととなった（法第11条の２第５項）。その反面で、同改正では、これらの規制緩和により旅行業務取扱管理者の質の低下を招かないよう、旅行業務取扱管理者に対して、５年に１回の研修受講義務が課されることとなった（法第11条の２第７項）。

（3）約款制度

約款とは、事業者が、不特定多数を相手として行う大量かつ画一的な取引の契約内容とすることを目的として、あらかじめ定型的に定めた契約条項をいい、旅行業約款以外にも、保険契約約款や携帯電話の通信サービス契約約款等が約款の例としてあげられる。旅行業法は、旅行業者が旅行者の利益を不当に害する条件で旅行契約を締結しないよう、旅行業者が、旅行者との間の旅行契約についてあらかじめ旅行業約款を定め、これについて観光庁長官の認可を受けることを求めている（法第12条の２）。ただし、観光庁は、募集型企画旅行契約、受注型企画旅行契約、手配旅行契約、渡航手続代行契約および旅行相談契約の別に応じ、標準旅行業約款を定めており、旅行業者がこれと同一の約款を自社の約款として定めた場合には、観光庁長官の認可は不要としている（法第12条の３）。実務上は、多くの旅行業者が標準旅行業約款と同一の約款を自社の約款として定めており、旅行業者が一から独自の約款を作成して認可申請を行うことはまれである。

（4）個別取引にかかる行為規制

前述の各制度のほか、個別取引にかかる行為規制として、主に以下が存在する。なお、③契約書面の交付義務については、従前は、旅行者に対する旅行契約にかかる契約書面の交付のみが求められていたが、2017年６月の改正により、旅行サービスの確実な提供の確保等を目的として、サービス提供機関または旅行サービス手配業者に対する当該当事者との間の契約にかかる契約書面の交付も求められるようになった（法第12条の５第３項）。

①手配旅行にかかる料金掲示義務（法第12条）

②取引条件の説明・書面交付義務（電子交付も可能）（第12条の４）

③契約書面の交付義務（電子交付も可能）（第12条の５）
④企画旅行の募集広告の表示事項（第12条の７）
⑤誇大広告の禁止（第12条の８）
⑥標識の掲示義務（第12条の９）
⑦企画旅行にかかる旅程管理義務（第12条の10）
⑧禁止行為（第13条）

6 旅行業者代理業に対する主な規制

旅行業者代理業者とは、旅行業者に代理して、当該旅行業者による旅行業務に関する契約を締結する者である。旅行業者代理業者が代理できる旅行業者（以下「所属旅行業者」という）は１社に限定され（一社専属制）（法第14条の３）、所属旅行業者は、旅行業者代理業者が旅行者に加えた損害について責任を負う（法第14条の３第５項）。なお、旅行業者においても、他の旅行業者と販売受託契約を締結すれば、他の旅行業者の企画旅行を代理販売することができる（法第14条の２）。

旅行業者代理業者は、所属旅行業者の代理人として、旅行商品の販売活動を行うため、旅行業者と同様、旅行者の取引の安全を図るための各規制（旅行業務取扱管理者の選任義務〔法第11条の２〕、取引条件の説明・書面交付義務〔第12条の４〕、契約書面の交付義務〔第12条の５〕、企画旅行の募集広告の表示事項〔第12条の７〕、標識の掲示義務〔第12条の９〕、禁止行為〔第13条〕等）が課される。

もっとも、旅行業者代理業者はあくまで代理人であるから、旅行業者代理業者が締結した契約の効力は所属旅行業者に帰属し、旅行業者代理業者は、自ら旅行契約に関する契約上の責任を負うことはない（旅行業者が他の旅行業者の旅行商品を受託販売する場合も同様である）。つまり、万が一、契約上予定されたサービスが提供されなかった場合や旅行中に事故が生じた場合、旅行者は、旅行業者代理業者ではなく、所属旅行業者に対して契約上の責任を追及することになる。

他方、旅行業者代理業者の旅行内容に関する説明に不備があった場合など、旅行業者代理業者の販売活動に起因して旅行者に損害が生じた場合は、旅行業者代理業者も責任を負担するが、このような損害については、前述のとおり、所属旅行業者も賠償義務を負うことになる（法第14条の３第５項）。つまり、旅行業者代理業者については、所属旅行業者も責任主体となるため、その信用力や資産状況を特段問題とする必要はないことから、登録時の基準資産要件は課されず、また、営業保証金の供託義務および弁済業務保証金分担金の納付義務も課されていない。

7 旅行サービス手配業に対する主な規制

旅行サービス手配業は、旅行業者から依頼を受けて、運送等サービスその他の旅行関連サービスの手配（代理、媒介または取次）を行うものであり、BtoCの取引は行わないことから、旅行者の取引の安全を図るための規制は課されず、旅行の安全確保の観点から、主に以下の規制が課されている。

①旅行サービス手配業務取扱管理者の選任義務（法第28条）
②契約書面の交付義務（電子交付も可能）（第30条）
③禁止行為（第31条）

①のとおり、旅行サービス手配業者は、その営業所ごとに１人以上の旅行サービス手配業務取扱管理者を選任しなければならない（法第28条）。旅行サービス手配業務取扱管理者には、総合旅行業務取扱管理者または国内旅行業務取扱管理者の試験合格者のほか、所定の研修を修了したものを選任することができる（法第28条第５項）。また、旅行サービス手配業務取扱管理者については、旅行業務取扱管理者と同様、５年に１回の研修受講義務が課されている（法第28条第６項）。

③の契約書面の交付義務は、旅行業者のサービス提供機関または旅行サービス手配業者に対する契約書面の交付義務（法第12条の5第3項）と同趣旨の規定であり、旅行業法は、旅行サービスの確実な提供の確保等を目的として、旅行サービス手配業者が、その業務に関して取引を行う旅行業者およびサービス提供機関のそれぞれに対し、当該取引にかかる契約書面を交付することを求め

ている（法第30条）。

8 法令違反等に対するペナルティ

旅行業者、旅行業者代理業者または旅行サービス手配業者において、取引の公正、旅行の安全または旅行者の利便を害する事実があると認められるときは、観光庁長官による業務改善命令の対象となる可能性がある（法第18条の３、法第36条）。また、旅行業者、旅行業者代理業者または旅行サービス手配業者による法令または命令・処分違反行為は、観光庁長官による業務停止命令または登録取消処分の対象となる可能性があるほか（法第19条、法第37条）、刑事罰の対象にもなり得る（法第74条以下）。

また、2017（平成29）年６月改正においては、法令違反行為を行った者（無登録業者も含む）について、観光庁長官が、その会社名、法令違反行為の概要などを公表できることにつき明文の根拠規定が置かれた（法第71条）。

〈参考文献〉

「新たな時代の旅行業法制に関する検討会 経営ガバナンスワーキンググループとりまとめ」観光庁、2017年。
http://www.mlit.go.jp/common/001200940.pdf

第3章

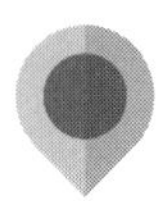

旅行業の仕組みと現状

一口に「旅行」と言っても、温泉旅行から海外視察旅行と幅が広い。また、「旅行」は旅行会社がなくても成立するものであるが、国内には約1万社もの旅行会社が存在しているのも事実である。第3章では、旅行ビジネスとして扱う旅行商品にはどのようなものがあるか、旅行ビジネスはどのように成り立っているのか、といった旅行業の仕組みを中心に解説をしていく。

旅行業界を取り巻く環境は、近年、急速に変化をしており、旅行ビジネスにも大きな変革の波が押し寄せている。旅行ビジネスは、今、どこへ向かっているのだろうか。

1 旅行商品とは

(1) 定義

「旅行商品」とは、広義にはトラベラーズチェックや保険など旅行会社で販売する商品のすべてを指すが、狭義には単品の旅行素材や旅行素材に企画性や保証などの付加価値が加えられた企画旅行のほか、旅行相談や手配・手続きといったサービスそのものも含まれる。特に近年では、より独自性の高い企画やスタッフのホスピタリティといった、旅行会社ならではの質の高い付加価値が求められている。

(2) 旅行商品の素材

1）旅行商品を構成する素材（アゴ、アシ、マクラ、シーン、ヒト）

旅行商品を構成するそれぞれのパーツを「旅行素材」と呼ぶ。一般に、旅行は「アゴ」、「アシ」、「マクラ」、つまり、食事、交通、宿泊の３要素で構成されるが、最近では体験や目的といった「シーン（場）」も旅行の重要な要素と考えられるようになった（図表３－１参照）。

①アゴ（食事）

訪問地での食の楽しみは旅の重要な要素である。季節や土地に応じた味覚の意味での「食材・料理」と、眺めの良いレストランなどの「地域ならではの場所」といった２つ素材がある。特に最近では、旅行目的として「現地での食」をあげる旅行者も増えており、地産地消の食やＢ級グルメなど、食と観光をテーマとした町おこしなども盛んになっている。

②アシ（交通）

目的地までの「移動手段」としての１次交通と、訪問地で「観光利用」する２次交通の２つの素材がある。航空機や鉄道、バスなどの公共交通機関のほか、貸切バスやレンタカー、定期観光バスなどが含まれる。

③マクラ（宿泊）

目的や予算、場所に応じてさまざまな種類の宿泊施設があるが、旅行商品の素材としては、大きく「滞在そのものが目的」であるリゾートホテルや旅館などと、「観光やビジネスの拠点」として使われるシティホテル、ビジネスホテルなどがある。国内では、ホテル、旅館のほか個人経営のペンションなども人気が高く、近年では食事の有無、部屋タイプなどさまざまなバリエーションが見られるようになった。また、海外ではシティホテルやリゾートホテルのほか、古い城や館を改装した古城ホテル、下宿タイプのB&B（ベッド＆ブレックファスト）などその国ならではの宿泊施設もある。

④シーン（場面・場所）

旅行の目的やテーマとなる重要な要素。名所・旧跡やテーマパークなどの施設（ハード）だけでなく、スポーツ体験・観戦、芸術鑑賞といった経験や体験などソフト面の目的もこれに含まれる。近年では、特にテーマ性のあるシーンの提供が求められており、ニューツーリズムとも呼ばれている（第４章83頁参照）。

⑤ヒト（人的サービス）

現地の人々との交流やそれを支えるスタッフ、また、同行者によって旅行は優劣に大きな差が出る。このため、旅行素材として提供する人的サービスやホスピタリティは旅の重要な素材となる。

図表３－１　旅行素材

旅行素材	素材の要素	素材の具体例
アゴ（食事）	季節や土地の味覚	秋の松茸、北海道のカニ、フランスのエスカルゴなど
	食事場所	海辺のレストラン、ライブ音楽の楽しめるレストランなど
アシ（交通機関）	目的地までの移動交通（１次交通）	航空機、鉄道、船舶、高速バス、レンタカーなど
	訪問地での観光交通（２次交通）	路線バス、定期観光バス、観光船、ロープウエイ、レンタカーなど
マクラ（宿泊施設）	国内	旅館、ホテル、ペンション、民宿など
	海外	シティホテル、リゾートホテル、古城ホテル、B&Bなど
シーン（場面・場所）	見学、鑑賞施設（ハード）	名所・旧跡（神社・仏閣、城など）、自然、テーマパーク、博物館・美術館など
	体験、経験（ソフト）	コンサート、スポーツ観戦、ハイキングなど
ヒト（人的サービス）	コミュニケーション、ホスピタリティ	添乗員、ガイド、現地係員など

２）付加価値

旅行商品の素材には、前述のような商品そのものを構成するアゴ、アシ、マクラなどのほか、「価格を下げる」、「１度の申込で手配が完結する」、「提供施設の質を確認し保証する」などの企画性、利便性、信頼性も、旅行者にとっての付加価値となり重要な旅行素材の１つとなる。

(3) 旅行商品の種類

旅行商品を分類するにはいくつかの視点からとらえることができるが、1）旅行取引を規定した標準旅行業約款による分類、2）旅行目的による分類、3）旅行者と企画性の有無、4）旅行会社の販売戦略による分類などがある。

１）標準旅行業約款による分類

旅行会社が、旅行商品を販売し旅行者との取引行為を行うには、取引の規定を定めた旅行業約款に依らねばならないが、標準旅行業約款において旅行商品は、企画旅行（募集型企画旅行、受注型企画旅行）、手配旅行、旅行相談、渡航手続などに分類され、それぞれが以下のように規定されている（第２章参照）。

①募集型企画旅行

一般にはパッケージツアーと呼ばれるが、標準旅行業約款によれば、旅行会社が、旅行の日程や運送、宿泊サービスの内容、旅行代金を企画し、広告などを通じて旅行者を募って実施するタイプの旅行商品をいう。

募集型企画旅行には、日程表に記載した旅行スケジュールの内容を旅行会社が必ず履行しなければならない旅程保証責任があり、万が一、旅行内容が変更となった場合には旅行者に対して変更補償金が支払われる。また、旅行者が、旅行中、不慮の事故に遭遇した場合にも、その損害に対して補償金が支払われる特別補償が適用となる。

②受注型企画旅行

一般には法人旅行、または団体旅行と呼ばれる。募集型と同様に旅行会社が旅行の日程や運送、宿泊サービスの内容、旅行代金を企画し実施する旅行をいう。募集型との違いは、受注型の場合は旅行者からの依頼があってはじめて旅行の企画を行うもので、原則として、参加する旅行者のグループがすでにあり、一般参加者の募集は行わない。職場の慰安旅行や修学旅行などがこれにあたり、募集型企画旅行と同様に旅程保証、特別補償が適用になる。

③手配旅行

運送、宿泊などの手配を旅行者が旅行会社に依頼するもので、旅行会社はその依頼に従って手配を行うもの。個々の旅行素材を旅行者が選択して旅程を作成し、計画の意思決定は旅行者自身が行うため、旅程保証や特別補償の適用はない。格安航空を含めた航空券、ホテル、列車などの各種予約・発券、オーダーメイドの旅行などがこれにあたる。

④旅行相談

旅行の計画作成のために必要な助言や計画の作成、経費の見積もり、現地の情報提供といった、さまざまなアドバイスのことをいうが、実際には旅行に関する相談だけで旅行者に費用を請求している旅行会社は少なく、商品としては形骸化していることが多い。

⑤渡航手続

旅券、査証、再入国許可証などの取得に関する手続きや出入国書類の作成などがこれにあたる。日本人の観光旅行の場合、査証なしで渡航できる国が多く、また、近年、日本の出入国書類も廃止されたことから、旅行会社での取り扱いは減少している。しかし、ロシアなどは観光旅行でも査証が必要であるほか、米国でもESTA（電子渡航認証システム）の申請が必要となる。こうした手続きを面倒と感じる旅行者や団体旅行の場合は、旅行会社が代行して手続きを行う。

図表３－２　企画旅行と手配旅行の違い

	旅行内容の企画	旅行代金の決定	参加者	旅程保証	特別補償
募集型企画旅行	旅行会社が行う	旅行会社が行う	広告を通じて一般に募集	適用	適用
受注型企画旅行	旅行会社が行って、依頼者の承諾を得る	旅行会社が行って、依頼者の承諾を得る	あらかじめ参加者のグループがある	適用	適用
手配旅行	旅行者が行う	旅行者が素材を選んで決定する	あらかじめ参加者のグループ（個人）がある	適用しない	適用しない

2）目的による分類

旅行商品は、旅行者の目的によっても分類することができ、観光旅行のほか、仕事を目的としたビジネストリップ（業務旅行）、研修・教育を目的とした教育旅行などがある。

①観光旅行

名所・旧跡や自然の見学型以外に、スポーツ（参加・観戦）、グルメ、芸術鑑賞、クルーズ、リゾート滞在、温泉などの体験型があり、内容は多様化している。最近では、農業体験や野生動物見学などの特別なテーマや目的を持ったSIT（Special Interest Tour）も注目されており、こうしたテーマ性の高い旅行は、ニューツーリズムとも呼ばれる（第４章83頁参照）。

②ビジネストリップ（業務旅行）、MICE

商談や打ち合わせを目的とした国内外の出張のほか、見本市や企業視察を目的とした視察旅行、国際会議や学会への参加を目的とした旅行などがある。見本市や国際会議への参加を目的としたものは、特にMICE（Meeting（会議）、Incentive（報奨・研修旅行）、Convention（国際会議・学術会議）、Event/Exhibition（見本市・展示会））と呼ばれる（第６章６参照）。

③教育旅行

小・中・高等学校などの学校単位で行われる教育・研修・体験学習等を目的としたもの。修学旅行や研修旅行などがあり、近年では国内だけでなく海外への修学旅行、語学研修旅行も広く一般化した。また、個人単位で参加する留学や語学研修ツアーもこれに含まれる（第６章４参照）。

④その他（帰省、訪問など）

上記以外にも、お盆や年末年始の帰省、国内の遠隔地や海外で暮らす家族や友人などの訪問も旅行の一形態として存在するが、旅行商品としては交通手配などの単品素材の販売であることが多い。

3）旅行者と企画性の有無による分類

一般に、旅行者には、プライベートな旅行として「個人」が行うものと、「法人」が行い組織や団体の一員として参加するものがある。また、旅行商品には、旅行会社の企画性の有無によって、主に手配だけの「単品素材」と旅行会社が日程などを提案する「企画旅行」がある（図表３－３）。

図表3－3　旅行者と企画性から見た商品の分類

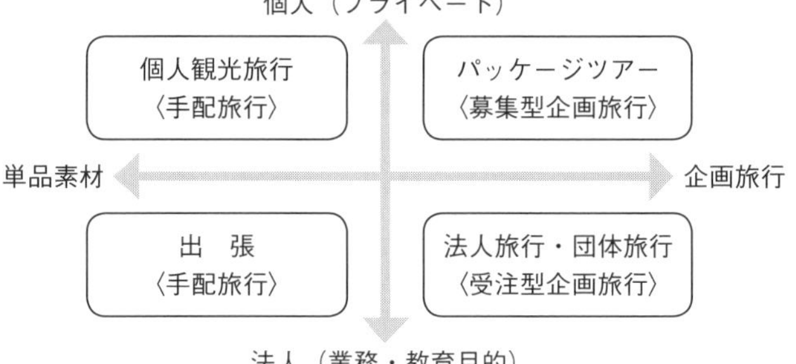
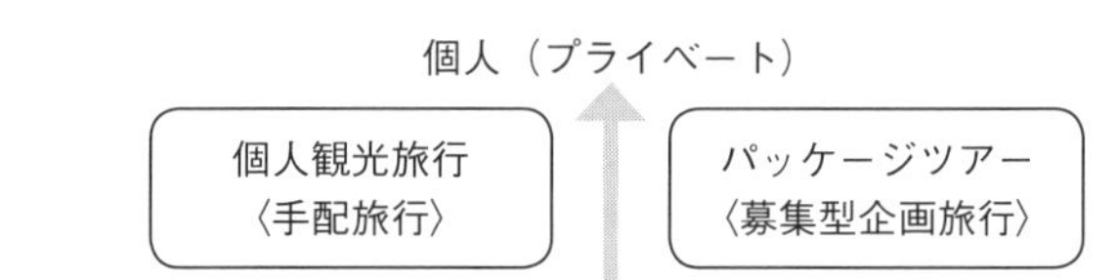

個人のプライベートな旅行に単品素材を提供するものは「個人観光旅行」、プライベートな旅行に企画旅行を提供するのは「パッケージツアー」といい、法人に対して単品素材を提供するものは「出張」、法人に対して企画旅行を提供するものは「法人旅行・団体旅行」に位置づけられる。

4）旅行会社の販売戦略上の分類

旅行会社において主力商品として業務上で分類されているのは、概ね、次の５つであるが、いずれも、主に販売対象の顧客（個人、法人、訪日外国人）によって分類されていることがわかる（図表３－４）。

①パッケージツアー（募集型企画旅行）

約款上の「募集型企画旅行」を指す。ⓐ観光や食事が手配されている「便宜性」、ⓑプロの選択と手配である「安心感」、ⓒ大量仕入れによる「低価格」の実現、ⓓ添乗員や現地係員が世話をしてくれる「快適性」の４つの点に優れている商品である。

観光、食事、添乗員等がセットされた「フルパッケージ（団体型パッケージ）」と往復交通と宿泊だけの「スケルトン（フリープラン型）パッケージ」の商品があり、旅行素材を旅行者が自由に選んで組み立てるものを特に「ダイナミックパッケージ」と呼ぶ。従来、パッケージツアーの主流は添乗員同行の「フルパッケージ」であったが、リピーターや個人志向の増加に伴い、最近では大都市や有名観光地への旅行を中心に「スケルトン（フリープラン型）パッケージ」の利用が増えている（図表３－５参照）。

図表3－4　販売上の旅行商品の分類

目的	旅行商品名	種　類	旅行内容の特徴
プライベート	パッケージツアー（募集型企画旅行）	フルパッケージ、スケルトン（フリープラン型）パッケージ、ダイナミックパッケージなど	旅行会社が内容を企画し、代金を定めて、パンフレットや広告等で旅行参加者を募る旅行商品。企画旅行に位置付けられ、旅程保証や特別補償の適用がある。 ・フルパッケージ：宿泊、交通、観光、食事などがセットされたもの。 ・スケルトンパッケージ：往復交通と宿泊のみのもの。自由度が高い。フリープラン型ともいう。 ・ダイナミックパッケージ：必要なセット内容を自分で選びオリジナルのツアーを作り上げるもの。
	個人観光旅行（手配旅行、FIT）	宿泊予約、交通手配、各種入場券、レンタカー手配など	旅行者が自ら旅行素材を選んで旅行会社がその手配のみを行うもの。計画の意思決定は旅行者自身が行うため、旅程保証や特別補償は適用にならない。
業務・教育	法人旅行（多くは受注型企画旅行）	慰安旅行（社員旅行、職場旅行）、報奨旅行、招待旅行など	オーガナイザーとも呼ばれる企業や団体が、目的を定めて実施する旅行。企画旅行に位置付けられ、旅程保証や特別補償の適用がある。 ・慰安旅行（社員旅行、職場旅行）：社員や構成員の慰安や親睦を目的とした旅行。 ・報奨旅行：販売店や社員のモチベーション高揚を目的としたもの。売り上げや業績に応じて招待される。 ・招待旅行：販売促進や得意先の接待を目的としたもの。“クイズに答えてハワイを当てよう”などはその一例。
	教育旅行（多くは受注型企画旅行）	修学旅行、語学研修など	小中高校、大学などで実施される教育研修や体験学習を目的とした旅行。修学旅行がこの代表格。遠足や林間学校、語学研修、ホームステイなどもこれにあたる。法人旅行の一形態。企画旅行に位置付けられ、旅程保証や特別補償の適用がある。
	ビジネストリップ（業務旅行）、MICE	出張、会議参加、視察旅行など	業務を目的とした旅行。国内外の「出張」や、企業、行政等を視察する「視察旅行」、国際会議や見本市への参加や主催などがある。
訪日	インバウンド（訪日外国人旅行）		外国からの訪日旅行客のための国内の旅行手配。

図表3－5　国内宿泊者（プライベート）の商品別構成比

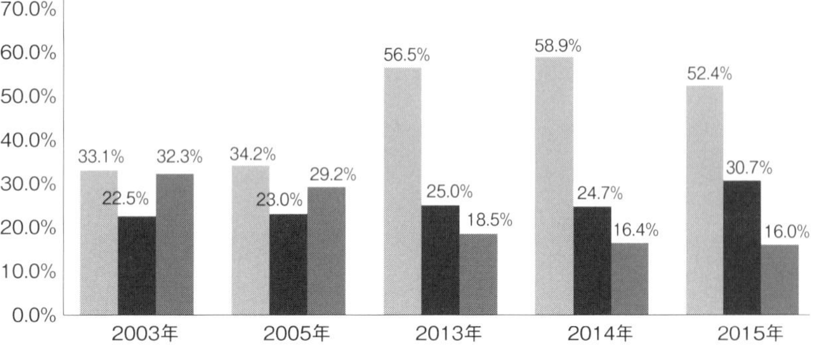

出典：（公財）日本交通公社「JTB 旅行需要調査」

②個人観光旅行（手配旅行）

旅行目的の多様化やリピーターの増加に伴い、個人旅行を好む旅行者も増えてきている。90年代前半に格安航空券が一般化したことや、インターネットの普及で各種予約が簡単にできるようになったことも人気に拍車をかけた。最近は大手旅行会社でも専門支店を設置し、個人観光旅行客の獲得に乗り出している。本来は、約款で規定する手配旅行や旅行会社を通さず旅行者自身が手配を行う旅行形態をいうが、スケルトンパッケージの利用やパッケージツアーで延泊プランを利用する場合も個人観光旅行と呼ぶことが多い。また、海外旅行の場合は特にFITとも呼ぶ（Foreign/Free（海外の、自由な）、Independent/Individual（個人単位の）、Travel/Tour/Trip（旅行））。旅行会社で手配する個人旅行の素材には図表３－６のようなものがある。

③法人旅行（受注型企画旅行）

団体旅行とも呼ぶ。法人旅行には、社員（構成員）の慰安や親睦を目的とした「慰安旅行」、「職場旅行」、販売店や社員のモチベーション高揚を目的とした「報奨旅行」、得意先の接待や販売促進を目的とした「招待旅行」等があるが、いずれも旅行実施目的が明確なことが特徴である。多くは、顧客の依頼により、実施目的や参加者、予算などに合わせた企画を立案して実施する企画旅行となる。顧客となる企業や組織、団体をオーガナイザーと呼ぶが、オーガナイザーには、一般企業や公共団体のほか、敬老会、同好会、同業組合などもある。旅行会社では特に法人営業、オーガナイザーセールスと呼び、大手旅行会

図表３－６　個人旅行素材

国内旅行素材	海外旅行素材
・航空券（格安、正規割引、普通運賃など各種） ・宿泊予約 ・列車、観光列車予約 ・現地での２次交通の予約、発券（列車やバス、船、登山電車等） ・レンタカー ・テーマパークや観光施設、美術館等の入場券 ・定期観光ツアー ・レストランやゴルフ場などの各種予約 ・演劇、コンサートのチケット ・ハイヤー、タクシー	・航空券（格安、正規割引、普通運賃など各種） ・宿泊予約（宿泊クーポン） ・列車予約 ・レイルパス（ユーレイルパス、USAレイルパス等） ・現地での２次交通の予約、発券（列車やバス、船、登山電車等） ・レンタカー ・テーマパークや観光施設、美術館等の入場券 ・定期観光ツアー ・レストランやゴルフ場などの各種予約 ・演劇、コンサートのチケット ・ハイヤー ・ガイド、通訳 ・ウエディング（会場、衣装、送迎等）

社では専門支店を設けているところが多い（第6章1参照）。

④教育旅行（受注型企画旅行）

法人旅行の一形態に位置づけられ、教育旅行も旅行会社の主力商品の1つである。修学旅行や語学研修、ホームステイ等、教育や研修、体験学習が目的で実施される。一度に参加する人数が多いため、旅行会社間での獲得競争は激しい。従来は列車やバスを利用した国内旅行が主流であったが、現在は高校を中心に、アジアやオセアニア、北米といった海外への修学旅行も増えている。旅行会社では、法人営業と同様に教育旅行の専門支店を設けているところもある。

⑤ビジネストリップ（業務旅行）、MICE

国内外の業務「出張」や、企業、行政等を視察する「視察旅行、企業研修旅行」、国際会議や見本市、学会に参加するための旅行などがある。旅行会社の役割は、交通機関と宿泊のみの単純な手配から視察先企業のアレンジを必要とするものまでさまざま。旅行者は1人の場合もあるが、顧客が企業、団体、学校であることから、旅行会社の営業戦略上は、法人旅行の一形態として位置付けることもある。

また最近では、旅行手配のみにとどまらず、必要書類の作成や精算など出張で生じる一連の業務を一括管理し事務代行も行うBTM（ビジネス・トラベル・マネジメント）を法人営業の一部に位置付ける旅行会社もある。

さらに、見本市や展示会、国際会議などの提案や運営、参加などのMICE（Meeting（会議）、Incentive（報奨・研修旅行）、Convention（国際会議・学術会議）、Event/Exhibition（見本市・展示会））は、ビジネスイベントの提案や運営のほか、参加者の交通・宿泊の手配も行うため、一度に多くの集客が見込めるビジネスとして、また、インバウンド誘致の一方策として、大手旅行会社を中心に力を入れるところが増えている（第6章6参照）。

⑥インバウンド（訪日外国人旅行）

外国からの訪日旅行客のための国内の旅行手配をインバウンドと呼ぶ。JTBの前身であるジャパン・ツーリスト・ビューローも1912（明治45）年に外客誘致から事業をスタートしており、日本人の海外旅行よりも歴史がある。近年は、政府、地方公共団体、民間企業が一体となって訪日旅行者誘致に力を入れており、2016年には日本人の海外旅行者を大きく上回る2,404万人のインバウンド旅行者が日本を訪れた（第7章1参照）。しかし、日本の旅行会社におけるインバウンド取扱額は低く、旅行業界最大手であるJTBでも全体のわずか5.8%にとどまっている（2016年）。

2 旅行商品の流通

旅行は、時間消費型のサービス商品のため物理的な商品の移動はないが、旅行会社がサプライヤーから旅行素材を仕入れて造成した旅行商品が旅行者に購入・消費されるまでの流通過程があり、その過程は旅行商品の種類によって異なる。本項では、旅行商品の造成と流通・販売についてふれる。

（1）旅行商品の造成

旅行商品における造成とは、①内容の企画、②航空座席やホテル客室の仕入れ交渉、③食事、観光、ガイド、バスなど現地の旅行素材の仕入れ交渉、④それらの組み立て、旅行代金見積りおよび代金決定、⑤販売のためのパンフレット制作、⑥広告宣伝、販売流通に乗せるなどの具体的な製品化のプロセスの総称であるが、これらに先立ち、旅行者のニーズを把握するためのマーケティングがあることは言うまでもない。また、旅行商品でいう「仕入れ」とは、チャーターの場合を除き、実際に各旅行素材を買い取ることはせず、価格や利用条件を決定することを指す（図表３－７）。

1）パッケージツアー（募集型企画旅行）の造成

募集型企画旅行の場合、①’旅行会社が既存ツアーの分析や他社動向、旅行に関する潮流などを検討するマーケティングを行った上で、①ツアーの企画を行い、各旅行素材（宿泊施設、航空座席など）の質や安全性、現地の状況などの情報収集と検討を行う。その後、ツアー内容に沿った②航空座席や宿泊の仕入れと、③バスや食事などの仕入れ交渉を行って④価格が決定する。海外旅行のパッケージツアーの場合、航空座席以外のホテルやバス、レストランなどは地上手配とも呼ばれ、地上手配専門の旅行会社（ツアーオペレーター）がホテルやレストランなどと交渉して値段や条件を決め、手配を行うことが多い。ま

図表３－７　パッケージツアー造成のプロセス

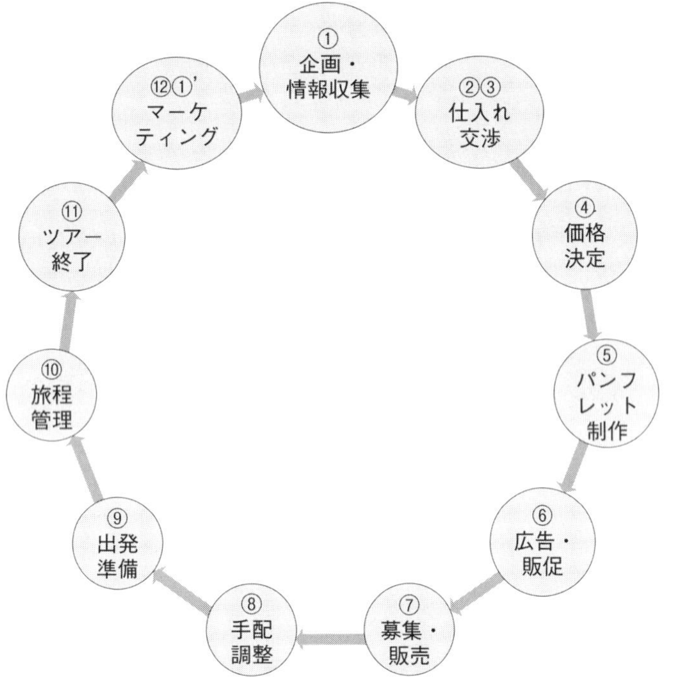

た、航空座席についても、大手旅行会社ほど集客力がなく交渉力の弱い中小旅行会社は、一般的に、ディストリビューターと呼ばれる航空座席やホテルの卸問屋としての機能を持つ旅行会社を通して仕入れを行うこともある。

こうしてパッケージツアーが出来上がると、次に⑤パンフレットを制作し、⑥新聞やインターネットなどの広告、⑦ポスターやキャンペーンなどの販売促進を行い、集客を図る。こうしてツアー催行が決定すると、旅行会社は⑧～⑪交通機関や宿泊など実際の手配調整を行い、ツアーが実施される。

旅行終了後には、⑫参加者へのアンケートを実施するほか、添乗員やカウンターセールススタッフ、サプライヤーなどからも当該ツアーに関する情報収集を行い、①'次のツアー企画に反映させていく。

２）法人旅行、団体旅行（受注型企画旅行）の造成

受注型企画旅行（法人旅行）の場合は、オーガナイザーと呼ばれる企業や学

校、組織などが顧客となり、オーガナイザーから旅行の目的、予算、その他の希望などを聞き取った上で、それに沿った企画提案を行う。企画が顧客に了承されると、旅行会社は交通機関や宿泊など実際の手配を行い、ツアーが実施される（第6章1を参照）。

（2）旅行商品の流通と販売

旅行商品は、その種類によって、流通経路が異なり、図表3－8のような過程をたどる。

1）パッケージツアー（募集型企画旅行）の流通

パッケージツアーには、旅行商品を造成する旅行会社が別の旅行会社に販売を委託するホールセールと、旅行商品を造成する旅行会社が直接旅行者に販売を行うダイレクトセールという2つの流通形態がある。

図表3－8　旅行商品の流通

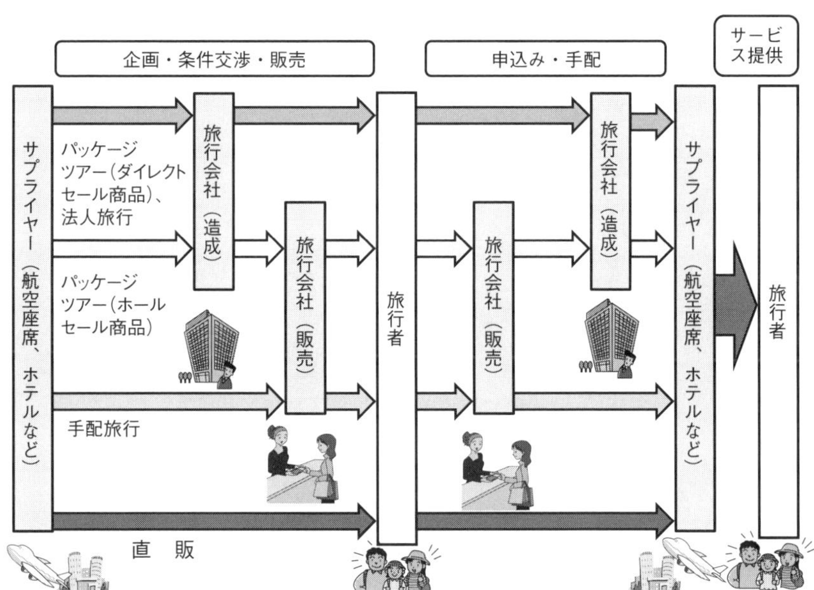

①ホールセール

企画・運営を扱う、造成専門の旅行会社であるホールセーラーがパッケージツアーを作り、リテーラーと呼ばれる旅行会社に販売を委託して主に店頭で販売する。ホールセラー自身は旅行者には販売を行わないことが多い。主に店頭パンフレットで参加者を募集するが、近年ではインターネット販売系旅行会社を通じてWeb販売されることもある（図表３－９）。

海外旅行のホールセール商品には、ルックJTB、ジャルパック、ホリディ(KNT)、マッハ（日本旅行)、ハローツアー（ANAセールス）など、国内のホールセール商品には、エース（JTB)、メイト（KNT)、赤い風船（日本旅行)、びゅう（JR東日本）などがある。

ホールセールは、委託受託契約を交わせば全国のあらゆる旅行会社で販売ができるため、大量集客が可能でスケールメリット効果が期待できる。さらに、販売する旅行会社から見れば、地方の小さな旅行会社でもさまざまなホールセール商品を取り扱うことで多品種を取り揃えることができ、旅行者の選択肢を増やすことができる。また、カウンターセールスを基本としているため、対面での販売は旅行者にとって安心感や信頼につながり、きめの細かい対応が可能である。

図表３－９　ホールセール商品の流通

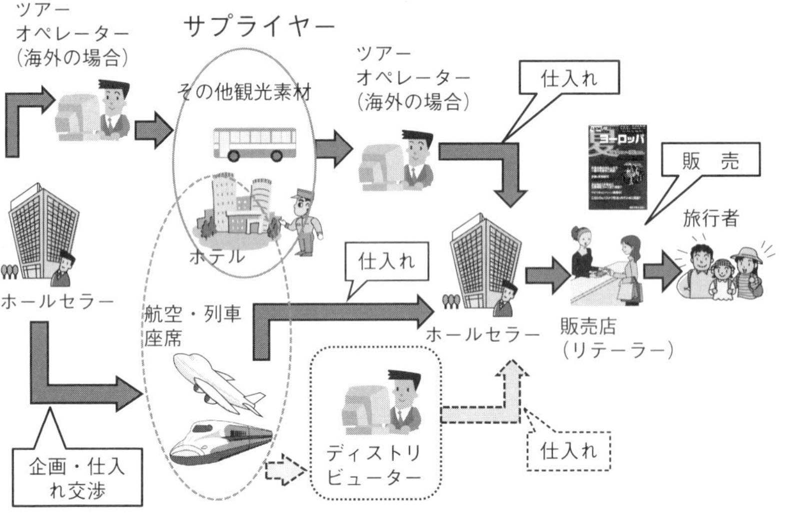

その一方で、委託するリテーラーへの販売手数料がかかるほか、全国の旅行会社できめの細かい対応をするためには詳細な販売マニュアルが必要となる。また、全国に配置するパンフレットの数も大量になるため、これらのコストが掛かる。

②ダイレクトセール（直販）

パッケージツアーを造成した旅行会社がWebサイトや新聞広告、会員誌などを媒体として旅行者を募集し、電話やインターネットで申込みを受け付け、実際のツアー運営も行う。自社支店でのカウンターセールスを行うこともある。

ダイレクトセールのパッケージツアーのブランドには、クラブツーリズム、トラピックス（阪急交通社）、旅物語（JTB）、チャオ（HIS）などがある。

ダイレクトセールの場合、販売店舗が不要で販売委託のための手数料も必要ないが、新聞など広告には多額の費用がかかるほか、新聞やインターネット上にずらりと並ぶ商品は他社と比較されやすく価格競争になりやすい性質を持つ。

2）手配旅行の流通

旅行者が、希望する交通機関、宿泊などの旅行素材の手配を個別に旅行会社に依頼し、旅行会社はその依頼に従って手配を行うもので、一般には、旅行者が店頭やインターネット、電話などで申込みを行う。旅行会社は手配の報酬として、手配先のサプライヤーから販売手数料を収受するか、旅行者から取扱手数料を収受する。こうした手配旅行の形態は、Webのみで販売するOTA（オンライン・トラベル・エージェント）の主力商品の1つにもなっている。

3）法人旅行（受注型企画旅行）の流通

法人旅行は、一般企業や公共団体のほか、学校、同業組合、同好会などがグループで旅行を実施するもので、多くは、旅行会社のセールス担当者が顧客となるオーガナイザーを訪れ、旅行の実施目的や参加者、予算などを聞き取って希望に沿った企画を立案し、それが承諾されて手配を行い、受注型企画旅行として実施する（第6章1参照）。

4）申込みと流通の変化

旅行者が旅行を申し込み、購入する方法（業者にとっては販売手段）として

図表３－10　旅行の申し込みによく使う方法（複数回答）

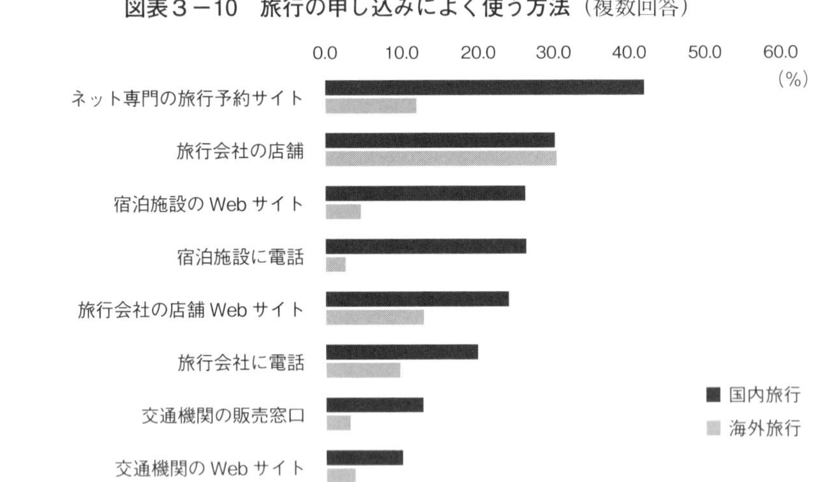

資料：（公財）日本交通公社「旅行年報2016」より作成

図表３－11　インターネット出現後の旅行業の流通

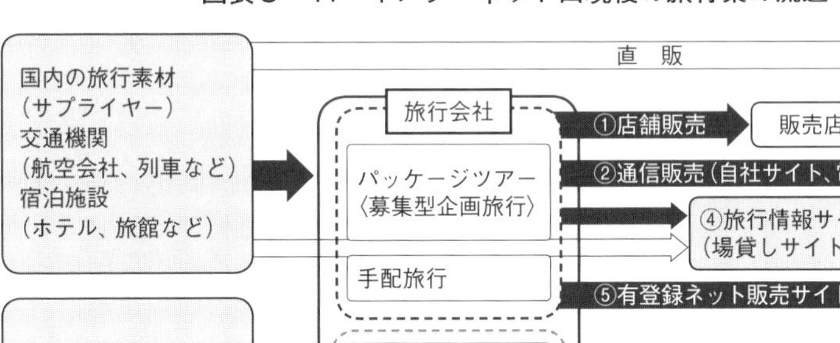

は、①旅行会社の店舗、②旅行会社の Web サイト、③電話、④宿泊施設や交通機関に Web や電話で直接申し込み、などがあるが（図表３－10）、②旅行会社の Web サイトには、店舗を有する旅行会社が販売方法の１つとして Web を展開しているケースと OTA（オンライン・トラベル・エージェント）と呼

ばれWebだけで販売を行っているケースがある。OTAと呼ばれる業態にはさらに、Web専門の旅行会社として旅行業登録がある楽天トラベルのようなもののほかに、自身は旅行業登録をせず、各社の旅行を紹介し手数料や広告料でビジネスをするトラベルコのような旅行情報サイト（場貸しサイト）などがある。また、海外を本拠地とし、日本の旅行業法には縛られないエクスペディアのような海外OTAもあり、インターネットの普及とともにこうしたOTAの出現により旅行商品の流通は大きく変化した（図表３－11参照）。

3 旅行業の現状

（1）旅行業の定義

旅行というものは旅行会社が存在していなくても成立する。では、旅行業とは、旅行をビジネスにするとは、一体どういうことなのだろうか（旅行業法での正確な定義は第２章を参照されたい）。旅行業とは、報酬を得て旅行に関する行為を行う事業をいい、主に、旅行者とサプライヤー（航空会社やホテル、テーマパークなど）との間に立って、それぞれのサービスが受けられるように旅行者に代わって契約を結んだり、旅行に関する相談に応じることである。しかし、近年ではこうした手配機能よりむしろ、企画性や付加価値の創造の役割が求められている。

また、このほかにも旅行会社では観光地におけるイベントや現地サービスの企画・運営や、旅行商品券、旅行傷害保険、トラベラーズチェックの販売といった行為も行っている。

（2）旅行業の役割・機能

１）これまでの旅行業務と機能

旅行会社の仕事は、一般的に旅行者のための行為と考えられがちだが、多くの旅行業務は旅行者だけでなく、サプライヤーと呼ばれる運送・宿泊機関や観光施設などのための行為でもあり、双方へサービスを提供するのが旅行会社の役割といえる。たとえば、「旅行者にホテルを紹介する」という業務が意味する役割は、旅行者には「条件にあった信頼できるホテルを探し紹介する」行為である一方、ホテルに対しては「旅行客をあっ旋する」行為でもある。つまり、旅行会社は旅行者とサプライヤーの間に立って、それぞれへのサービスの提供を行っていることになる。こうした旅行業務には以下のようなものがある。

①手配・手続きの代行

旅行者に代わって旅行会社が宿泊施設や運送機関の予約を行う、空港やホテルのチェックインを代行する、などの業務をいう。特に海外旅行の場合は、言葉の問題や慣習の違いがあるため、旅行者にとっては面倒と感じることも多い。こうした手配・手続きを代行するのも旅行業務の1つである。

一方、サプライヤーにとっても、本来それぞれが行うべき予約の手続きを旅行会社が代わって行うことで業務の省力化になり、また、旅行会社が持つ顧客のあっせんも期待できる。

②コンサルテーション（情報の収集と選り分け）

インターネットの普及により、旅行先のさまざまな情報は一般の旅行者でも簡単に手に入るようになった。しかし、ネット上に存在する情報には個人が自らの体験だけをもとに掲載しているものも多く、そのため、内容や見方が極端に偏っていたり、古い情報であったりすることがあるが、旅行会社では、それぞれのサプライヤーやツアーオペレーター、観光局、外務省などに確認を取り、精度の高い現地情報の収集を行っている。また、口コミやアンケートによる情報を選り分け商品企画に利用するほか、旅行者にもこうした情報提供を行っている。

一方で、旅行会社はサプライヤーへのコンサルテーションも行っている。旅行会社は数多くの旅行者と直接接点を持つため、旅行者のさまざまなニーズを収集することができ、また、多くのサプライヤーとの接点もあるため、ビジネス上での成功や失敗のケーススタディを把握することができる。こうした旅行者ニーズや他事例などの情報を提供することで、サプライヤーの設備・サービス向上や競争力のある体制整備をサポートすることができる。

③保証

サービスという商品は、前もってその内容のすべてを知ることはできない。旅行も同様で、旅行者ははじめての予約をする際、「このホテルは期待に沿ったサービスを提供してくれるだろうか？」といった不安を抱えている。これに対し、旅行会社はサプライヤーの設備やサービス内容、価格、利用条件などが自社の旅行商品として販売するにふさわしいかどうかを検討した上で、それぞれのサプライヤーと契約を行い、旅行者に対して価格に見合った設備やサービスの質の保証を行うほか、企画旅行においては旅程保証、特別補償の規定のもと、万一の日程変更や事故にも対応している。

一方、サプライヤーの視点で見ると、宿泊施設やレストランなどは一般的には利用後の支払いが原則となっているため、費用の未収や直前キャンセルのリスクを負うことが多いが、旅行会社で予約した場合、旅行者は先払いが原則となっており、旅行会社との支払い契約を結ぶことによってサプライヤーは未収を回避することができる。

④費用削減

商品化にあたり、旅行会社はサプライヤーから大量の仕入れを行うため、スケールメリットが生じ、旅行者が単独で予約するよりも安い価格設定が可能となる。パッケージツアーが往復交通費用よりも安い、といったケースをよく見るのはこのスケールメリットを利用したものが多い。

また、サプライヤーにとって世界中の旅行者にPRし集客を行うには莫大な費用と手間がかかるが、旅行会社と契約しコミッションを払って商品化することで、広告費や手間をかけずに一定の集客を見込むことができる。しかし、近年では、インターネットの普及により世界中の不特定多数の旅行者に向けてのPRが安価で簡単にできるようになったことから、PRとしての役割の一部は失われつつある。

⑤企画の提案

旅行会社は、旅行に精通したプロが知識と情報を活かした旅程を企画するだけでなく、旅行会社独自のサービスやアトラクションの提供も行っている。これは、旅行者のニーズを把握し、サプライヤーだけではできないものを実現化するもので、代表的なものには、海外でも日本語対応が可能な現地ツアーデスクの設置、独自ルートのシャトルバスの運行、営業時間外の動物園や博物館の入場見学などがあり、その旅行会社を利用する旅行者だけがこうしたサービスを利用することができる。

一方、サプライヤーにとっては、こうした企画を旅行会社とともに実施することで集客の上乗せが可能となるほか、旅行商品の一部としてパンフレットなどに掲載されることで、自社施設の認知度を高めることができる。

⑥快適性の提供

近年、インターネットの普及により旅行素材の情報検索や予約が容易に行えるようになったが、正確な情報検索や予約の一つ一つを確実に行うことは多くの時間と労力を要する。しかし、旅行会社を利用することで、旅行者には一度で必要なもののすべてが揃う、いわゆるワンストップ・ショッピングが可能となるほか、スタッフや添乗員の心遣いや配慮といったホスピタリティは、旅行者にとって心地よいサービスの１つとなる。「利便性」や「安心」も旅行者への快適性の提供の１つといえる。

２）旅行会社の機能と役割の変化

以上のような事項が旅行会社の機能や役割であり、言い換えれば、旅行者にとっては旅行会社を利用する付加価値であった。しかし、近年、ICT の進展によりこれの機能や役割は大きく変化しており、旅行会社の付加価値が大幅に低下するとともに、ビジネスモデルにも変化が生じている（図表３－13)。

①手配・手続きの代行の役割の低下

宿泊施設や交通機関などがインターネットを利用し Web サイト上で旅行者に直接販売を行うケースが増えている。海外旅行に関しても、日本語ページを持つ施設が増え、また、翻訳サイトの精度が高くなってきており、旅行者はこれまでのように不便やわずらわしさを感じずに海外の宿泊施設や交通機関とのやり取りが可能になった。これにより、旅行者、サプライヤーの双方に対して旅行会社の存在価値は低下している。

②コンサルテーション（情報の収集と選り分け）の役割の低下

インターネット上に旅行情報は溢れかえっていると言って過言ではないが、観光協会や自治体などもネットによる情報提供に力を入れるようになってきており、信頼できる情報源も増えた。また、旅行者自身も企業や組織が発信する情報より、利用者の口コミを好む傾向があり、個人観光旅行における旅行会社の情報収集とコンサルテーションの役割は相対的に価値が低下している。またサプライヤーにとっても、直販の Web 予約においては、利用者の属性などの情報がわかるため旅行会社の持つ情報に頼る必要はなく、サプライヤーへの役割も低下しているといえる。

一方で、企業の出張コストの削減などを提案するBTM（ビジネス・トラベル・マネジメント）のような旅行関連のビジネス・ソリューションへのニーズはむしろ高まってきている。

図表３－12　これまでの旅行会社の機能と役割

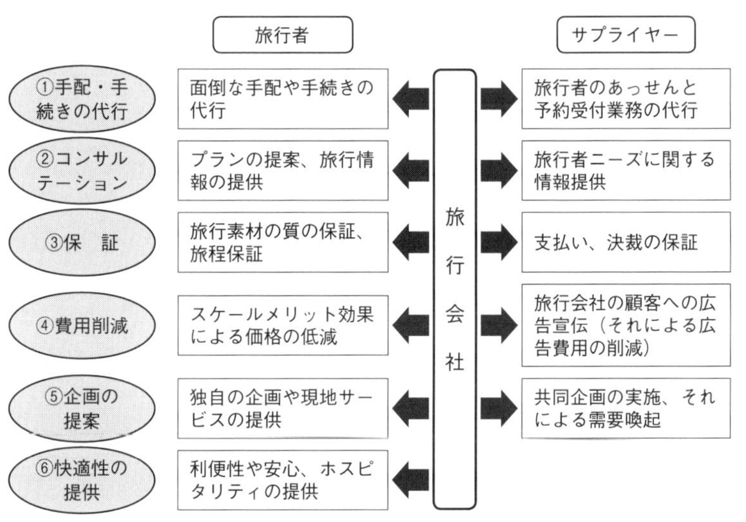

図表３－13　旅行会社の機能と役割の変化

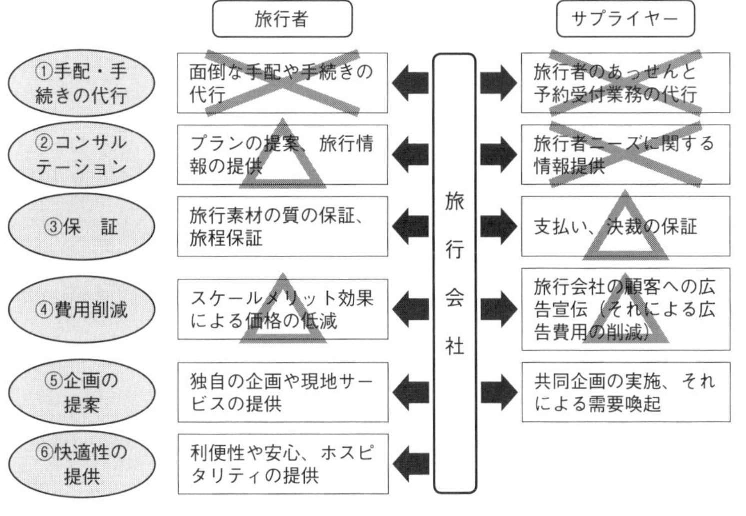

③保証の役割の不要化

サプライヤーが抱える費用の未収や直前キャンセルのリスクについても、Web 予約では、即時のクレジットカード決済が増えてきており、支払い保証に関しての旅行会社の機能も低下してきている。

④費用削減の役割の低下

スケールメリットによる費用の削減は、旅行の多様化や海外からの OTA の進出などにより、従来のような大量仕入れ・大量送客の形態が難しくなり、スケールメリットを活かした低価格な仕入れもまた難しくなってきている。また、サプライヤーにとっても、インターネットの普及により世界中の不特定多数の旅行者に向けての PR が安価で簡単にできるようになったことから、サプライヤーにとっての広告費用の削減という機能も失われつつある。

以上のことからわかるように、従来、旅行会社の機能や役割と考えられてきた価値は急速にその輝きを失っている。これからの旅行業においては、残された「企画の提案」や「快適性の提供」にいかに活路を見出すか、また、新たな付加価値をいかに創出するかが問われている。こうした中、近年では、前述の BTM（ビジネス・トラベル・マネジメント）のほか、MICE、DMC（デスティネーション・マネジメント・カンパニー）といった旅行から派生するビジネスや観光を包括的に扱う企画提案、ビジネス・ソリューション提案など、旅行業の新たな付加価値ビジネスの事例も出てきている。

(3) 旅行会社の種類

旅行会社を分類するには、取扱業務の範囲を定めた旅行業法によるもの、実際に行っている業態によるもの、鉄道や航空など母体となる関連企業別など、いくつかの方法があるが、ここではもっともビジネスの実態に近い業態別の分類を紹介する（旅行業法上の分類は第２章を参照）。

一般社団法人日本旅行業協会（JATA）では、『旅行業を取り巻く環境と旅行業経営分析』の中で、旅行業を、「主に一般旅行者への販売」と「主に旅行会社への販売」の大きく２つに分類した上で、以下のような９つの業態に分けている（図表３－14）。分類の基準は、販売対象の違いと、主とした業務として

図表３－14　旅行会社の業態別種類と特徴

販売対象	旅行会社の種類	特徴（主な取扱い業務）	旅行会社例
一般旅行者	総合旅行系	パッケージツアーをはじめ、法人旅行、手配旅行、業務旅行などあらゆる旅行商品を、店頭、インターネットなどさまざまな流通経路で販売する	JTB、日本旅行など
	商品造成自社販売系	主に、パッケージツアーなどの企画旅行を造成し、店頭、通信販売など自社のチャネルで販売する	エイチ・アイ・エス、ワールド航空サービスなど
	メディア・通信販売系	主に、パッケージツアーなどの企画旅行を造成し、主に新聞広告などの通信販売で販売する（通信販売額が全体の50％を超える）	クラブツーリズム、阪急交通社など
	リテーラー	主に、他社のパッケージツアーの販売と法人旅行、手配旅行を取り扱う	第３種旅行業者に多い（大学生協などもこれにあたる）
	インターネット販売系	主に、宿泊や航空券など旅行素材を販売する手配旅行をインターネットで取り扱う	楽天、i.JTB など
	業務性旅行特化系	主に、出張や視察などの業務旅行を取り扱う	内外航空サービス、エムオーツーリストなど
旅行会社	ホールセラー	パッケージツアーを造成し、リテーラーへ販売する	ジャルパックなど
	ディストリビューター	航空座席、宿泊など海外旅行素材をリテーラーをはじめとした旅行会社へ販売する	ユナイテッドツアーズ、フレックスインターナショナルなど
	ツアーオペレーター	旅行会社の依頼を受けて旅行の目的地の地上手配（宿泊、バスなど）を取り扱う	ミキツーリスト、クオニイトラベルなど

企画旅行の造成を行うのか、販売のみなのかといった商品造成機能の有無、店舗またはインターネットなど販売方法の違いによるものだが、あくまで主たる業務による分類であり、実際の旅行会社は、“ホールセラーでも一般旅行者への販売窓口を持っている”、“リテーラーでもインターネット販売を行っている”など、横断的な取り扱いをしていることが多い。また、近年では近畿日本ツーリストのように、顧客が「個人」か「団体」かによって分社化している旅行会社もあり、分類も多様化している。

１）一般旅行者を販売対象とする旅行会社

①総合旅行系旅行会社

パッケージツアーをはじめ、法人旅行、手配旅行、業務旅行など、あらゆる旅行商品を取扱い、カウンター、インターネットなど、さまざまな流通経路で販売するタイプの旅行会社。パッケージツアーについては、販売だけでなく造成（企画・運営）も手掛ける。代表的な旅行会社には、JTB、日本旅行などがある。

②商品造成自社販売系旅行会社

主に、パッケージツアーを造成し、自社のチャネルで販売する業態で、ダイレクトセール（直販）による販売を行う。自社チャネルとは、自社の支店や営業所でのカウンターセールスやアウトセールス、インターネットを使ったWeb販売、電話などで受付を行う通信販売などで、代表的な旅行会社には、エイチ・アイ・エス、ワールド航空サービスなどがある。

③メディア・通信販売系旅行会社

パッケージツアーを造成（企画・運営）し、主に新聞広告や会員誌を使って、Webや電話で受け付ける通信販売によるダイレクトセール（直販）の業態。商品造成自社販売系との違いがややわかりにくいが、メディア・通信販売系の場合は、支店や営業所といったカウンターセールスの機能を持たないか、持っていても店舗数やカウンターでの取扱額が極めて少なく、全体の50%を超える取扱額が通信販売額によるものをいう。代表的な旅行会社には、クラブツーリズム、阪急交通社（トラピックス）などがある。

④リテーラー

主に、他社または自社関連会社のパッケージツアーや手配旅行の販売、法人旅行の企画・運営などを取り扱う。旅行商品の販売が主で、一般的にはパッケージツアーの造成は行わない。第３種旅行業者に多いビジネス形態である。

⑤インターネット販売系旅行会社

主に、宿泊や航空券などの旅行素材をインターネットで販売する旅行会社。OTA（オンライン・トラベル・エージェント）とも呼ばれ、インターネット利用者の増大とともに急速に取扱額も拡大した。多くはパッケージツアーの造成は行わないが、交通と宿泊だけがセットになったスケルトン（フリープラン型）パッケージを取り扱う会社もある。代表的な旅行会社には、楽天、i.JTB（るるぶトラベル）などがある。近年では、海外に本拠地を持ちグローバルな販売を展開する海外OTAも存在感を増しているが、日本における旅行業登録は行っていないことが多い。

⑥業務性旅行特化系旅行会社

主に、出張や視察など企業や団体の業務旅行を取り扱う。かつては製造業や商社など大手企業の関連会社として、主にグループ企業の業務旅行を取り扱っていた旅行会社も多く、インハウス・エージェントとも呼ばれていたが、1986年に始まる航空規制緩和に伴う販売手数料の廃止（ゼロコミッション）などによりその数は減少した。これに代わり、近年では、BTM（ビジネス・トラベル・マネジメント）と呼ばれ、出張手配だけではなく社内の手続きから全体のコスト削減の提案までを行う業態が出現している。その代表的な旅行会社には内外航空サービス、エムオーツーリスト、また、BTMを扱う代表的な旅行会社にはJTBビジネストラベルソリューションズ、日本旅行・アメリカンエキスプレスなどがある。

2）旅行会社を販売対象とする旅行会社

①ホールセーラー

パッケージツアーを造成（企画・運営）し、リテーラーへ販売する業態。商品造成自社販売系やメディア・通信販売系との大きな違いは、ホールセーラーの場合、パッケージツアーの企画・運営のみを行い、原則として、一般旅行者への直接販売は行わない（一部にインターネットや電話での販売窓口を設けているところもある）。主に店頭パンフレットやインターネットを媒体にして、リテーラーと呼ばれる販売の旅行会社に委託しパッケージツアーの販売を行う。代表的な旅行会社には、ジャルパック、ANAセールス（ハローツアー）、などがある。

②ディストリビューター

主に海外旅行の取り扱いで見られる業態で、航空座席、宿泊などの仕入れ・手配やこれらがセットになったユニット商品を主に旅行会社へ販売する業態。近年、個人旅行志向の高まりとともに旅行会社でもFIT（海外個人旅行）を取り扱う機会が多くなったが、こうした個別の旅行素材を旅行会社へ卸売りするのがディストリビューターで、たとえば、航空券、宿泊のほか鉄道パスや現地発着ツアーなども取り扱う。代表的な旅行会社には、フレックスインターナショナル、ユナイテッドツアーズなどがある。

③ツアーオペレーター（ランドオペレーター）

旅行会社の依頼を受けて目的地の地上手配を取り扱う業態をいい、ランドオペレーターともいう。地上手配とは、宿泊、バス、レストラン、鉄道、ガイドなど現地における各種旅行素材の手配をいい、海外旅行の場合は目的地までの航空座席の手配は旅行会社が、現地の旅行素材の手配は海外ツアーオペレーターが行う、という形態が多い。一方、国内でツアーオペレーターと呼ばれるのは主にインバウンド旅行客の手配を対象とした小規模業者であることが多い。

ディストリビューターとの違いは、ディストリビューターが主に個人旅行の航空座席や宿泊を扱うのに対し、ツアーオペレーターは主にパッケージツアーや法人旅行などのグループツアーが多く、現地の専用バスやガイドなどさまざまな旅行素材を扱う。ツアーオペレーター、ディストリビューターともに取引相手が旅行会社で一般旅行者を対象としないため、原則として旅行業登録が不要である。

大手旅行会社の場合、関連会社または自社支店として海外の主要観光地にツアーオペレーター機能のある会社を持つことが多い。代表的な海外ツアーオペレーターには、ミキツーリスト、クオニイ、JTB ハワイなどがある。

3）地域限定旅行会社、非旅行会社

これら以外にも旅行会社に類似した旅行ビジネスを行っている場合がある。地域限定旅行会社は、地域の着地型ツアーを造成するために誕生したもので、従来、国内の募集型企画旅行（パッケージツアー）の造成には、第１種旅行業、または第２種旅行業の登録が必要であったが、2014年に地域限定旅行業の区分が新設され、地元またはそれに隣接する地域のみであればパッケージツアーの造成ができるようになった。これにより、地域の特色を活かしたツアーの造成と観光による地域活性化に期待がかけられている。実際には、ホテルなどの宿泊施設や観光協会などが地域限定旅行業の登録を行い活動しているところが多い。

また、インターネットで旅行を紹介する Web サイトの中には、旅行商品の紹介だけで実際の取引を行わず、広告費としての手数料をビジネスにするところもある。場貸しサイトとも呼ばれ、OTA と類似しているが、旅行取引は行わないため旅行業登録は必要としない。トラベルコなどがこの代表例である。

(4) 旅行業の現状

1）旅行業者数と推移

支店や営業所を除いても、現在、日本には約１万社あまりの旅行会社がある。そのうち60%が中小規模の第３種旅行業者で、パッケージツアーを造成することができる第１種や第２種旅行業者は多くない。全体の旅行業者数については、2015年まではやや減少傾向にあったが、2016年からは再び微増に転じ、旅行業者代理業者以外の種別はすべてで増加となった（図表３－15)。

この背景には、インバウンド旅行客の急激な増加により観光のビジネスチャンスが増え、他業種からの参入が増えたこと、また、2014年に地域の着地型ツアーのみ扱える簡易な地域限定旅行業者が新設されたことなどがあげられる。一方、減少を続けている旅行業者代理業者のその原因としては、2004年に旅行業法、旅行業約款が改正され、旅行業者代理業者のいわば親である所属旅行業者の監督責任が重くなったことで、所属旅行業者が段階的に子どもである自社の代理業者を減らしていった結果によるところが大きい。

2）取扱高と変遷

旅行取扱高とは、一般の産業でいう売上高に相当し、国内外のパッケージツアーや法人旅行、手配旅行、訪日外国人旅行などの総売上高を指す。観光庁では、毎月、国内主要旅行業者の旅行取扱高を調べ公表している（図表３－16)。

主要旅行業者の2016年度の旅行取扱高を見ると、全体で５兆5,656億円と

図表３－15　旅行業者数とその推移

単位：社

年	第１種旅行業者	第２種旅行業者	第３種旅行業者	地域限定旅行業者	旅行業者計	旅行業代理業者	合計
2000年	874	2,747	6,090	－	9,711	1,358	11,069
2004年	787	2,765	6,259	－	9,807	1,061	10,868
2008年	812	2,804	6,098	－	9,714	892	10,606
2012年	726	2,799	5,749	－	9,274	872	10,146
2014年	696	2,777	5,625	45	9,143	835	9,978
2016年	708	2,827	5,668	118	9,321	779	10,100
00/16年度比	81%	103%	93%	－	96%	57%	91%

資料：日本交通公社「旅行年報」より作成

図表３－16　主要旅行業者の部門別取扱額の推移

	旅行全体	海外旅行	外国人旅行	国内旅行
1996年度	9兆9,200億円	4兆0,600億円	500億円	5兆8,100億円
………	………	………	………	………
2006年度	6兆6,574億円	2兆6,650億円	497億円	3兆9,428億円
2009年度	5兆7,615億円	1兆9,642億円	539億円	3兆7,433億円
2011年度	6兆0,358億円	2兆2,236億円	458億円	3兆7,663億円
2014年度	6兆4,282億円	2兆2,038億円	1,210億円	4兆1,035億円
2016年度*	5兆5,656億円	2兆0,370億円	2,005億円	3兆3,282億円

*2016年度は速報値　主要旅行業者数は年度により異なる
資料：観光庁「旅行業者取扱額」より作成

なっており、内訳では、国内旅行が３兆3,282億円、海外旅行が２兆370億円、訪日外国人旅行が2,005億円となっている。

取扱高の推移では、1996年度の９兆9,200億円をピークに、その後、日本人の旅行は国内、海外とも減少傾向が続いている。特に、海外旅行の取扱高は減少が続いており、原因としては、近年のテロの多発や国際関係の悪化などによる旅行マインドの冷え込みによるところが大きい。特に日本人旅行者の多いヨーロッパやアジア地域でのテロの勃発は大きな影響を及ぼしている。旅行取扱高は世の中の情勢に左右されることも多く、景気やテロ・戦乱などの世界情勢、国交の状況、感染症の流行、為替レートなどにより大幅に増減することがある。

旅行取扱高の多い順に約50社を主要旅行業者と呼び、観光庁では各社の取扱額を月次、年次で公表している。図表３－17に示したように、2016年度では、取扱額の多い順に、ジェイティービー（15社）、KNT-CT ホールディングス（８社）、エイチ・アイ・エス（５社）、日本旅行、阪急交通社（３社）となっており、このうち最も取扱高の多いジェイティービーの場合では、2016年度の取扱額が海外旅行で4,130億円、外国人旅行860億円、国内旅行9,772億円の合計１兆4,771億円となっている。

販売方法では、店舗販売など（オフライン販売）が現在、全体の70％を占めるが、オンライン販売の拡大が続いており、2015年には、OTA が全体取扱額の20％以上を占め、旅行会社のオンライン販売と合わせると約３割がオンラインで販売されている（図表３－18）。

図表３－17　主要旅行業者（2016年度）

1	ジェイティービー（15社）	13	農協観光	25	エヌオーイー	37	日産クリエイティブサービス
2	KNT-CT ホールディングス（8社）	14	名鉄観光サービス	26	沖縄ツーリスト	38	北海道旅客鉄道
3	エイチ・アイ・エス	15	読売旅行	27	IACE トラベル	39	小田急トラベル
4	日本旅行	16	日通旅行	28	旅工房	40	イオンコンパス
5	阪急交通社	17	DeNA トラベル	29	トヨタツーリストインターナショナル	41	京成トラベルサービス
6	楽天	18	西鉄旅行	30	京王観光	42	ケイライントラベル
7	JTB ワールドバケーションズ	19	ビッグホリデー	31	東日観光	43	名鉄観光バス
8	ANA セールス	20	日新航空サービス	32	九州旅客鉄道	44	ヤマハトラベル
9	ジャルパック	21	エムオーツーリスト	33	メルコトラベル	45	PTS
10	東武トップツアーズ	22	日立トラベルビューロー	34	フジトラベルサービス	46	JAL JTA セールス
11	JR 東海ツアーズ	23	タビックスジャパン	35	南海国際旅行	47	菱和ダイヤモンド航空サービス
12	JTB ビジネストラベルソリューションズ	24	郵船トラベル	36	WILLER TRAVEL	48	トラベル日本

出典：観光庁「旅行業者取扱額」（平成28年4月～平成29年3月計）旅行取扱額の高い順

図表３－18　仲介業者（旅行業者等）のオンライン販売比率

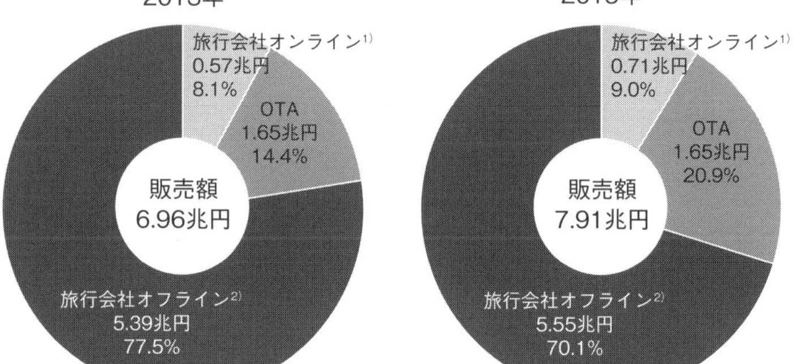

注：1）Web 販売以外も取扱う旅行会社による Web 上での販売
　　2）店頭、電話など Web 販売以外による販売
出典：フォーカスライト Japan「日本のオンライン旅行市場調査 第３版」（2016年11月）

3）旅行会社の買収、提携

インバウンドの急増やオンライン販売の進展など、旅行業を取り巻く環境は大きく変化しており、これに対応するため、旅行会社各社は組織の改編やビジネスモデルの変革、仕入れ力の強化などを余儀なくされている。

①買収

OTA の登場は店舗や電話といった従来の旅行会社の販売形態を大きく変化させた。また、航空業界のビジネス客へのシフトや、国際的な旅行者の大幅な増加によるホテルの不足は、旅行会社の仕入れ環境を悪化させることとなった。これにより旅行業自体にも変革の波が押し寄せており、これまでのような横並びの代理店という存在では勝ち残れない時代となった。旅行会社各社は市場の見込める分野の強化を図り、自社の事業体質の改善を図るなどの取り組みを始めている。特に大手旅行会社を中心に、独自の分野に強い旅行会社の買収なども行われており、JTB は、2014年アジアからの旅行者を取り込むためシンガポールの Dynasty 社、Tour East 社を買収、また、MICE 事業強化のため、2016年ハワイの MC&A 社、続く2017年には欧州の仕入れとアジアから欧州への旅行者獲得のため、スイスの Kuoni Global Travel をそれぞれ買収した。

こうした海外企業の買収は、新たな市場の見込める分野の強化であるとともに、「日本人の観光旅行」という領域だけでは旅行会社の存在価値を見い出すことが困難になってきている表れであるとも言える。日本人の旅行市場が伸び悩む現在、旅行ビジネスのグローバル化は避けられないだろう。

②提携・再編

新たな旅行ビジネスの展開を目的とした旅行会社と異業種との提携も進んでいる。JTB では、2017年に民泊新法が整備されたことを受けて、民泊サービスや古民家利用などで先行した百戦錬磨社と提携を結び、新たなビジネスとして、民泊の活用による地域活性化を模索する。また、KNT でも、2015年、農業法人和郷と提携し、地域にある道の駅を利用した観光客の誘致や特産品の販売などの地域活性化を軸としたビジネスに進出した。

エイチ・アイ・エスは、2016 年、インデックスから新設分割でアクティビティジャパンを設立、国内および訪日外国人のアクティビティ市場の拡大に向けて着地型ツアーを協働で展開し始めた。

このほかにも、JTB は、2006年に事業持ち株会社と事業会社群からなるグループへの分社化を図ったが、仕入れ強化力などのため、2018年これを見直し、顧客を軸とした事業単位の再編と、再び、JTB という大組織への統合を行った。このように取り巻く環境の変化を受けて、旅行業の変革も加速している。

〈参考文献〉

（公財）日本交通公社「JTB 旅行需要調査」

（公財）日本交通公社「旅行年報2016」

観光庁 HP「旅行業者取扱額」

フォーカスライト Japan「日本のオンライン旅行市場調査第3版」2016年

第4章

国内旅行

2016年の国内の観光消費額は25.8兆円であったが、そのうち、22.0兆円（宿泊旅行16.0兆円、日帰り旅行4.9兆円、海外旅行に伴う国内消費分1.1兆円）、全体の85.2%は日本人による国内旅行の消費額である。この額は同年の日本の名目GDP538兆円の4.1%に相当するもので、伸び率の高いインバウンドや単価の高い海外旅行が注目されがちであるが、国内旅行は旅行産業にとって最も重要なビジネスといえる。

本章では、日本の観光ビジネスの中核ともいうべき国内旅行に関して、マーケットの現状やビジネスの実際を述べていく。

1 国内観光旅行マーケットの現状

日本人のレジャーにおいて、「旅行」が意識されるようになったのは、経済成長が始まった昭和30年代になってからのことで、1956（昭和31）年に内閣府が行った『娯楽に関する世論調査』において、はじめて趣味や娯楽の一選択肢として「旅行，散歩，園芸，飼育」が登場する。しかし、翌年の『旅行に関する世論調査』では、「この一年間に保養や見物のために泊りがけの旅行に出かけたことがある」と答えたのはわずか28.5％で、その多くは職場旅行などの団体旅行の形態によるものであった。

国内旅行がレジャーの１つとして広く一般化するのは1960年代後半になってからのことで、東京オリンピック（1964年)、大阪万博（1970年）が相次いで開催されたことにより、交通、宿泊、レジャー施設などのインフラが整備されたこと、高度経済成長により飛躍的に生活が豊かになったこと、などにより旅行の大衆化が進んだといえる。また、“バブル景気”といわれた1980年代後半からは職場旅行などの団体旅行に替わってプライベートな個人旅行が増加し、とりわけ東日本大震災（2011年）以降は家族旅行が半数以上を占めるようになった。

第１節では、まず国内旅行のマーケットについて、特に観光・レクリエーションを目的とした旅行者数の推移や同行者、旅行形態などの現状を見てみたい。

(1) 旅行者動向

１）旅行者数の推移

この10年の国内旅行者数の推移をみると、2006年の宿泊旅行者の延べ人数は３億8,000万人、そのうち２億1,900万人が観光・レクリエーションを目的とした旅行者であったが、2008年のリーマンショックによる不況や2011年の東日本大震災などの影響を受け、旅行者数は徐々に落ち込んでいった。その後は横ばいで推移したものの、2014年の消費税増税の影響を受け、この年の宿泊旅行者延べ数は２億9,700万人（宿泊観光旅行は１億6,000万人）にまで減少した。しかし、2015年からは全体的な好況感もあり増加に転じ、2016年では宿泊旅行者延べ数は3億2,600万人（宿泊観光旅行は１億7,700万人）となっている（図表４－１）。

図表４－１　国内旅行の延べ旅行者数の推移

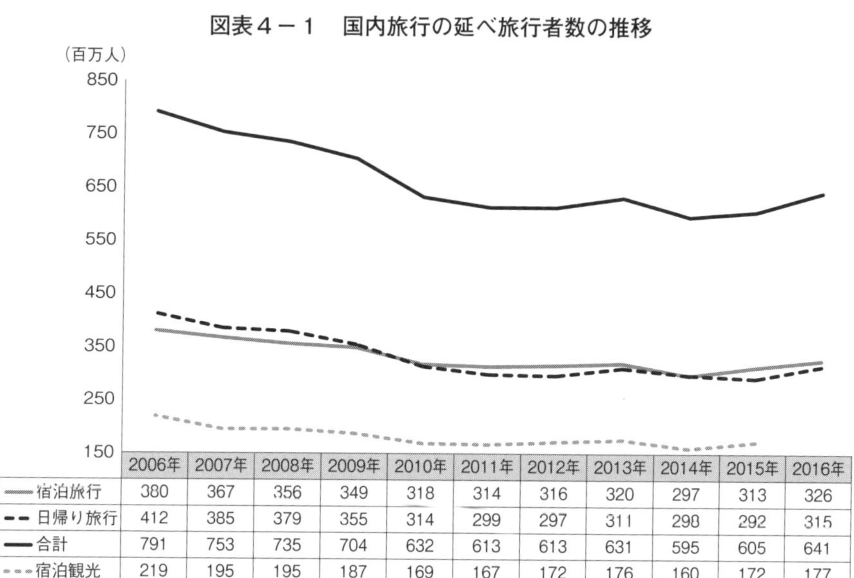

	2006年	2007年	2008年	2009年	2010年	2011年	2012年	2013年	2014年	2015年	2016年
宿泊旅行	380	367	356	349	318	314	316	320	297	313	326
日帰り旅行	412	385	379	355	314	299	297	311	298	292	315
合計	791	753	735	704	632	613	613	631	595	605	641
宿泊観光	219	195	195	187	169	167	172	176	160	172	177

（単位：百万人）

資料：観光庁「旅行・観光消費動向調査」および総務省統計より著者作成

図表４－２　国内旅行平均回数・泊数（年間）

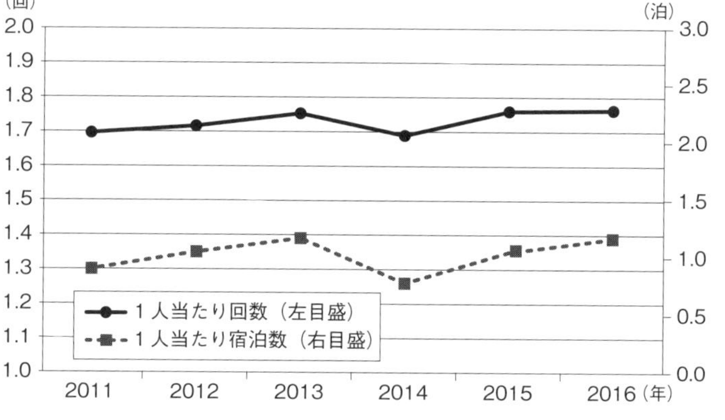

資料：観光庁「旅行・観光消費動向調査」

また、日本人１人あたりの１年間の平均観光旅行回数は、2016年では1.39回、宿泊数は2.28泊となっており、全体旅行者数と同様に2015年以降増加に転じている（図表４－２）。一方、『じゃらん宿泊旅行調査2017』によれば、国内宿泊旅行の実施率は54.8％と半数程度であり、１年間に一度も宿泊旅行に出掛けていない人も約半数いることになる。旅行に行かない（行けない）阻害要因としては、「仕事などで休暇が取れない」、「家族・友人と休みが重ならない」といった時間的な要因と「家計の制約がある」といった金銭的な要因が多くを占める（図表４－３）。こうした阻害要因の中には「なんとなく旅行をしないままに過ぎた」という特段の理由のないものも３割程度含まれており、国内旅行のマーケットの伸びしろはまだ存在すると捉えることができる。

２）旅行消費額

日本人１人１回あたりの平均旅行単価を見ると、2016年は宿泊旅行で４万9,234円、日帰り旅行で１万5,602円となっており、旅行者数と同様に2014年で底を打った感がある（図表４－４）。これを2016年１年間の消費額全体で見

図表４－３　旅行の阻害要因

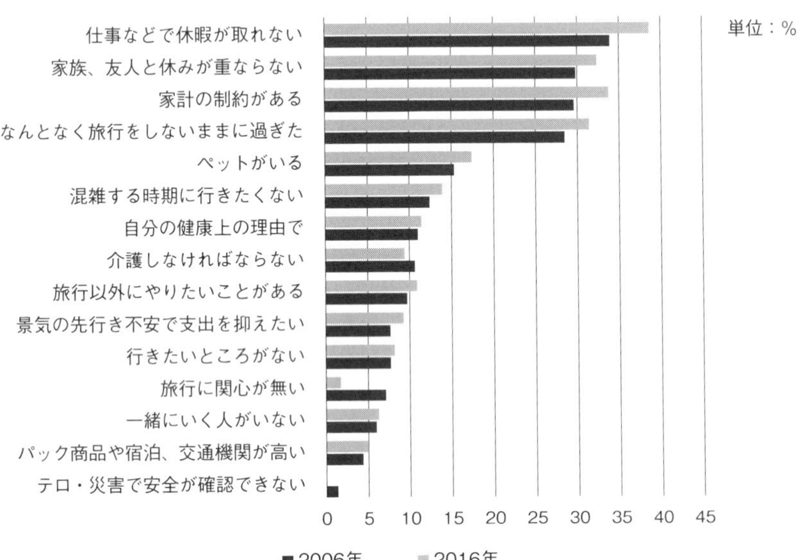

出典：（公財）日本交通公社「JTB 旅行需要調査」

図表４－４　国内旅行単価（１回あたり）

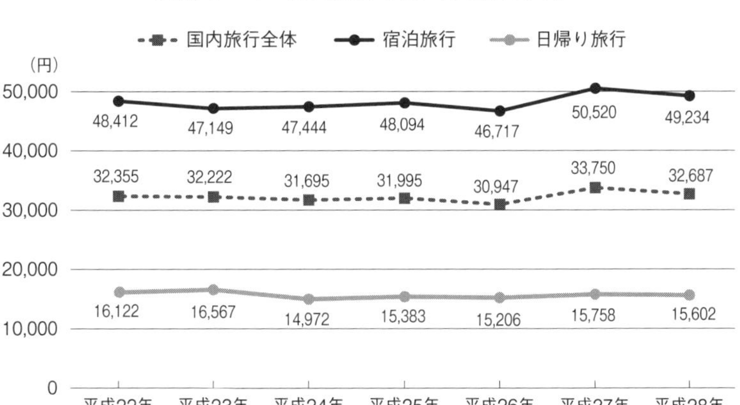

出典：観光庁「旅行・観光消費動向調査」H29年4月

図表４－５　国内の観光消費額（全体）の推移

単位：兆円

	2010年	2011年	2012年	2013年	2014年	2015年	2016年
日本人国内宿泊旅行	15.4	14.8	15.0	15.4	13.9	15.8	16.0
日本人国内日帰り旅行	5.1	5.0	4.4	4.8	4.5	4.6	4.9
日本人海外旅行（国内分）	1.1	1.2	1.3	1.2	1.1	1.0	1.1
訪日外国人旅行	1.1	0.8	1.1	1.4	2.0	3.5	3.7
合計	22.7	21.8	21.8	22.8	21.6	24.8	25.8

出典：観光庁「旅行・観光消費動向調査 平成28年年間値」

ると、宿泊旅行16兆335億円、日帰り旅行４兆9,212億円で、この10年で最低となった2014年と比較して、宿泊旅行で２兆1,426億円（15％）、日帰り旅行で3,917億円（９％）の増加となっている（図表４－５）。

３）同行者

旅行はその同行者によって行き先や目的などが大きく異なるため、マーケットを見る場合、「同行者」の要素は重要なポイントとなる。近年の国内宿泊旅行マーケットにおける同行者を見ると、職場などの団体旅行が減る一方で、「家族」は年々増加傾向にあり2015年には55.6％を占めた。特に、2008年から2011年にかけての変化は大きく、2008年では46.9％であったのが2011年では家族旅行の割合は56.3%に上っており、その理由としては2011年３月の東日本大震災以降、家族というものがあらためて見直され、家族の絆が重視されるようになったことも影響していると考えられる。その一方で「一人旅」も増加しており、2015年では14.1%にも上っている（図表４－６）。

一人旅増加の背景としては、ホテルタイプの増加や旅館の１人利用など宿泊施設や社会の受入れ環境が整ってきたこと、同行者との日程調整を面倒と感じる旅行者が増えたこと、SNSの普及により旅先で１人でも孤独感を感じないとする旅行者が増加したこと、などがあげられる。

一般的に商品のマーケティングを考える場合、消費者の属性（年齢、性別、婚姻など）によってセグメンテーション（市場細分化）を行い顧客が誰かを見て

図表４－６　国内旅行の同行者の推移

単位：%

年	1964	1968	1972	1976	1980	1984	1988	1992	1996	2000	2004	2008	2014	2015
家族	19.7	18.5	30.8	27.8	24.1	24.5	23.9	27.0	34.5	36.4	44.0	46.9	55.2	55.6
友人・知人	27.6	24.4	28.4	25.9	23.9	32.5	32.2	30.96	31.2	31.2	23.9	20.4	23.5	21.2
家族と友人・知人	***	***	***	5.8	9.4	11.3	13.0	13.4	12.2	11.5	13.6	12.3	4.5	2.9
職場・学校の団体	47.5	***	22.2	16.1	14.8	17.5	15.2	14.6	10.9	8.8	6.7	6.5	1.7	2.4
地域・宗教・招待などの団体	***	***	12.1	14	7.1	5.3	5.7	6.2	4.3	4.4	3.8	3.3	0.9	0.6
自分１人	5.2	4.7	4.7	4.8	3.9	3.0	3.3	2.8	3.2	2.7	3.3	4.5	11.7	14.1

資料：日本観光振興協会「観光の実態と志向」より著者作成

図表４－７　国内旅行マーケットのセグメンテーション

家族旅行	乳幼児の子ども連れ
	小中高生の子ども連れ
	18歳以上のみの家族
	３世代
夫婦カップル旅行	カップル
	夫婦（子どもなし）
	子育て中の夫婦（子ども18歳未満）
	子育て後の夫婦（子ども18歳以上）
友人旅行（男性）	未婚
	既婚（子どもなし）
	子育て中の男性（子ども18歳未満）
	子育て後の男性（子ども18歳以上）
友人旅行（女性）	未婚
	既婚（子どもなし）
	子育て中の男性（子ども18歳未満）
	子育て後の男性（子ども18歳以上）
一人旅	男性
	女性

資料：（公財）日本交通公社「旅行年報」

いくが、旅行マーケットの場合は、単なる旅行者の属性だけではなく、同行者の要素を鑑みセグメンテーションを行う。図表４－７は国内旅行で使われる一般的なセグメンテーションだが、性別、世代の他、同行者、子どもの年齢などの組合せで判断されている。これは、旅行の好みが男女や年齢層により差異があること、また、特に女性においては既婚・未婚、子どもの有無や年齢により旅行に出掛ける機会そのものに差異があることなどによるものである。

４）申し込み方法

旅行の申し込み手段については、大きく、オンラインと呼ばれる「インターネット」と、オフラインである「電話・FAX」、「店舗」によるものがある。近年では、店舗を持つ旅行会社だけでなく、ネット販売を専門に行うオンライン・トラベル・エージェント（以下 OTA）、予約受付は行わず商品情報のみを提供するいわゆるまとめサイト（場貸しサイト）、交通機関や宿泊施設などに直接予約など、さまざまな形態が存在している（図表４－８）。

インターネットを利用した予約は年々増加しており、2015年の旅行会社の Web サイトと OTA を合わせたオンライン予約の取扱額は２兆3,600億円で、全体の約30％を占めるようになってきている。しかしながら、いわゆるオフラインといわれる店舗での予約や電話・FAX などによる予約が多いのが現状で、全体の７割を超えている（図表４－９）。

こうした中、国内旅行の申し込みによく使われる方法としては、「ネット専門の旅行予約サイト」（OTA）、「旅行会社の店舗」、「宿泊施設の Web サイト」という順になっており、海外旅行と比較して国内旅行で OTA の利用比率が高い（図表４－10）。

図表４－８　旅行の予約方法

	オンライン	オフライン	
	インターネット	電話・FAX など	店舗
旅行会社	各社 Web サイト	コールセンター 店舗窓口	店舗窓口
オンライン・トラベル・エージェント（OTA）	各社 Web サイト	多くはトラブル時対応のみ	＊＊＊
まとめサイト（場貸しサイト）	商品の紹介のみで、予約は旅行会社の Web サイトへ	＊＊＊	＊＊＊
交通機関、宿泊施設への直接予約	各機関・施設の Web サイト	各機関・施設の予約・問い合わせ窓口	＊＊＊

図表4－9　仲介業者（旅行業者等）のオンライン販売比率（海外旅行も含む）

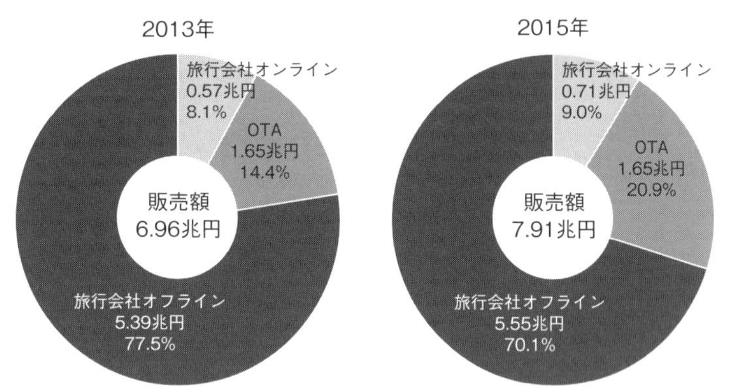

出典：フォーカスライト Japan「日本のオンライン旅行市場調査 第３版」（2016年11月）

図表4－10　国内旅行の申し込みによく使う方法（複数回答）

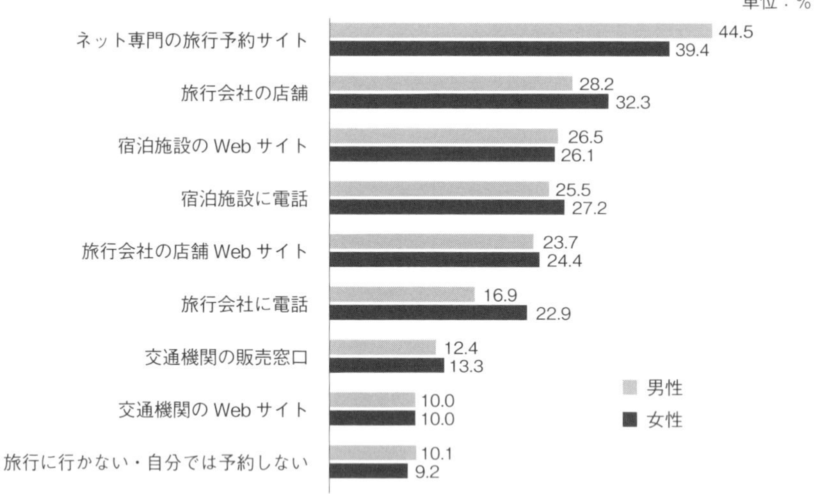

資料：（公財）日本交通公社「旅行年報2016」より抜粋

5）利用旅行商品の形態

国内宿泊旅行においてどのような旅行商品が利用されているかを見ると、2015年では「個人旅行」が52.4%、宿泊と交通だけがセットになった「フリー

図表４－11　国内宿泊者の商品別構成比

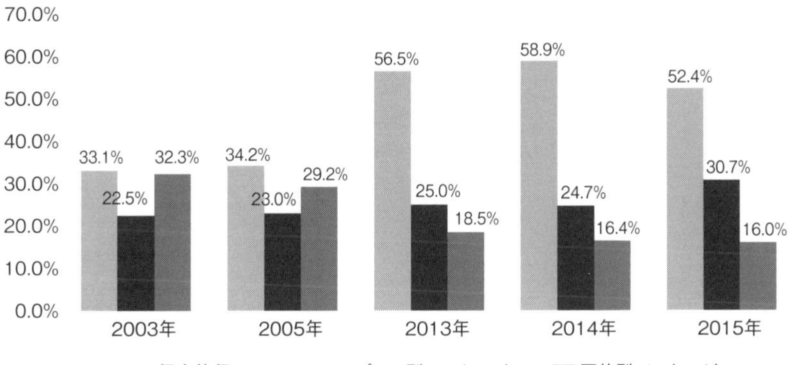

出典：（公財）日本交通公社「JTB 旅行需要調査」

プラン型パッケージツアー」が30.7%、宿泊、交通と観光などがセットになった「団体型パッケージツアー」が16.0%となっており、個人旅行が半数を超えている。2003年からの推移を見ても個人旅行の伸びが高いことがわかるが、2015年には個人旅行がわずかながら減少に転じ、替わって、それまではほぼ横ばいで推移していた「フリープラン型パッケージツアー」の伸びが高くなっている。その背景には、フリープラン型の商品ラインナップが多様になり、価格帯や行き先などのバリエーションが増えたことで、さまざまな観光形態のほか、ビジネスや帰省など、幅広い旅行者を取り込んだことによると考えられる。

(2) 旅行動機・目的

旅行マーケットを理解するためには、旅行者数などの数的に表れるものだけでなく、旅行者のニーズを示す旅行の動機や目的を見ることも重要である。旅行動機とは、旅行に出掛けるそもそもの理由であり何のために旅行に行くのか、をいい、旅行目的とは、旅先で何をするのか、という実際の旅行行動を示す。

1）旅行動機

旅行動機で多いものには、「旅先でのおいしいものを味わう」、「日常からの

図表4－12　旅行動機

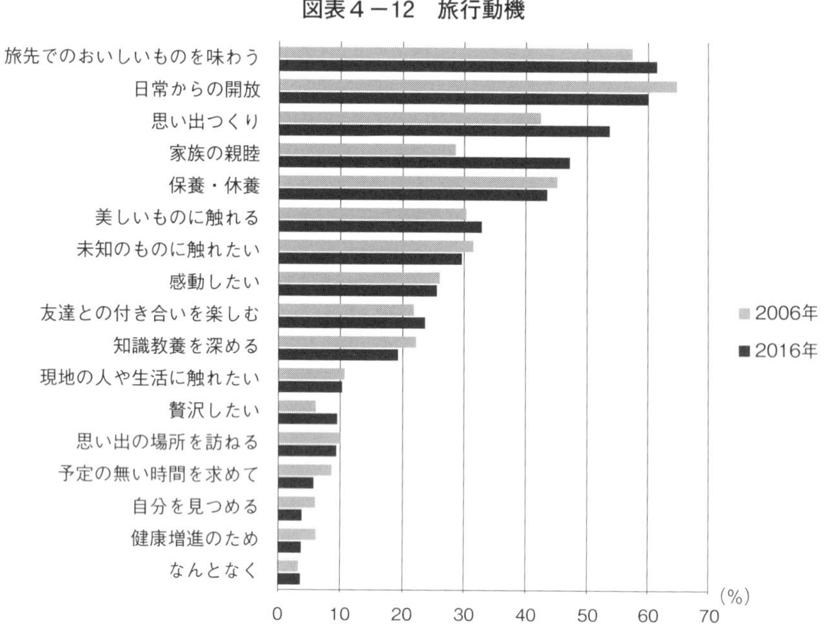

出典：(公財）日本交通公社「JTB 旅行需要調査」

開放」、「思い出づくり」、「家族の親睦」、「保養・休養」などがあがっている。2006年と2016年の旅行動機を比較しても、上位のものに大きな変化はないが、「思い出づくり」、「家族の親睦」などの割合が増加傾向にある（図表4－12)。特に、同行者の項でも述べたように2011年の東日本大震災以降、家族旅行が見直されており、旅行動機においても「家族の親睦」が大きく伸びている。

2）旅行目的

実際の旅先での行動を示す旅行目的について、「JTB 旅行需要調査」では、旅行目的を「旅行タイプ」として以下のようにまとめている。

①旅行タイプ

旅行に出掛ける前に考えた旅行目的である「行ってみたい旅行タイプ」としては、「温泉旅行」、「自然観光」、「グルメ」、「テーマパーク」、「歴史・文化観

図表4－13　旅行目的（行ってみたい・実際に経験した旅行タイプ）

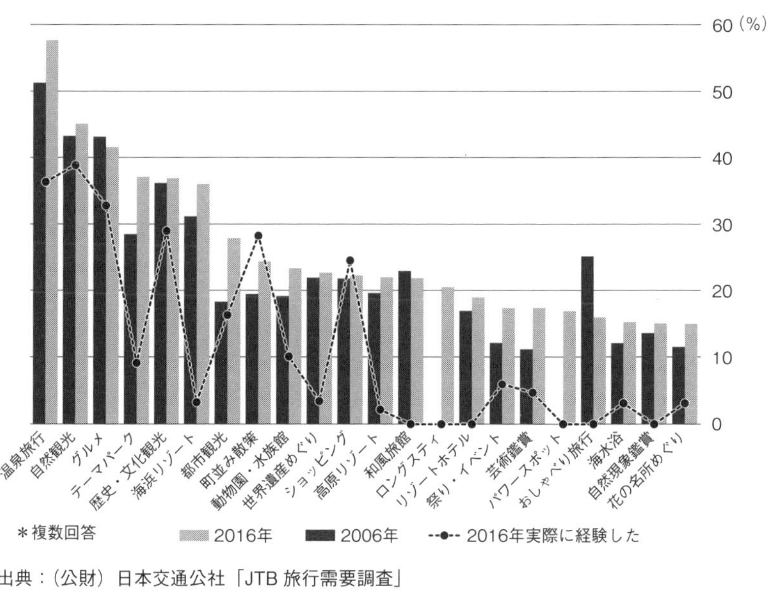

出典：（公財）日本交通公社「JTB 旅行需要調査」

光」、「海浜リゾート」などがあがっている。2006年と2016年の比較でみると、ほとんどの項目において2016年の方が増加しており、これは、全体として旅行に対する関心や期待がより高まっていることを示している。また、このうち実際に「経験した旅行タイプ（旅行目的）」では、「自然観光」が最も多く、次いで「温泉旅行」、「グルメ」、「歴史・文化観光」、「街並み散策」などとなっており、「テーマパーク」や「海浜リゾート」は旅行前の希望値に比較して低く、希望はあるものの実際の参加にはつながっていない（図表4－13）。

②新しいツーリズム

前述のように、旅行タイプ（目的）として捉えられている項目は、レジャー行動として広く遊びでの目的を示すものが多いが、近年では、旅行目的にテーマ性を持たせた「ニューツーリズム」という旅行形態も意識されるようになり、徐々に人気が出てきている。観光庁によれば、ニューツーリズムとは、従来の物見遊山的な観光旅行に対して、これまで観光資源としては気付かれていなかったような地域固有の資源を新たに活用し、体験型・交流型の要素を取り入れた旅行の形態、としており図表4－14のようなものがある。

図表4－14　ニューツーリズムのテーマ

テーマ	概要	具体事例
エコツーリズム	自然、文化等、地域資源の保護体験や学び。エコツアーとも呼ばれる。	北海道知床、小笠原など。入域者数や区域を限定し、専門ガイドや魅力的なプログラムも用意。
グリーンツーリズム	農山村に民泊し農業体験などを行うのが特色。体験や地域交流を目的とする。アグリツーリズムともいう。	長野県飯田市など。豊富な自然体験プログラムなどで教育旅行や旅行者に人気。
文化観光	日本の歴史、伝統など文化的な知的欲求に対して観光を含めた提案を行う。	各地の城下町、伝統的町並み、神社仏閣、仏像、街道。
世界遺産	文化遺産、自然遺産を対象。保全にも配慮しつつ観光活用を行う。	屋久島などの自然遺産4件、白川郷、京都などの文化遺産17件（2017年現在）。
産業観光	工場や旧工場跡、産業発祥の地を訪ねる。職人や製品なども観光資源となる。	長崎／軍艦島、群馬／富岡製糸場など。
ヘルスツーリズム	心身の健康回復や増進を目的とする。医療に近いものから手軽なレジャーとして行われるものまで幅広い。	三重・志摩／タラソテラピー（海洋療法）、自然食、健康食などを取り入れたものなど。
スポーツツーリズム	スポーツ観戦やスポーツ体験、スポーツイベントへの参加など。	オリンピックやワールドカップなど国際級イベントのほか、市民参加型の東京マラソン、自転車ロードレースなど。
コンテンツツーリズム	文学や映画TV、アニメなどの舞台を訪れる。映画等はフィルムツーリズム、ロケツーリズムとも。	ドラマ「北の国から」の富良野など。アニメの舞台は「聖地巡礼」とも呼ばれる。
宗教ツーリズム	聖地の訪問やそこで行われるイベント、祭りなどの体験、参加。	伊勢神宮では式年遷宮の年に1,400万人の参詣者。
その他	フラワーツーリズム 食のツーリズム 酒蔵・ワインツーリズム ロングステイ（長期滞在）　など。	ひたちなか海浜公園のネモフィラなど。 B級グルメコンテストなど。 灘の酒蔵めぐり。酒造り体験、試飲など。 京町屋、古民家に長期滞在など。

資料：観光庁、文化庁、（公財）日本交通公社、JTB総研より作成

3）旅行先

行ってみたい旅行先としては、「北海道」、「沖縄」、「京都」、「大阪」、「東京」の順になっており、やはり有名観光地を持つ地域や大都市が上位にあがっている（図表4－15）。一方、実際の各都道府県における日本人延べ宿泊者数（観光目的でない数も含む）をみると、東京、北海道、大阪、千葉、静岡などの順になっており、大都市周辺が上位にあがる。これは、国内旅行の行き先の傾向として、居住地から比較的近いエリアへの旅行が多く、人口を多く抱える大都市からの周辺エリアで旅行者も多い。また、大都市ではビジネス客も多いため、実際の宿泊客数も多くなる。

図表４－15　行ってみたい旅行先（2015年）

順位	地域名	順位	地域名
1	北海道	16	富山
2	沖縄	17	三重
3	京都	18	大分
4	大阪	19	四国地方
5	東京	20	島根
6	九州地方	21	広島
7	石川	22	福岡
8	千葉	23	和歌山
9	長野	24	岐阜
10	長崎	25	熊本
11	東北地方	26	奈良
12	兵庫	27	山口
13	鹿児島	28	青森
14	静岡	29	栃木
15	神奈川	30	新潟

出典：（公財）日本交通公社「JTB 旅行需要調査」

図表４－16　行き先（都道府県）別の旅行者居住地（2016年）

単位：%

居住地 ＼ 旅行先	青森	山形	栃木	神奈川	兵庫	鳥取	大分
北海道	4.0	2.4	0.9	3.6	1.8	3.1	1.8
北東北（青森、岩手、秋田）	14.1	6.0	2.5	2.9	0.7	1.7	0.8
南東北（宮城、山形、福島）	10.4	20.8	8.5	4.8	2.7	1.0	1.0
北関東（茨城、群馬、栃木）	6.1	8.3	20.7	6.1	1.8	2.0	1.2
南関東（埼玉、千葉、東京、神奈川）	34.7	36.6	51.3	42.2	17.9	19.8	16.3
甲信越（新潟、山梨、長野）	2.0	5.7	3.8	3.7	1.6	2.4	0.8
北陸（富山、石川、福井）	1.3	0.9	0.5	2.2	2.1	3.1	1.2
東海（岐阜、静岡、愛知、三重）	7.4	4.8	3.6	12.5	10.1	10.2	6.1
近畿（滋賀、京都、大阪、兵庫、奈良、和歌山）	10.1	7.4	2.9	9.9	35.5	24.9	10.0
中国（鳥取、島根、岡山、広島、山口）	3.4	1.5	1.6	3.8	10.3	20.1	9.4
四国	1.0	0.6	0.7	0.7	7.6	5.8	3.9
九州、沖縄	5.4	5.1	2.9	7.7	7.9	5.8	47.4

（網掛け）は特に比率の高いエリア

出典：（公財）日本交通公社「JTB 旅行実態調査」より抜粋

(3) マーケット変化の要因

旅行先の人気や実際の入込客数、また旅行目的などは、観光地自体の内部要因と社会を取り巻く外部要因によって大きく変化することがある。ここでいう内部要因には、観光地までの交通、地域の観光資源、観光政策などがあり、外部要因としては景気や政情、社会・生活環境などがあげられる。また、極端な変化とはならないものの、その年の休日のカレンダー並びや暖冬・冷夏といった気象条件、インフルエンザなどの感染症の流行なども観光マーケットを変化させる。

1) 交通の変化

観光地までの交通の利便性は、観光入込客数に大きな影響を及ぼすことは言うまでもない。特に、鉄道や航空のように都市部からのアクセスで、大量輸送ができる交通の開業や増便などは、実際の輸送量が増えるのと同時にメディア露出度が高くなり話題となることが多く、観光にも大きなプラスとなる。また、近年では、新規や増便だけではなく、既存の運行ルートに新たな観光列車を走らせたり、比較的安価な夜行バスの導入などによって観光客が増加している事例もある。

①航空便就航の事例　－奄美大島へのバニラエア就航－

鹿児島県の奄美大島は、従来、東京（羽田）からの航空便は日本航空のみであったが、2014年７月、LCC（ローコスト・キャリア）であるバニラエアの東京（成田）・奄美大島便が新規就航した。これにより、2013年時点では東京からの訪問客は５万588人であったが、就航年の2014年には７万681人となり前年比にして40％のプラスとなった（図表４－17)。一般にLCCの就航の場合、既存のFSC（フルサービス・キャリア）との競合が問題視されるが、この事例においては、従来からの日本航空の旅客は極端に減少していない（図表４－18)。つまり、バニラエアの就航によってその分だけ奄美大島への訪問客が増加していることになり、新しい航空便の就航が新たなマーケットの増加に寄与したと考えられる。

図表４－17　奄美大島の東京からの訪問客数

	東京からの訪問客数	
	人数	対前年
2012年	46,742人	+6,529人 (+16.2%)
2013年	50,588人	+3,846人 (+ 8.2%)
2014年	70,681人	+20,273人 (+40.1%)
2015年	95,223人	+24,362人 (+34.4%)
2016年	105,757人	+10,534人 (+11.1%)

バニラエアが就航した年

出典：鹿児島県

図表４－18　日本航空とバニラエアの旅客数（2013/2014年）

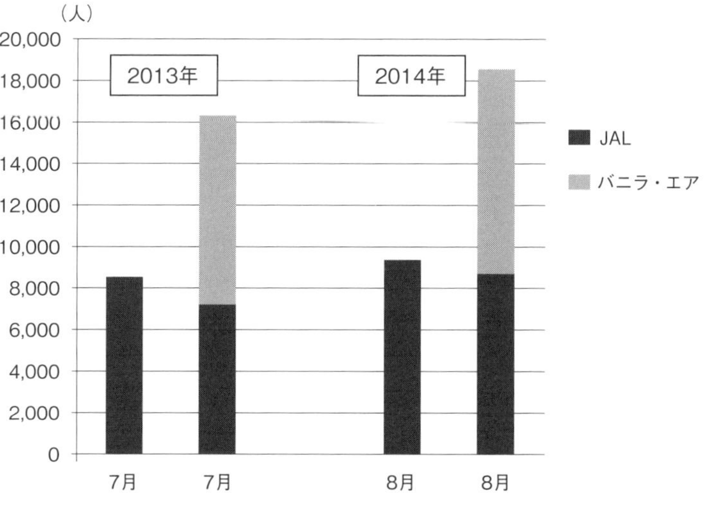

出典：奄美空港管理事務所

②新幹線の開通（例：北陸新幹線）

鉄道の開通や延伸も沿線観光地に大きな影響を及ぼすことはいうまでもない。1997年に高崎～長野間が開通した長野新幹線では、開業初年度の東京方面からの旅客が約３割増加したといわれ、2002年に盛岡～八戸間が延伸した東北新幹線でも同様に前年比で約３割の増加が見られた。

2015年３月に開業した北陸新幹線を例に観光旅行に及ぼした影響を見てみると、開業初年度の新幹線利用者数は、前年の数を100とした場合に268と、およそ2.7倍に増加している。また、単なる乗車客数だけでなく、これを観光客という視点で見ても、関東発のパック旅行の予約人数は、前年同期比で、日本旅行（約５倍）、JTB（約５倍）、阪急交通社（約５倍）となった。さらに北陸新幹線の開通時に、近畿日本ツーリスト個人旅行では、首都圏発着で東海道新幹線と北陸新幹線を片道ずつ利用し、中部や北陸の観光地を周遊するツアーを造成、また、関西発の金沢で在来線特急から北陸新幹線に乗り換えるルートで軽井沢や草津に向かうツアーも人気が出るなど、首都圏から北陸への送客だけではなく広範囲な好影響となった。

③観光列車（発地からのアクセスとして）

観光における交通は、単なる移動手段としてだけではなく、乗り物そのものが観光目的として位置づけられるものも増えてきている。従来、各地を巡りながら船旅を楽しむクルーズがその代表例であったが、近年では鉄道においても

図表４－19　人気の観光列車例

列車名・運行会社など	概　要
「TWILIGHT EXPRESS 瑞風」 運行：JR 西日本　・定員：50名 発着：京都、大阪～下関 旅行代金：27～87万円	１～２泊、山陽、山陰をめぐる５コース。 萩など数カ所の観光地立ち寄り。 車中の食事は７人の有名シェフ競演。 部屋は４人用スイートからシングルまで。
「ななつ星 in 九州」 運行：JR 九州　・定員：28名 発着：博多 旅行代金：15～95万円	１泊２日、３泊４日（内1泊は旅館）の九州をめぐる２コース。 ２人用デラックススイートまたは２人用スイート。 全室シャワー付き。１割が訪日外国人。
「旅するレストラン52席の至福」 運行：西武鉄道　・定員：52名 発着：西武池袋、西武新宿～西武秩父 旅行代金：1～1万5,000円	２人用10卓、４人用が８卓のレストラン仕様の客車。 往路はブランチコース。秩父からの復路はディナーコース。 各コースとも所要2時間半～３時間。
「山形新幹線　とれいゆ　つばさ」 運行：JR 東日本 発着：福島～新庄 乗車券、指定席券、足湯は380円	新幹線初の観光列車。 つばさ16両のうち、座敷風ボックスシート（３両）、バーカウンター（１両、地酒の飲み比べ）、足湯（１両）、温泉街の散策をイメージ。
「伊豆クレイル」 運行：JR 東日本　・定員：46名 発着：小田原～伊豆急下田 旅行代金：プラス旅館で約3万円～	食（フレンチ）と酒と雄大な景色。 全席グリーン席。２人用の海を眺めるカウンター席と対面席、４人用コンパートメント。バーカウンター。

資料：JR 東日本、JR 西日本、JR 九州、西武鉄道

クルーズ型を含めたさまざまな人気観光列車が登場している（図表４－19）。

中でも、豪華な仕様の列車で数日間をかけて各地を周遊する「ななつ星in九州」や「TWILIGHT EXPRESS 瑞風（みずかぜ）」、「TRAIN SUITE 四季島」などは、クルーズトレインとも呼ばれ、高額商品であるにも関わらず予約が難しいほどの人気を博している。

２）観光資源の誕生、増加

観光地や温泉、テーマパークといった従来の観光資源だけでなく、近年では、さまざまなきっかけにより新たな観光地が誕生したり、観光客数の大幅な増加となる観光スポットが登場している。こうした新しい観光資源の誕生は急激な観光客の増加を招くため、観光資源そのものの保全・保護や地域住民との摩擦といった課題が生じることも多いが、地域の活性化につながる事例も多い。新たな観光スポットや観光客の大幅な増加となるきっかけとしては次のようなことがあげられる。

①世界遺産登録、ドラマ・アニメの舞台

世界遺産登録やドラマ・アニメの舞台となったことを契機に、一気に人気観光地となることがある。こうした話題性により観光客が増加したケースは、その効果が時間軸において限定的であることが多く、どう持続させるかに課題が残るが、短期間においては大きな効果が上がる。

a.　世界遺産登録

現在（2018年１月）、日本には21の世界遺産が存在する。世界遺産そのものは貴重な宝として次世代へ受け渡す保全・保護を目的としたものであるが、その話題性の高さから、観光資源としての期待も大きく、実際に、世界遺産として登録されると一気に観光客や旅行商品が増えることも知られている。

しかし一方で、世界遺産の多くは、登録年からの数年は大幅な観光客数の増加となるものの、その後は減少し、登録前と比較しても微増程度にとどまるところも多い。たとえば、2014（平成26）年に世界文化遺産に登録された「富岡製糸場」は、暫定リストに記載された2006（平成18）年以降、徐々に入場者数が増え始め、登録年には一気に前年比4.3倍の134万人が訪れたが、翌々年には80万人にまで減少している（図表４－20）。また、資源の保全・保護と

図表４－20　富岡製糸場の入場者数推移

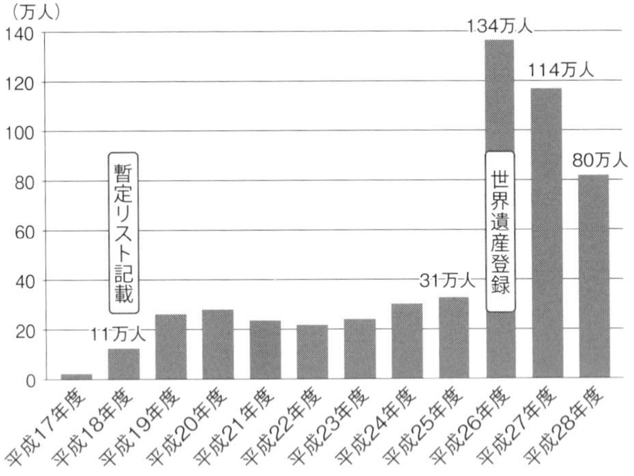

出典：世界遺産富岡製糸場 HP

いう本来の世界遺産の目的と観光利用との両立も多くの世界遺産で課題となっているのが現状である。

b.　ドラマ・アニメの舞台

それまで特に観光地ではなかった場所が、TV や映画などのドラマやアニメーションの舞台となったことで、一気に観光スポットとなることがある。事例としては、2007年４～９月に放送された TV アニメ「らき☆すた」の舞台となった埼玉県鷲宮町（現：久喜市鷲宮）、幸手市などには多くのファンが訪れ、放送前には７万人程度であった入込客数が2011年には47万人となった例もある。アニメの舞台は訪日外国人旅行者にも人気が高く、こうした動きを受け、2016年には KADOKAWA、JTB、日本航空、成田国際空港などが共同で「アニメツーリズム協会」を設立し、アニメを活用した誘客も盛んになってきている。

また、ドラマの舞台やロケ地となった場所が話題となり、観光客の大幅な増加につながった例としては、岩手県三陸地方を舞台に2013年から TV 放映された「あまちゃん」のロケが行われた久慈市があり、同市の観光入込客数でみると、2010年には約105万人であったが、ドラマが放映された2013年には170万人にまで増加した。2014年からはやや減少、2016年時点で111万人と、同市の観光入込客数は微増となっている。

②フォトジェニック（インスタ映え）

JTB総合研究所が2017年に行った「スマートフォンの利用と旅行消費に関する調査」によれば、「SNSの投稿で行ってみたいと思った場所に行った」と答えた人は、2015年には14.0％であったが2017年には18.3％に上昇している。また、これを利用するSNSごとに見てみると、インスタグラム利用者では38.6％、ツイッターで31.6％、フェイスブックで28.6％、LINEで20.9％となっており、SNSの投稿をきっかけにその場所を訪れた比率はインスタグラムやツイッター利用者で高い。また「SNSで発信したいと思い話題の場所に出かけた」という回答もインスタグラム利用者では10.0％程度存在しており、写真映えのする、いわゆる“インスタ映え”する場所が観光客の増加につながっていることがうかがえる。

SNSの投稿がきっかけで観光客が増加した事例としては、千葉県君津市の「濃溝（のうみぞ）の滝」があるが、朝日が水面に映りハート形になる風景がSNSで話題になり、2016年夏からは連日ツアーが催された。こうした観光客の増加によりアクセスとなる小湊鉄道でも通常の1両編成を2～3両に増やし、2016年11月は約1万人の観光客が訪れた。

濃溝の滝

3）観光地の再生（地域の取り組み）

観光地における地域の取り組みにより、あらたな旅行者マーケットを獲得する場合もある。山陰地方屈指の温泉である島根県の玉造温泉は、従来、団体旅行を顧客の中心とした旅館が多く、団体旅行の減少や経済不況の影響を受け、2006年には温泉街に15軒あった旅館のうち４軒が倒産するほどの衰退の様子を見せていた。しかし、観光協会を中心とした取り組みで「玉造温泉」を地域団体商標としてブランド化し、「出雲国風土記」に肌に良い湯、万病に効く「神の湯」と紹介されていることをもとに、「美肌・姫神の湯　玉造温泉」を打ち出した。また、女性客が喜ぶ「願い石」などの観光スポットや「叶い石」などのグッズを提案したことで、団体旅行客が中心であったマーケットは個人旅行の女性客へと変化した。こうした地域の取り組みにより1998年に年間80万人だった観光客は、2014年に110万人にまで増加し、観光地は再生した。

2 国内旅行商品の現状

旅行会社や旅行サイトなどが扱う国内旅行商品は、旅行者が「個人」か「法人」か、また、企画性のある「企画商品」なのか、旅行の「単品素材」のみかによって大きく分類することができる。個人に提供する企画商品にはパッケージツアーがあり、法人への企画商品には法人団体旅行（法人旅行）が相当する。また、個人に提供される単品素材には宿泊・交通予約などがあり、法人には出張手配などが存在する（図表４－21）。

また、こうした旅行商品の多くは出発地からの交通やサービスを含んだ発着型のものであるが、目的地に着いてからの旅行サービスだけの「着地型観光」

図表４－21　国内旅行商品の分類

	個人	法人（企業、学校など）
企画商品	パッケージツアー〈募集型企画旅行〉 フリープラン型、団体型（日帰りツアー、宿泊ツアー）	法人団体旅行〈受注型企画旅行〉 職場旅行、視察旅行、修学旅行など
単品素材	個人観光旅行〈手配旅行〉 宿泊予約、交通手配、観光施設予約など	出張〈手配旅行〉 宿泊予約、交通手配など

と呼ばれる商品も存在する。

（1）個人観光旅行

1）パッケージツアー（募集型企画旅行）

パッケージツアーは募集型企画旅行とも呼ばれ、旅行会社が交通、宿泊、観光などの企画をセットにし、パンフレットや広告を媒体として参加者を募って行う旅行で、旅行者はスケジュールを考える手間や手配のわずらわしさがなく、さまざまな企画を楽しむことができる。旅行会社にとっては企画性が重要となるが、企画性とは旅程内容だけではなく、他にはないサービス、価格を下げる、利便性に優れている、などといった付加価値も含まれる。パッケージツアーには、バスなどを利用した観光や食事などが含まれる「団体型パッケージ」（フルパッケージともいう）と、交通と宿泊予約のみの「フリープラン型パッケージツアー」（スケルトンパッケージともいう）がある。

旅行会社各社の国内旅行パッケージには、JTB「エースJTB」、近畿日本ツーリスト「メイト」、阪急交通社「トラピックス」、クラブツーリズム「クラブツーリズム」、JR東日本「びゅう」などがある。

①団体型パッケージ（フルパッケージ）

団体型パッケージとは、旅程内容のほとんどを旅行会社が企画し手配を行って実施するパッケージツアーで、職場旅行や修学旅行のような法人団体旅行とは異なる。貸切バスによる観光や食事が含まれ添乗員が同行するものが多い。また、こうした貸切バスや添乗員費用は旅行参加者数により１人あたりの金額が大きく変動するため、最少催行人数が設定されていることが多い。ツアーの中に多くの観光スポットを組み込んだものが多いが、近年は、テーマ性のあるツアーや高級仕様のバスを利用するもの、地元の祭りに参加する参加型、行き先をあえて隠したミステリーツアーなど、さまざまなツアーが登場している。

a.　宿泊ツアー

１泊以上で実施されるツアー。発着地から貸切バスを利用するものや、目的地までは航空機や新幹線などを利用し、観光のみ貸切バスを利用するものがある。宿泊施設や食事のグレードなどを選択できるタイプもある。

b.　日帰りツアー

貸切バスを使って1日で観光地をめぐることが多いため、日帰りバスツアーと呼ばれることもある。花や果物狩り、イルミネーション、食などを楽しむものなどさまざま。価格も1万円以内の設定が多い。都市や大きな観光地には「定期観光バス」と呼ばれ、出発日時が定期的に定められ、決まった日時には参加者の多少に関わらず必ず催行するタイプのツアーもある。東京では「はとバス」が定期観光バスを運行しており、訪日外国人のために外国語ガイドで実施するものもある。また、近年では交通を利用しない徒歩型のウォーキングツアーなども登場している。

②フリープラン型パッケージツアー（スケルトンパッケージ）

交通と宿泊手配のみが基本セットになった旅行商品で、大きな都市や観光地、温泉地などが目的地として設定されている。交通機関の出発時間や宿泊施設などが複数設定されており、それらを旅行者が選択して実施する。団体型と異なり貸切バスなどは使用しないため、最少催行人数が1～2名であるものが多い。自由度が高く、出張などでも利用されるため近年では人気が高い。設定されている目的地も増えており、国内旅行商品の約3割を占めるようになった。フリープラン型も募集型企画旅行に位置づけられるが、中には宿泊手配のみのプランも存在し、この場合、朝食付きやチェックアウト時間の延長といった利便性や低価格の提供を企画性と考え企画旅行としている。

2）単品素材（手配旅行）

国内旅行においては、宿泊手配のみ、交通手配のみ、といった単品素材を扱うことも多い。従来は旅行会社の店頭において、宿泊を予約しクーポンを発券する、また、列車や航空機を予約しチケットを発券する、といった形態が多かったが、近年では、こうした単品素材はWebサイトで予約し、クレジットカードで精算、または現地の当該施設に直接支払いを行い、チケットレスで利用するという形態も多くなっている。OTA（オンライン・トラベル・エージェント）と呼ばれるWeb上の旅行会社で扱っているのはこうした単品素材が多い。宿泊施設や交通機関自体が旅行者から直接予約を受け付ける直販形態も平行して行われることが多いため、旅行会社がこうした単品素材を扱うには、

「価格が安い」「同時に別の手配もできるワンストップショッピングが可能」などなんらかの付加価値が必要となる。

単品素材として扱われるものには、宿泊、交通手配のほか、テーマパークなど観光施設の入場券、食事クーポン、定期観光バス、着地型ツアー（後述）などがある。

(2) 法人旅行（受注型企画旅行）

企業や学校などが何らかの目的を持って行う団体旅行で、職場旅行、修学旅行などに代表される。詳しくは、第6章法人旅行を参照のこと。

(3) 着地型観光（着地型ツアー）

多くの旅行商品が旅行会社で企画され発地からの往復交通を含むのに対し、観光地から発着する旅行商品が着地型観光である。観光地の観光協会や宿泊施設、地元旅行会社、DMOなどが企画し実施することが多く、“地元で人気の”、“地元の人しか知らない”など、その土地ならではの企画ができる。地元ガイドによるサイクリングツアー（北海道虻田郡）、源流を活かしたラフティングツアー（群馬県利根郡みなかみ町）、地元文化を活かした「忍者パック宿泊プラン」（三重県津市）、地元出身の水木しげるの作品をテーマとした「妖怪スタンプラリー」（鳥取県境港市）など、その土地ならではの素材を活かした着地型ツアーの事例も多いが、実施組織が小さいため、商品の訴求に課題が残るものも多い。

観光による地域活性化方策の1つとしても期待されており、旅行商品の企画・運営にあたっては、従来、第1種もしくは、第2種旅行業者の登録を必要としていたが、着地型観光に限り募集型企画旅行を造成できる地域限定旅行業者という区分が、2011年、旅行業法に新たに設置された。

3 国内旅行の今後と課題

(1) マーケットの伸び悩みと変化

『じゃらん宿泊旅行調査2017』によれば、2016年度の日本人の宿泊旅行実施率は54.8%で2004年の同調査開始以来、最低の数字となった。10年前の2006年時点の64.7%と比較して10ポイントも減少しており、日本人の半数近くが2016年度の1年間に1度も宿泊旅行をしなかったことになる（図表4－22)。原因としては、レジャーの多様化による相対的な旅行の魅力低下、収入の二極化、節約志向、交通インフラの整備の進展により宿泊せずとも旅行が可能になったこと、などがあげられる。前出の図表4－1からわかるように、延べ宿泊者数は2015年度から増加に転じているが、実施率は減少の一途をたどるという相反する現象が起きている。また、日本人の人口自体が2008年度から減少に転じる一方で、日本人の宿泊者数が増加している現状からも鑑みると、「旅行に行く人」、「行かない人」の二極化が進んでいると考えられる。

旅行内容についても志向の多様化はさらに進んでおり、従来からの物見遊山的な周遊観光を支持する旅行者も多く存在する一方で、テーマ性のある旅やガイドブックに載っていない観光スポット、体験型観光といった個性的な旅を求める旅行者も増えている。したがって、従来のような各社横並びの同じようなツアー内容では旅行者の満足は得られず、旅行企画もこうした多様化やマー

図表4－22　宿泊旅行実施率

単位：%

		2004年度	2006年度	2008年度	2010年度	2012年度	2014年度	2016年度
全体		65.4	64.7	63.1	56.7	55.8	56.9	54.8
20～34歳	男性	62.5	61.0	60.6	53.2	52.8	54.1	51.7
	女性	68.0	67.1	66.8	61.3	62.3	64.3	60.3
35～49歳	男性	61.9	60.4	59.6	53.6	51.8	53.7	52.0
	女性	62.6	61.5	58.7	53.6	53.7	55.3	53.8
50～79歳	男性	63.8	64.8	63.2	55.1	54.4	56.2	55.0
	女性	70.3	69.2	66.5	61.2	59.0	58.5	55.6

出典：じゃらん宿泊旅行調査2017

ケット変化に対応する必要性が大きくなっている。そのためには、テーマへの専門性を高めることや、あらたな観光スポットの発見、話題・情報のいち早い把握、観光地域との強い協力関係の構築などが求められている。

近年、旅行会社の中には、観光地において地元観光協会や自治体などとともに地域の受入れ旅行企画を考えたり、地域活性化を図りながら観光地域づくりを行うDMC（Destination Management Company）として事業を行う企業も出てきている。こうした取り組みが増えていくと、○○地域に行くにはA旅行社が強い、といった棲み分けも進んでいくことになるだろう。

（2）ビジネスモデルの変化と競合の拡大

旅行業におけるオンライン化の進展の影響が課題視されてから10年以上が経過し、オンラインによる取扱額は全体の３割以上を占めるようになった。OTA（オンライン・トラベル・エージェント）と呼ばれるWeb専門の旅行会社の数も増え、この数年ではとりわけ海外のOTAの存在感が増している。こうした海外OTAの特徴の１つには訪日外国人旅行者に強いことがあげられる。海外に本拠地を置く海外OTAは、世界各地のホテルの仕入れを行い世界中の旅行者を販売ターゲットとしているため、日本人マーケットだけを相手にしている日本の旅行会社と比較して取扱数が多く、仕入れ交渉力が強い。また、海外が本拠地のため日本の旅行業法にも拘束されることがない。

一方、2006年に734万人であった訪日外国人旅行者数は、2016年には2,404万人と、この10年で３倍以上に増えているものの、国内の旅行会社ではこれを取り込めていない。最も訪日外国人旅行の取扱額が多いJTBの場合でも、2016年度（2016年４月〜2017年３月）の訪日外国人旅行の取扱額は860億円で、同社全体の取扱額１兆4,770億円のわずか5.8％に過ぎず、インバウンドの増加を十分に取り込めているとは言えない。

訪日外国人旅行と国内旅行の仕入れ・手配は、ほぼ同じ宿泊施設や交通機関に対して行われるため、このまま増加する訪日外国人旅行者の取り込みができず、海外OTAのシェアが高くなっていくと、同時に日本の旅行会社では国内旅行の仕入れ交渉力もまた弱くなっていくことが懸念される。

また、新たなビジネスモデルとして、2017年に住宅宿泊事業法（民泊新法）

が成立し、一般住宅において宿泊サービスを提供する民泊といったシェアリングビジネスが観光業においても出現しており、こうした旅行素材をいかに取り入れていくか、旅行会社にも問われることになるだろう。新たなビジネスモデルへの対応とともに、自ら新たなビジネスモデルを構築していくことが求められている。

〈参考文献〉

観光庁「旅行・観光産業の経済効果に関する調査研究」2016年
観光庁「ニューツーリズムの振興」
http://www.mlit.go.jp/kankocho/page05_000044.html
観光庁「主要旅行業者の旅行取扱状況速報（平成28年４月～平成29年３月）」
総務省統計局「人口統計」
（公財）日本交通公社「JTB 旅行需要調査」
（公財）日本交通公社「旅行年報2016」
日本観光振興協会「観光の実態と志向」2004～2016年版
フォーカスライト Japan「日本のオンライン旅行市場調査第３版」2016年
日本銀行「北陸新幹線の金沢開業に向けた取り組みと今後の課題」
鹿児島県 HP「観光統計」
世界遺産富岡製糸場 HP
小室充弘「世界遺産を活用した観光振興のあり方に関する研究」運輸政策研究、Vol.17 No.2 2014 Summer
経済産業省中国経済産業局「もうけの花道」http://www.chugoku.meti.go.jp/ip/contents/81/
「朝日新聞」2016年12月19日朝刊
JTB 総合研究所「スマートフォンの利用と旅行消費に関する調査」2017年12月
（独立行政法人）中小企業基盤整備機構「着地型観光開発ガイドブック」平成28年12月
リクルートライフスタイル「じゃらん宿泊旅行調査2017」

第5章

海外旅行

1964年は東京オリンピック開催、東海道新幹線開通とともに、海外旅行が自由化された年でもあった。日本人が自由に海外に出かけられるようになったのである。それから半世紀以上が過ぎ、右肩上がりで大きく増え続けた出国者数も、1990年代後半からはその動きを止め、1,700万人前後にとどまっている。航空の自由化やITの進化、市場の変化の中で、海外旅行業界が直面する内外の課題は大きい。一方で、新しいデスティネーションの開発や旅行形態の提案、若者の海外旅行復活を予感させる動きも芽生え、感動産業をさきがけてリードする海外旅行の次の飛躍が期待される。

この章では、海外パッケージツアーの商品企画についても、その過程を解説した。

1 海外旅行商品

（1）海外旅行商品の種類と現状

この章では、主に個人の海外旅行について説明したい。なお、法人の海外旅行（団体旅行）については第6章を参照されたい。

海外個人旅行を大きく分類すると図表5－1のようになる。

（株）JTB総合研究所によれば、日本人出国者の4割弱がパッケージツアーであるという。2016年を例に取れば、年間1,700万人あまりの出国者のうち、約700万人弱が海外パッケージツアー参加者ということになる。

このパッケージツアーも商品内容によって、フルパッケージツアーとスケルトンパッケージツアーとに分かれる。

図表5－1　観光性個人旅行の分類と内容

分類		旅行内容	募集方法	構成比
パッケージツアー	フルパッケージツアー（主に周遊型）	欧米はじめさまざまな行き先がある。グループ行動。添乗員付き。航空機、列車、バス、現地ガイド、食事、観光等が手配されている。	旅行会社のパンフレットや説明会、会員誌	2割弱
	スケルトンパッケージツアー（滞在型）	行き先は主に都市部やビーチリゾート。航空機、ホテル、空港～市心の送迎などが手配されている。DPも含む。	旅行会社のパンフレット、インターネット、OTA	2割弱
個人手配旅行	個人旅行（単純日程が主）	航空機、ホテルを旅行者本人が自由に選択、手配。 海外出張など業務性も含まれる。	インターネット（航空会社、ホテルなどのHP、OTA）	6割弱
	FIT（複雑な日程、特殊な予約）	航空機、ホテル、列車、バス、レストラン、ゴルフ場などあらゆる旅行素材の予約手配。	旅行会社の店頭で相談	少ない

1）フルパッケージツアー

航空機、列車などの交通機関や、宿泊、食事、観光など、必要な旅行要素があらかじめ組み込まれているパッケージツアーを、フルパッケージツアーと呼ぶ。それぞれの都市に1泊ないし数泊ずつしながらグループで旅行する周遊型旅程が多いため、日本からの添乗員や、現地添乗員（スルーエスコート）が同行して添乗業務サービスを提供することが多い。旅程は各社の企画担当者により工夫が重ねられ、限られた日程内で効率よく、観光箇所が楽しめるのが特色である。また、その場所ならではの有名な景観が見られ、地方の名物料理や、その季節ならではの旬の一皿、また海外の味に飽きてきたころには日本料理を提供するといった、いわゆるメニューコントロールも行き届いている。2泊以上の滞在地では、半日もしくは1日の自由行動日をもうける場合もある。

ヨーロッパや中南米、アジア、オセアニア、アフリカ、また北極圏や南極大陸など、行先は地球上の多岐にわたるが、ハワイなど本来滞在型の行先でも、添乗員付き、全食事付きの「ハワイ諸島4島めぐり」など、フルパッケージツアー商品が、特に高年齢層に支持されているケースもある。こうした旅行を造成するのは、主にホールセーラーや全地域型のメディア・通信販売系旅行会社である（第3章参照）。

フルパッケージツアーの旅行代金は、上記のようなさまざまなコストが含まれているため、一般に高額になる場合が多いが、個人で手配するよりは、団体向け料金の適用などで安くなるのがメリットである。また、ビジネスクラスの座席が選べるコースが多いのも特徴である。

その一方、旅行代金を安価に抑えているフルパッケージツアーもある。添乗員同行、全食事付き、主に欧米の代表的なハイライトコースを駆け足でめぐるのが特色である。郊外のホテルを利用したり、航空会社や便名、ホテルを事前に発表しなかったり、また1コースあたりの募集人員を多くすることにより旅行代金を安くする工夫をしている。結果的に市の中心部に出るのに時間がかかったり、航空会社・便名が不明で、出発間際まで予定がたてられなかったり、隣席の確保に追加代金がかかるなどの不便さは覚悟せざるを得ない。また旅程中、ショッピングの回数が多いのも特徴である。こうしたパッケージツアーは、会員の組織化や、新聞広告、説明会、カタログDMなど複数の販促手法を組み合わせたりするため、メディア系パッケージツアーと呼ばれることもある。

また上記以外に、地域専門特化型（アフリカ大陸、アジア内陸部など）や目的特化型（トレッキング、バードウォッチングなど）のパッケージツアーもあるが、これらのパッケージツアーはSIT（Special Interest Tour）とも呼ばれ、プロのコンサルティング機能が求められるため、旅行造成会社店頭での直接販売や説明会での販売が主流である。

2）スケルトンパッケージツアー

スケルトンパッケージツアーは、フリープラン型、Air & hotelとも呼ばれ、往復の航空機とホテル、空港市心間の送迎などが基本手配の内容である。航空会社やホテルはある程度の選択肢から選べるパッケージツアーである。ニューヨークやパリ、シンガポールなどの大都市訪問や、ハワイ、グアム、アジア、南太平洋などのビーチリゾートを訪れる自由滞在型のツアーに多い。航空会社や航空便、ホテル、滞在日数が選べるほか、ビーチリゾートでは、ツインベッド、ダブルベッドなど部屋タイプが選べたり、ファミリーやグループ向けに、コネクティングルーム（部屋の中のドアを開けると２部屋続きになる）、コンドミニアムなどの選択肢がある商品もある。ビーチリゾートのホテルに関しては、オーシャンフロント（部屋から海が見える）やマウンテンビュー（山側、ハワイなどは夜景がきれい）など部屋の眺めや高層階を選べる場合もある。

変則的ではあるが、航空機のほかにホテル手配は、たとえば着後１泊、最終日１泊の２泊だけであとは全くフリーという、いわゆる「中抜き」と呼ばれる商品形態もある。知人・友人訪問に利用されたり、「中抜き」部分は別途ホームステイなどを手配したりする。

さらに、ハワイアン・ウエディングやグアム・ウエディングなど、現地挙式をこのスケルトンパッケージに組み込んだ商品は、人気の教会が豊富な選択肢の中から選べるし、また日本国内での高額の挙式費用に比べると、10万円～数十万円で済むという割安感のため、近年では増加傾向にある。

3）ダイナミック・パッケージツアー（DP）

上述のように、日本ではスケルトンパッケージツアーの選択肢がある程度豊富な上、わずかな取扱料金で「別手配」として、ホテル延泊、各種チケット、食事、観光、列車の予約など、旅行者のさまざまなニーズに幅広く応えてくれるため、ダイナミック・パッケージツアー（以下DP）は後発商品となった。しかし、近年、航空機やホテルの選択肢も多くなったことなどから、スケルトンパッケージツアーからのシフトが顕著である。

DPの特徴は；

①旅行会社のWeb上から、航空機やホテルを自分で予約する。

②スケルトン型の旅行日数の選択肢は基本パターン以外、数パターンしかない（ハワイの基本パターンは４泊６日であり、５泊７日、６泊８日がパンフレット上での選択肢である）が、DPは運賃種別により、１カ月近いものから１年程度まで選択できる。

③予約のタイミングにより航空運賃やホテル代が変動する。スケルトンパッケージが、航空運賃もホテル代もある時点で固定して価格を決定しパンフレットに掲載する１物１価であるのに対して、DPは１物多価のため、DPのほうが安くなる場合も、逆に割高になる場合もある。

　最近では、スケルトンパッケージも旅行代金を年間４～６回程度更新して変動性を重視している商品もある。

④航空機やホテルの選択肢は豊富であるが、それら以外の食事や観光などの選択肢は必ずしも多くない。

４）個人手配旅行

商品形態上、最も大きな伸びを示しているのが個人手配旅行である。今や海外旅行の６割近くを占めるまでにいたっているが、主に次の２種類に分けられる。旅行業法上はパッケージツアーには含まれない。

①個人旅行

航空会社やホテルのホームページ、楽天、じゃらんなどのOTA（Online Travel Agent）などを利用しインターネット上で、主に航空便やホテルを旅行者自身が個別に手配をするもの。旅行会社の店舗へ出向く必要もなく、24時間いつでも膨大な量の選択肢を閲覧・検索、さらに予約・決済できる、極めて高い利便性が支持され、今日の伸張につながっている（上述のDPとよく似ているが、DPは航空と宿泊がそれぞれ選べるにしても、結果的にはセット商品であり、旅行業法上はパッケージツアーである）。

② FIT

インターネットで自らが予約するのではなく、希望の旅行内容を旅行会社に依頼、手配を委託する旅行。単純なものでは、航空券のみの手配や、宿泊のみ、あるいはそれらの組み合わせもあるが、フルパッケージツアー並みの、あるいはそれ以上の複雑な手配内容のもの、たとえば、現地の「足」(列車、バス、車)、有名レストラン、コンサート、オペラ、ゴルフコースなどの予約手配が委託される場合がある。既存のフルパッケージツアーの商品バリエーションや旅程内容では満足しきれない特殊なニーズを持つリピーターが顧客である場合が多く、旅行会社には高度な業務知識と手配能力が求められる。そのため、旅行会社によってはこの種のFIT顧客に特化した専門店舗をもつところもある。

個人手配旅行を総じてFITということもあるが、本来FITとは「Foreign Inclusive Tour＊ (FIT) 運賃を利用した個人旅行」の略称であった。しかし現在では個人旅行そのものを意味するところとなり、Foreign Individual Tourを略したものとも言われるようになった。

＊ Inclusive Tourとは航空券のみならず、ホテルなどの地上手配を含んだ (Inclusive) 旅行のこと。

図表５－２　海外旅行商品形態別比率の推移

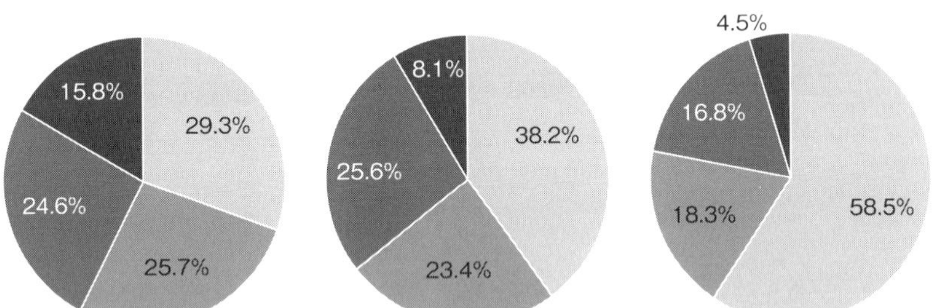

出典：JTB REPORTより著者作成
(参考) その他には団体旅行が含まれる。

(2) パッケージツアーの商品企画

旅行商品のつくり方はさまざまである。法人旅行や、業務性個人旅行、また観光性でも、前述のFITなどは、特定の団体や個人からの具体的な手配依頼に従い、旅行相談業務を交えながらつくる。

一方、海外旅行市場の4割弱を占めるパッケージツアーは、マスマーケットを対象に、全国1万数千カ所ある旅行会社の、主に店頭部門で販売されるため、事前に商品をつくり、パンフレットの形にして流通させる必要がある。

ここでは、このパッケージツアー商品のつくり方、いわゆる商品企画業務について説明したい（図表5－3）。

1）マーケティング

「あなたなら買うか？」。ハネムーンで行くなら、家族と行くなら、いつか夫婦で行くなら、などと自分の旅行を想像したときに、「あなたなら買うか？」がマーケティングの第一歩である。しかし、1人ひとりの性格や趣味、属性がわからない、顔の見えないマスマーケット対象の旅行をつくるとき、自分なら買うか、買わないかの分析だけではもちろん不十分である。カップルや、家族、友人、または一人参加など、参加形態ごとにそれぞれの嗜好や価値観、流行などの時代性を分析する必要がある。

実際のパッケージツアー商品は、大半が何年も継続して販売されているコースであり主力商品群とも言える。新しくパンフレットに登場する新コースは1割あるかないかであろう。そうなると、この主力商品群である継続商品の売れ行きの検証、すなわち今年は「どの商品が売れたのか？」や「なぜ減りつつあるのか？」などを探り、必要であればマイナーチェンジや大幅に手直しをする必要がでてくる。

上記のようなマーケティングのニーズを探るためには、社外データや社内データが必要になり、それぞれ図表5－4のようなものがある。

次に、商品企画の2大プロセスである商品開発と商品造成について説明する。

図表5－3　商品企画造成の1年（上期発売商品の例）

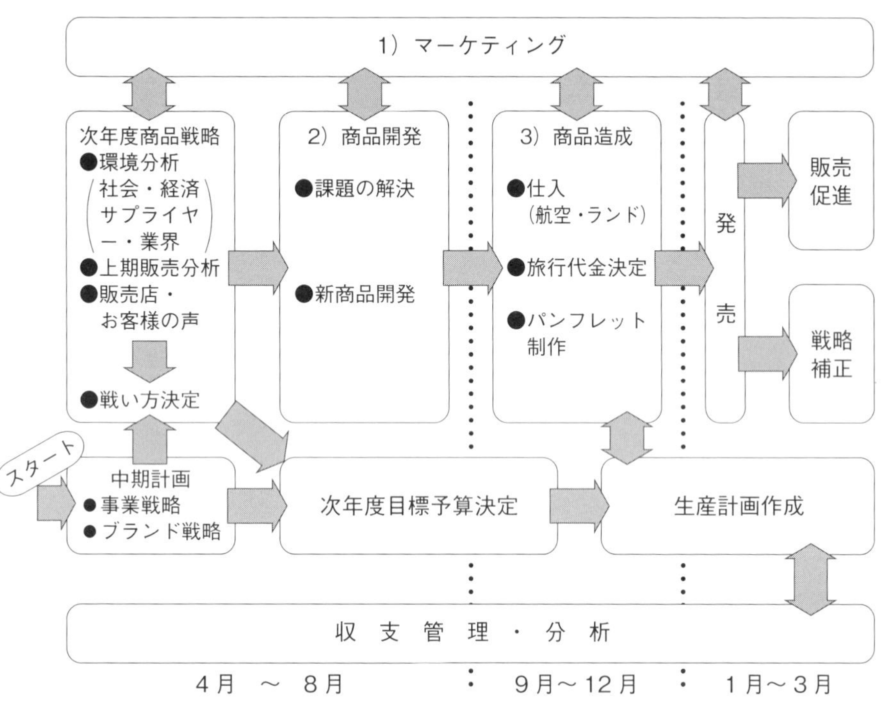

図表5－4　さまざまなマーケティング・データ

社外データ	社内データ（過去1～2年分）
・新聞、テレビ、小説、CM ・政府観光局、官庁、業界団体（観光庁、国土交通省、法務省、JATA など）の発表データ ・業界誌からの情報 ・ビジネスパートナー（航空会社、ホテル、ツアーオペレーター）からの情報 ・世界のトラベルマート（現地ビジネスパートナーと旅行会社の商談会の場） ・航空会社、政府観光局主催の現地研修旅行	・商品（コース）ごとの取扱人員・販売額・販売収益率 ・参加形態別[1)] ・航空会社別、ホテル別、ホテルグレード別[2)]販売結果 ・ピーク時期、小連休の販売結果 ・申込時期 ・販売チャネル別[3)]、販売会社別、出発空港別販売結果 ・自社のシェア[4)] （航空会社別、ホテル別） ・お客様アンケート、添乗員レポート

1）旅行者をハネムーン、カップル、ファミリー、グループ、1人参加の5形態に分けて分析する手法。
2）グレードは、L（超高級）・A（高級）・B（中級）・C（廉価）が一般的。
3）販売チャネルを①自社販売店、②自社系列のグループ企業販売店、③他社提携販売店に分けて分析。
4）それぞれの航空会社（路線別）やホテルにおける自社商品のシェアの増減を知ることにより、競合他社に対抗する戦略をたてる。

２）商品開発

商品開発とは、商品企画の中心業務であり、競合他社商品に打ち勝つ「商品力を開発する」プロセスである。無為な低価格競争に陥ったり、収益率が落ちたり、主力商品が売れなくなっている場合は、商品開発力の不足、低下が否めない。

また自社商品同士で内容と価格の整合性がつかず、廉価商品ばかりが売れたりする場合も同様である。成功する商品開発の基本的な考え方は、次の２つの領域で商品力向上を考えることである。

・領域１　「課題の解決」（お客様や販売店の不満、クレームの解決）

・領域２　「新商品開発」

①「課題の解決」（お客様や販売店の不満、クレームの解決）

商品力向上の最も確実かつ有効な手法は、「現在の商品が抱える課題や、問題点を解決・改善すること」である。

課題や問題点とは、顧客や販売の現場からの不満の声や、場合によってはクレームにまで発展した、いわば商品の欠陥部分である。解決が比較的容易なものから、全社をあげて取り組まないと解決できない困難なレベルのものまで広範囲に存在する。何年にもわたって解決されていないものほど、旅行会社の内部論理や過去の慣習にとらわれている場合が多く、それらは往々にして他社でも同様の、言ってみれば業界共通の課題や問題点でもあるため、これらを解決、改善できた商品は、圧倒的な差別化商品となり、マーケットシェアを一気に高め、収益率向上に貢献する場合が多い。業界の内部論理とは無関係の、消費者の率直な目は、商品の欠点をストレートに指摘してくれる。お客様アンケートやクレームが商品開発にとって「宝の山」と呼ばれる所以である。

「業界の常識は、お客様の非常識」と言われるくらい、積年の内部論理と、顧客の価値観は違う場合が多い。

〈クレーム解決による商品力向上の成功例〉

1994年以前のハワイは、日本人訪問者が右肩上がりで増えてはいるものの、参加者からのクレームが多発する方面でもあった。図表５－５に示したのは当時のクレームとルックJTB（JTBのパッケージツアーのブランド）による解決の事例である。これらのクレームは、旅行業界で長年、問題有りと認識しな

図表５－５　クレームとその解決手法例

クレームの例	解決の手法（OLÍOLÍ システム開発）
(a) ホノルル空港に到着し、通関後、空港から市内に向かうのに、コースごとの参加者全員がそろわないとバスが出発できない。日本各地からのハワイ便到着は午前に集中（ピーク日には日本からのジャンボ機が20数機、約１万人）。入国手続きは長蛇の列、早く通関した参加者は、同一コースの最後の参加者を２時間近く待つこともあった。	(a) 参加コースごとのバス運送方式を廃止。代わりに、ルック JTB の参加者であれば、どのコースでも他の参加者を待つことなく乗れるシャトル型の空港～アラモアナ・ショッピング・センター（以下ＡＳＣ）間の運送システムを開発。バス待ち時間を最長２時間から20分程度に短縮した。大きなスーツケースは別便で各自ホテルの部屋へ届けるので身軽にもなった。
(b) ホテルはどこでも、15時にならないとチェックインできないので、それまでコースごとに団体行動で市内観光をせざるを得ない。	(b) ワイキキのホテルと交渉、チェックイン時刻を早めた。現在、ホノルルのほとんどのホテルで12～14時のチェックインが可能となり、空港から直行しても待つことなく部屋に入れることになった。
(c) 地元の路線バスは複雑で乗り方が難しく、観光用のトロリーバスもあるが、英語のガイドによるアメリカ人観光客対象で、日本人向けではなかった。ハワイには日本人が200万人も行っているのに日本人用の「足」は無いのか。	(c) ワイキキや郊外への無料乗り放題バス（OLÍOLÍ スニーカー等）10ルートも同時開発。ホノルルにおける滞在スタイルを今までの団体型から完全に自由行動型へと変えた。毎日早いコースは朝６時40分から22時近くまで７分間隔でワイキキ20箇所のバスストップを巡回。ホテルやショッピングエリア、ダイヤモンド・ヘッドなどへ自由に行ける。
(d) ホテルにあるツアーデスクに参加者が集中し待たされる。どのツアーも同じような団体型の動きをするので、ホテル・チェックイン後や、朝、夕方などは特に混雑した。	(d) 24時間対応できるコールセンター設置。さらに参加者間でも、コールセンターへでも通話無料の携帯電話（OLÍOLÍ フォン）を無料貸し出し、ツアーデスクにわざわざ出向く必要をなくした。

がらも、空港の入国管理や航空会社、ホテルの慣習といった業界外部の仕組みやコストの問題が存在し、解決不可能な課題と放置されていた。具体的にはホノルル通関は、ハワイ州の管轄であり民間が簡単に手を出せないものと思われていたし、日本からのハワイ便が午前に集中するのは、各航空会社の思惑や出発空港の問題、15時までチェックインできないのはホテルのチェックアウトの時間帯との兼ね合いなど、いずれも旅行業界だけで解決できないと思われた問題ばかりであった。

これらの課題は解決まで数年を要したが、一旦解決したあとは、もちろん上述のようなクレームがなくなるばかりか、商品力の向上に大きく貢献、他社を圧倒的に差別化、マーケットシェアも大幅に高める結果になった（図表５－６）。

またこのケースで重要なのは、下記の３点の事実を事前調査で確認したこと

図表5－6　クレーム解決とその効果

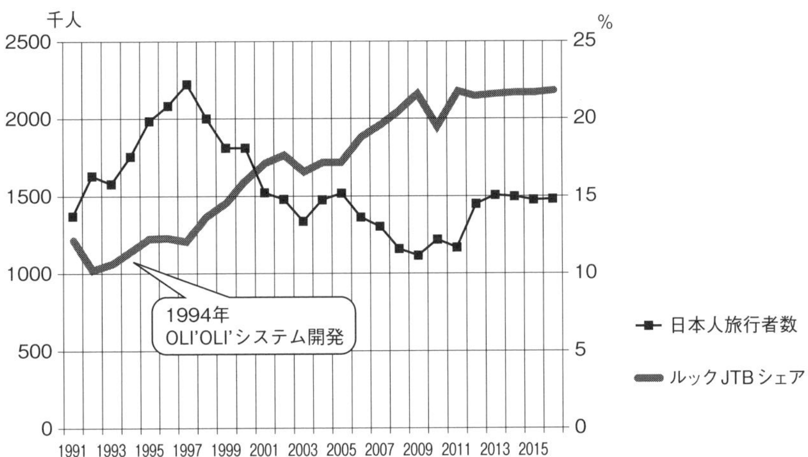

である。

a）ホノルル滞在の日本人旅行者の8割以上が自主的にASCを訪問

ASCは4つのデパート、高級ブティックをはじめ290店以上の各種店舗、また各国のレストランからコンビニ、スーパーに至るまで揃ったオープンエアーでは世界最大のショッピングセンターである。従来はワイキキ地区からタクシーや乗り合いバスでわざわざ行っていた場所を、OLÍOLÍスニーカー等の発着所（OLÍOLÍステーション）にすることで、顧客からは自然に受け入れられるだけではなく、利便性の点で高い評価を受けた。

b）空港からホテルに直行してチェックインする顧客は1割未満

ホノルル到着日に効率的な時間の使い方を求める顧客は、実際には、昼食ショッピングなどを済ませ、夕方以降ホテルにチェックインするケースが多く、ホテルとの契約において、チェックイン時刻を早めても事実上大きな混乱がないことが事前調査で判明していた。

c）当時ホノルル滞在者のほとんどが日本へ国際電話をかけていた

日本国内での携帯電話普及率が1％台の時代、ハワイ滞在中の仲間同士の通話や、コールセンターへの問い合わせは便利であり、しかも無料というのは大いに支持された。結果として、ツアーデスクへわざわざ出向く必要はなくなった。

また、この携帯電話からの国際電話は、ホテルの部屋からかけるより低い料金に設定したが、それでもルックJTBにとっては大きな収入源となり、市内通話無料化によるコストを吸収して余りあるものであった。

ジャルパックは2007年に、HISは2009年に、また他のブランドもそれぞれ類似のバス・システムを開発した結果、それまでのクレームはほとんど解消され、今はあらたな利便性やバスルートの多様さの競争へと進化しつつある。

②「新商品開発」

これは新しい魅力的な国や地域の開発のみならず、ホテル・レストランや船、列車など素材の発掘、旅行の新形態開発により他社にない新商品をつくり上げる領域である。企画担当者にとってはまさに腕の見せ所である。

世界には約200の国々があるが、現在マス・ツーリズムとしての行先はせいぜい数十カ国、新しいヒット商品開発の余地は無限にあるといってよい。とはいうものの、どこをどのように開発するかの考え方には、いくつかの定石がある。そのうちの1つが「きっかけ」をうまく利用することである。具体例を図

図表5－7　ヒット商品開発の例

	きっかけ	成功例
1	内戦の終結	旧ユーゴスラビア時代から「アドリア海の真珠」と称えられた街、ドブロブニクは各メディアで紹介されるほどの宝石のような街。内戦終結で誰でも訪れることができるようになったが、騒乱後の不安感を払拭するため日系航空会社を利用、かつ日本からの直行便チャーターで安心感を強調。
2	空港開港	世界遺産の九寨溝の目を見張る自然美はテレビでもよく取り上げられたが、日本から四川省の成都、さらに成都から陸路20時間以上のチベットまでのバス旅はあまりにも長い。2003年、近くに新空港がオープンし、日本から手軽に行けるようになったので、黄龍も含めた3泊4日の短めの旅行を企画。
3	新航空会社就航	中近東のエミレーツ航空が日本就航。強烈なインパクトをもつ砂漠の中の水上都市ドバイを女性向けに企画、同時に、エミレーツ航空やカタール航空など中東の航空会社の就航は、今までヨーロッパ経由で時間のかかった東・南アフリカを近くした。「シルバーバック」率いるゴリラの家族をすぐ近くで観察できるネイチャー系ツアーも多く開発された。
4	大量のテレビCMを放映	トップアイドルグループを起用したCM、軽快な音楽とCGのような映像、シンガポールの新プロジェクト、マリナ・ベイ・サンズにできた55階建てホテルに泊まる企画。 また、スポーツ飲料や衣料品メーカーのCMの舞台となったボリビアのウユニ塩湖は、熟高年のみならず、「今ここにいる私」をSNSでアピールする若者向け商品としても成功した。

表５－７に示す。

このようにきっかけを利用する手法は、海外旅行初期のころから存在した。五木寛之著『青年は荒野を目指す』（文藝春秋刊1966年）や小田実著『何でも見てやろう』（講談社刊1961年）などの世界を舞台にした小説や旅行記は、当時の多くの若者の海外旅行や留学のきっかけになった。

その頃の旅行ヒット商品にJTBの「ソ連セット」がある。横浜港から船で旧ソ連のナホトカへ行き、シベリア鉄道と旧ソ連のアエロフロート航空を乗り継ぎ、モスクワ、レニングラード経由でウイーンやストックホルムに抜ける１週間の日程で、旅行代金は10～12万円という当時としては破格の安さであり、時間に余裕のある学生やバッグパッカーが利用した。商品開発史上、珍しい片道の海外パッケージツアー商品であった。ちなみにこの日程は、『青年は荒野を目指す』の20歳の主人公がジャズメンになる夢を胸に、日本からヨーロッパに渡った道のりを再現していた。

また航空会社の就航は、上記したように、旅行需要に大きな影響を与える。図表５－８はスペインへの日本人旅行者の推移であるが、マドリードから日本へのイベリア航空の就航（1986年）と撤退（1998年）が日本人旅行者の動向に大きな影響を与えていることがわかる。

イベリア航空は2016年６月に日本への再就航を果たしている。テロの影響でヨーロッパ全体が低調な中、スペイン旅行が現在比較的好調なのは再就航も

図表５－８　スペインへの日本人旅行者数の推移

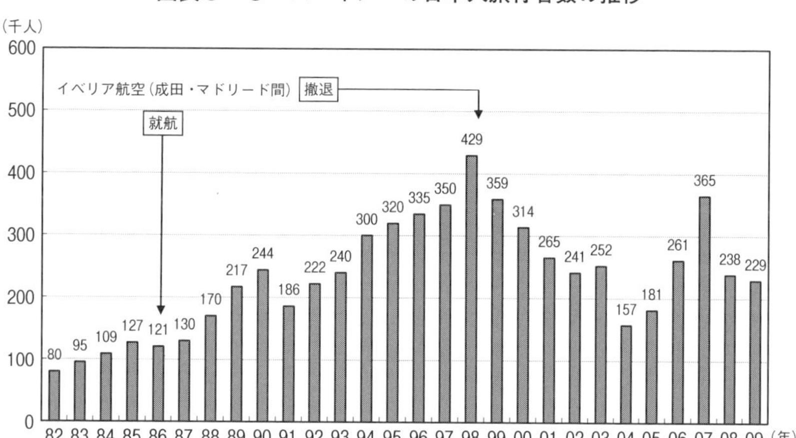

１つの原因であろう。

③現地踏査

商品企画中に、企画担当者が現地の下見をすることを現地踏査という。商品開発の総仕上げのようなものである。企画担当者が自分の目と足と舌で、実際のルートをチェックする過程である。

旅程上、ハードなところや、逆に退屈に感じるところはないか、食事の味付け、量、全日程を通じたメニューコントロール、ホテルの部屋の間取りや大小の格差（特にヨーロッパ系ホテル）、窓からの眺めの違い、トイレ休憩の場所、トイレ設備そのもの、写真撮影の場所、飲み物などの売店がない地域ではバスへの事前積み込み、もちろん地元警察、救急病院の場所など、チェックポイントは多岐にわたる。特に日本人に慣れていない地域では、欧米の旅行者の時間的感覚や価値観を前提にしているため、旅程が平板な印象になったり、食事や休憩に必要以上に多くの時間を費やしたりすることが多い。

さらに周遊型コースの現地踏査での大きな目的の１つは、全旅程を通した感動の演出である。日程そのもののストーリー性や盛り上がり感の形成、季節ごとの日照時間に合わせた食事の場所や時刻の設定、真っ白いテーブルクロスや一輪挿しを地方のレストランに依頼するなどの細やかな気配りも肝要である。

ある程度売れているのに、消費者からのクレームにより販売中止にせざるを得なくなった新規開発商品は、企画担当者がこの現地踏査をおろそかにした結果、早朝出発、深夜ホテル着などハードな日程になっているケースが多い。

３）商品造成

商品造成とは、実際に旅行を「製品化する」過程である。大きく分けると、航空座席やホテル客室など旅行素材の事前仕入れ、価格の見積もり・決定、募集パンフレットの制作、流通となる。

①　旅行素材の仕入れ

パッケージツアーの販売で最も重要なのは「即売性」である。全国の１万を超える旅行販売店から、いつ予約が飛び込むかわからない状況のもと、予約システムは常に即売できる状態にしておく必要があり、そのためには潤沢な商品在庫が生命線になる。予約が入っても航空機やホテルなどの在庫不足で販売できない商品はいわば欠陥商品である。

旅行の募集パンフレットは、商品内容について消費者と約束を交わすという重要な契約書面でもある。旅行実施の際、パンフレットの記載通りの航空機やホテルを利用できるようにするためには、事前にそれらの素材を確実に仕入れておく必要がある。航空機やホテル以外にも、予約の困難なレストラン、入場規制のある美術館なども事前の確保が必須である。

事前仕入は、通常半年単位で行うが、大きな国際会議や見本市、国によってはイースター、旧正月などのピーク期間中、ホテルなどがどうしても確保できない場合が発生する。その場合はパンフレットに記載する出発日一覧から在庫の確保できない出発日を削除する必要がある。これらのことを考えると、旅行素材の事前仕入は、パンフレットの印刷スケジュールに間に合うようにしなければならない。

また、旅行代金は他社商品との比較で常に価格優位性が求められる。それぞれの旅行素材がいくらの原価で仕入れることができるのか、旅行代金になったときに値ごろ感や価格競争力があるのかを考えながら、サプライヤーと交渉する必要がある。

このような「在庫」と「原価」、双方の確保を事前に確実に行うことを「仕入れ」と呼び、商品企画の中でもきわめて重要な業務の１つになる。

なお、航空仕入れは日本国内の各航空会社と、ホテルなど地上手配の仕入は主にツアーオペレーターや、大手旅行会社の場合は自社の海外支店との交渉となる。

〈航空仕入れの実際例〉

航空会社との仕入れ契約は、半期または４半期ごと、航空路線ごと（ホノルル線、ニューヨーク線、ローマ線など）に行われる。半期とは、上期（４～９月）、下期（10～３月）の分け方が一般的であるが、航空業界の基準日は航空券の発券日であり、旅行出発日ではない。すなわち、上期は４月１日の航空券発券分から10月31日の発券分までということになる。

まず航空会社ごとに、路線ごとに、期間内の目標人数とその航空原価をいくらにするかが主契約になる。目標人数が多ければ多いほど原価が下がるのは当然である（図表５－10)。また同じエコノミークラスでも、予約クラスごとの航空原価は細分化されている（図表５－９)。これは、１機あたりの収益を最大化する販売戦略で、イールド（利益)・マネジメントと呼ばれる。安い運賃で売ればロードファクター（有償座席利用率）は上がるが、イールドは必ず低下する。逆に乏しい需要に対して高い運賃クラスしかオープンしないようでは売れ残る。そこで過去の販売データや需要動向を細かく見ながら、どのクラスを市場にオープンにするかを管理するようになったのがイールド・マネジメントである。

毎年継続的に主力商品を発表するホールセーラーは、商品（コース）ごとに、またシーズナリティごとに、どの程度売れるかを過去の販売実績から予測しやすいため、どの運賃クラスを適用するかを各航空会社と事前に決めて旅行代金を見積ることになる。しかし最終的に見積り時より高いクラスしか手当てができない時もあれば、逆の場合もあり、そうなると当然、商品ごとのツアー収支に大きな影響を与えることになる。

たとえば、５月15日発のＡコースの航空原価は、Ｈクラス（@120千円）で航空会社と事前に決定、旅行代金も120千円をベースに発表されていたが、出発の直前に申し込みのあったお客様２名はどうしてもＨクラスでは座席確保ができず、Ｓクラス（@131千円）を使わざるを得ない。結果ホールセーラーには@11千円の損失が発生することになる（図表５－９)。

また図表５－10については、この航空会社の利用で半期5,000名のハワイ路線を販売するつもりのホールセーラーは、１人あたりの航空原価を70,000円

図表５－９　予約クラスと運賃原価（ヨーロッパ線イメージ）

（千円）

シーズナリティ	Q クラス	L クラス	H クラス	S クラス	M クラス	K クラス	B クラス
4/1 - 4/9	75	85	93	99	119	138	176
4/10 - 4/28	95	115	120	131	151	189	229
4/29 - 5/3	140	150	160	178	196	246	306
5/4 - 6/25	95	115	120	131	151	189	229
6/26 - 8/8	140	150	160	178	196	246	306
8/9 - 9/19	B.O.	B.O.	160	178	196	246	306
9/20 - 10/31	95	115	120	131	151	189	229

B.O.：black out の略。設定なしの意（ピーク期のため低運賃の設定がない）

図表５－10　販売目標と航空原価の契約例（イメージ：ハワイ路線）

半期販売目標	１人当たり航空原価
4,500名	73,000円
5,000名（見積り時に採用）	70,000円
5,500名	67,000円

で全ハワイ商品に適用、それを基に価格を決定、パンフレットにも発表する。しかし、結果的に4,900名しか販売できないと、半年後の清算時に１人当たりの航空原価は73,000円が適用されることになり、@3,000円×4,900名＝1,470万円の損失が発生する。半期末に、ときどき超低価格商品が発表されるのは、目標未達成分100名を駆け込み販売し、このような損失を回避するためのものである場合が多い（実際には、ハワイ路線でも図表５－９のようなシーズナリティごとの運賃原価が存在するが、例を単純にするため半期を通して同じ運賃とした)。

②　価格の決定

旅行代金は、よく売れて、かつ収入が確保されるものでなければならない。

またホールセーラーの最大のミッションは国内の旅行販売店（リテーラー）に販売手数料を支払うことであり、あまりにも低価格の旅行代金は旅行産業に貢献しているとは言えないだろう。

一方、消費者から見て商品には常に「値ごろ感」がなければならない。値ごろ感とは、「この商品であれば、このくらい払ってもいい」と思える価格ゾーンであるとともに、それぞれの時代のそれぞれの行先の相場感（ハワイの場合は現在では30万円程度）により形成される。商品力（価値）が値段（価格）に比べてふさわしいか、少し大きいゾーンに値ごろ感は存在するのである。

価格決定までのプロセスは下記の通りである。

(a) 航空原価は航空会社と、地上費はツアーオペレーターとのそれぞれの交渉結果に必要な経費を積算し（図表５－11)、定められた利益率を乗じていったん価格を算定。

(b) 前年の自社価格や他社商品の戦略予測、値ごろ感を考慮に入れ、必要に応じて、航空会社やツアーオペレーターと目標人数の見直しを含め２次交渉を行う。

(c) 周遊型の場合には、前年度に使った見積りブラケット[注)]と販売実数とのかい離の分析、検証をコースごと、出発日ごとに行い必要があれば修正する。

(d) 前年度の売れ行き実績から、シーズナリティや出発日ごとの旅行代金格差が適正であったかの分析を行い、かい離があれば修正するなり、必要に応じて航空会社とシーズナリティ期間そのものの考え方を交渉する。

図表５－11は、一般的なパッケージツアーの旅行代金の内訳である。

図表５－11　旅行代金の内訳

支払い先	原価内訳			構成比イメージ ハワイ６日間	構成比イメージ スイス８日間
航空会社	直接原価	航空原価		約50%	約30%
ツアーオペレーター、ホテルなど	直接原価	地上費原価	ホテル代 食事代 バス代 ガイド代ほか	Ａグレード 約30%	Ａグレード 約50%
関連各社 販売会社など	直接原価	総係費*	日程表、空港斡旋、ギブアウエイ、添乗員経費、主催旅行保険	約３%	約３%
関連各社 販売会社など	直接原価	販売手数料		約12%	約12%
関連各社 販売会社など	間接原価*	パンフレット代 広告宣伝費		売上総利益 約５%	売上総利益 約５%
	販売費および管理費（通信費・人件費・家賃など）			売上総利益 約５%	売上総利益 約５%
	利　益			売上総利益 約５%	売上総利益 約５%

＊総係費：旅行代金を構成する原価の一部。すべての旅行参加者に直接かかる費用のこと。
＊間接原価：旅行代金を構成する原価の一部。旅行参加に際して直接かかる費用ではないが、間接的に負担する費用のこと。

注）地上費算出のための参加予定者数。人数が多ければ多いほど１人当たりの地上費は安くなる。高い人数ブラケットを使うと旅行代金を安く設定できるが、実際の集客人数がそのブラケットに満たないとツアー収支は赤字になる。また赤字のリスクを避けるため、低いブラケットで見積もると旅行代金は割高になり、そもそも売れない。

③　募集パンフレットの意味

商品造成の仕上げは、商品企画の集大成であるパンフレット制作である。目に見えない旅行商品をできる限りわかりやすく可視化し「商品力」をアピールするとともに、「行きたくなる」誘引効果も必要である。

また、パンフレットに記載するということは、消費者と約束をするということであり、記載した航空便は例外なくその便の利用を保証する必要があり、ホテル名を載せたらそのホテルの確約の債務が発生する。パンフレットは募集ツールであるとともに契約書面なのである。

また、ホールセール商品の場合、パンフレットは、消費者にとって「見やすく、買いやすい」のみならず、旅行会社のカウンターやコールセンターなどの販売担当者にとっても「見やすく、説明しやすい」セールスツールである必要がある。

販売担当者は、カウンターで時にはパンフレットを反対側から見ながら顧客に説明する場合もあり、その説明に手間取ったり、他のページに行ったり来たりのパンフレットでは、「使い勝手が悪い」「営業効率が悪い」などの点から販売会社の店頭に置かれないこともある。一定の商品力があるのに、一部の地域や販売会社で売れ行きが伸びない時など、往々にしてパンフレットそのものの使い勝手が悪いと考えられ、その会社の店頭に置かれない場合も多いのである。

2 海外旅行マーケットの変化

(1) 出国者の推移

海外旅行が自由化されて以降の出国者数の推移は図表５－12の通りである。1964年の自由化から、きわめて順調に推移してきた出国者数の伸びも、前述の通り1990年代後半で動きが止まった感がある。

図表５－12　出国者推移（1964～2016年）

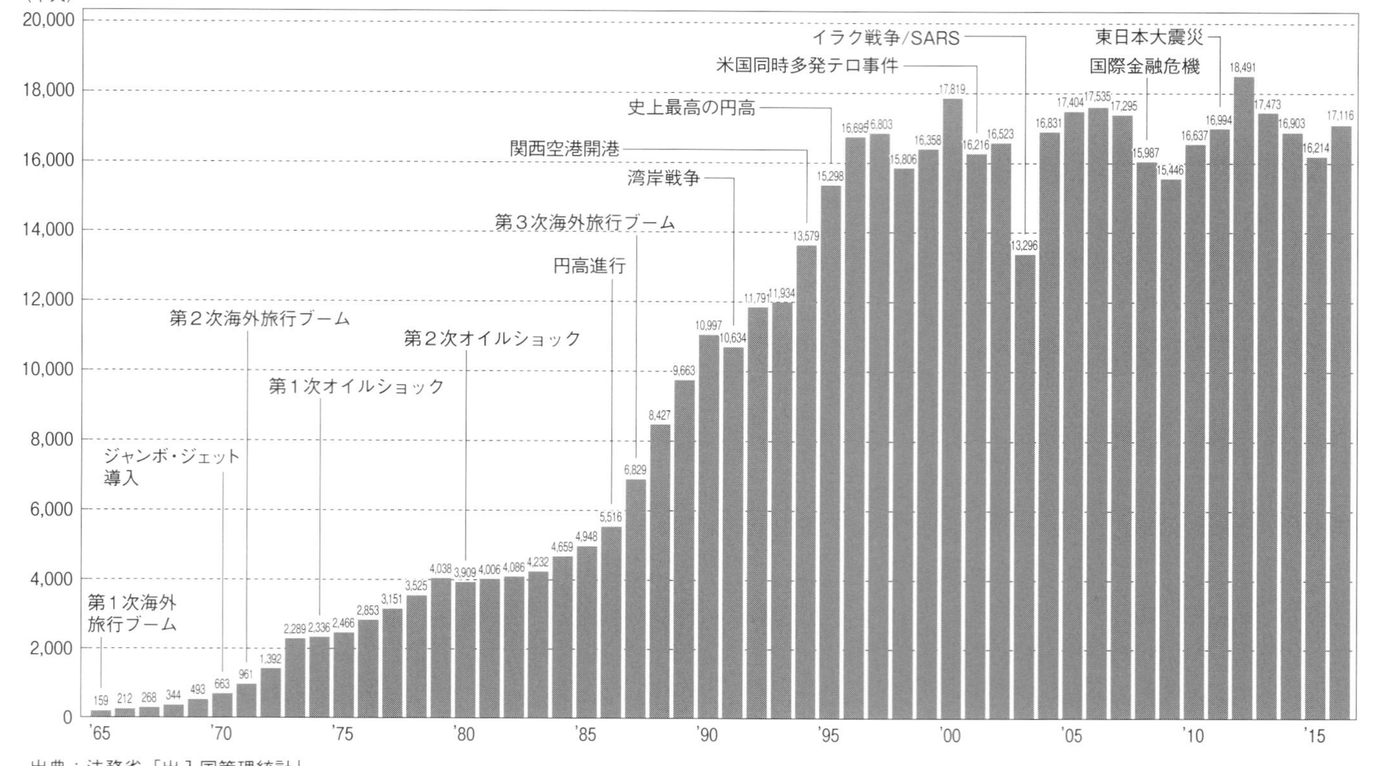

出典：法務省「出入国管理統計」

図表５－13　海外旅行の主な行き先の変化

（千人）

国名		1996年	2016年	対96	ピーク時訪問者数
出国者数		16,695	17,116	103%	18,491（2012）
アジア	中国	1,549	2,587	167%	3,977（2007）
	韓国	1,527	2,298	150%	3,519（2012）
	香港	2,383	1,092	46%	2,383（1996）
	台湾	918	1,896	207%	1,896（2016）
	シンガポール	1,172	784	67%	1,179（1995）
	マレーシア	353	414	117%	500（1990）
	タイ	934	1,440	154%	1,440（2016）
ヨーロッパ	オーストリア	238	209	88%	294（2000）
	フランス＊	855	244	29%	1,030（1998）
	ドイツ＊	1,313	1,070	81%	1,534（2000）
	イタリア＊	4,013	2,303	57%	4,600（1998）
	スペイン	335	263	79%	429（1998）
	スイス＊	895	361	40%	970（2000）
	イギリス	595	246	41%	619（1995）
アメリカ	カナダ	729	304	42%	729（1996）
	アメリカ本土	2,064	1,503	73%	2,194（2000）
	ハワイ	2,090	1,488	71%	2,217（1997）
ミクロネシア	グアム	1,029	746	72%	1,113（1997）
	サイパン	438	61	14%	448（1997）
オセアニア	オーストラリア	813	414	51%	814（1997）
	ニュージーランド	165	101	61%	174（2002）

＊：ドイツ、イタリア（2015）、スイスはホテル延べ泊数、フランスは著者推定。
出典：（株）JTB 総合研究所、JTB REPORT。

図表５－14　海外旅行者数の国際比較（1980年＝100とした場合）

年	1980	1990	1995	1996	2000	2005	2007	2011	2016
日本人海外旅行者数	100	281	391	427	455	444	440	433	438
国際旅行者総数	100	160	193	210	242	282	318	346	528

出典：法務省「出入国管理統計」、世界観光機関（WTO）統計より著者作成。

(2) 海外旅行の行き先の変化

図表５－12のように1990年代後半から最近まで出国者数は、特殊な出来事のあった年を除きほとんど変わらず1,600～1,700万人前後であるが、その行先は大きく変化している（図表５－13）。増加している国は中国、韓国、台湾、タイなどアジアの国々である。

中国と韓国の総出国者に占める割合は1996年当時18.4％だったが、2016年は28.5％と10％も増加している（2010年前後は、この両国だけで総出国者の約半分を占めていた。その時点と比べると最近は減少している）。

またこの両国に台湾、タイを加えたアジア４カ国の総出国者に占める割合は1996年は29.5％、2016年は48.0％と増加している。

この20数年間、総出国者数があまり変わらないのだから、中国、韓国をはじめとしたアジア諸国の大幅増の一方で、大きく訪問者数を落としているのがアジア以外の国々ということになる。特にハワイなど、日本人が多く訪れていた地域のインバウンドビジネスにとってこの減少は、大きな課題となっている。またほとんどの減少国のかつてのピークは、1995～2000年の間であった。

ここで、いくつかの項目に関して、あまり年間出国者数の変わらない1996年（伸びが鈍化し始めた頃）と2016年を比較してその内容を分析してみたい。

参考までに、日本人の海外旅行者数と世界の国際旅行者総数の推移も掲げる（図表５－14）。

日本人海外旅行者数も世界の国際旅行者総数も、この36年間で４～５倍に膨れ上がったが、日本人の場合は前半の16年間で４倍になったものの、その後伸びが止まって現在に至る。それに比べ、国際旅行者数の伸びは加速している。

(3) 世代別・性別海外旅行者数

1996年と2016年の比較で、大きな変化の１つが年代別・性別の旅行者数である（図表５－15参照）。

①男女とも20代が激減。特に女性は1,158千人が減少、男女計で1,800千人以上が減少した。20代の人口そのものが2016/1996比で７割を切り大きく減少しているのと出国率の低下（24.7％→22.5％）が原因である。

図表５－15　世代別・性別海外旅行者数の比較（千人）

	男性			女性		
	1996年	2016年	1996年比	1996年	2016年	1996年比
0-4歳	99	142	143%	97	137	141%
5- 9	110	170	155%	108	166	154%
10-14	143	159	111%	149	164	110%
15-19	234	255	109%	342	379	111%
20-24	655	465	71%	1,362	891	65%
25-29	1,075	612	57%	1,538	851	55%
30-34	1,008	814	81%	731	737	101%
35-39	913	937	103%	440	604	137%
40-44	905	1,141	126%	384	622	162%
45-49	1,224	1,219	100%	582	612	105%
50-54	867	1,069	123%	521	553	106%
55-59	719	878	122%	494	498	101%
60-64	549	679	124%	411	457	111%
65-	592	1,088	184%	444	816	184%
合計	9,093	9,628	106%	7,602	7,487	98%

：110% 以上　　：130% 以上

出典：法務省「出入国管理統計」。

②男女とも65歳以上が激増。この年代の人口の増加と出国率の増加（7.6%→12.0%）が原因である。

③35～44歳の特に女子が大きく増加。15年前の20～30歳前後で当時の海外旅行市場を牽引した世代。卒業旅行でスタートし、現在もグループ旅行、１人参加、ファミリー旅行など活発な世代グループ、海外旅行成熟世代である。

④９歳以下の増加。ファミリー旅行の増加に従って伸びている幼児、小児。パッケージツアーの子供（12歳以下）半額、幼児（２歳未満）100円などの旅行代金の設定の影響も大きい。

（4）若者の海外離れ

前項でも述べたように、近年若者の海外旅行は激減傾向にあるが、最大の背

図表５－16　20歳代の人口、出国者数、出国率の推移（%・2016年＝100）

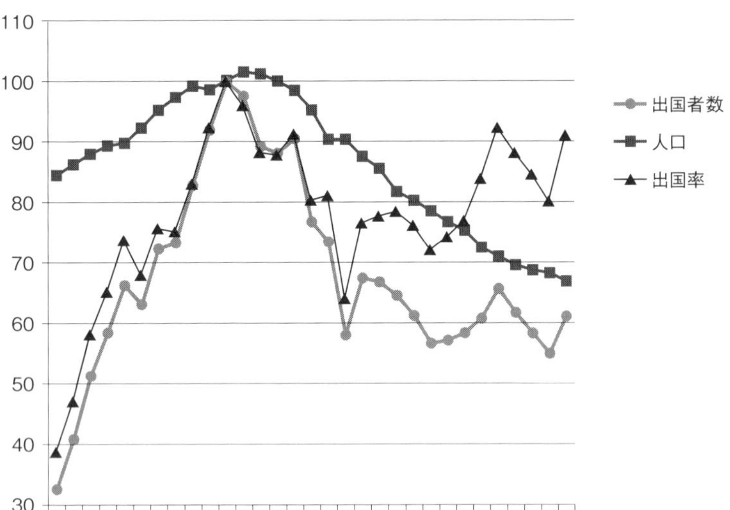

景は若者人口の激減である。

図表５－16は20歳代の人口、出国者数、出国率の推移を1996年＝100として表したものである。人口は1997年をピークに減少の一途であり、2016年は、1996年＝100とした場合、66.9。出国者数は1996年をピークに人口に比例して減少してきたが、2009年から増加傾向に転じた。結果、出国率は一気に上昇に転じている。この部分をとらえると若者の海外離れは、転換の時を迎えている可能性もある。

2013年以降はまた低下しているが、これは船舶や航空事故、円安、テロ、訪日旅行者の激増で航空機の予約が困難などの影響で日本人全体の出国率が低下しているからである。

参考までに、2001年は9.11米国同時多発テロ、2003年はSARSとイラク戦争、2009年は金融危機や鳥インフルエンザが、世代共通の減少要因となっている。

(5) 為替と海外旅行者数

韓国の例からもわかるように、為替と渡航者数の関係は深い。特にリーマンショック以降の韓国の通貨危機（2008～2009年）による急激な円高（ウォン安）は、買物目的などで日本からの訪韓者数を大きく伸ばした（図表５－17）。

図表５－17　ウォン安と韓国渡航者数の相関関係

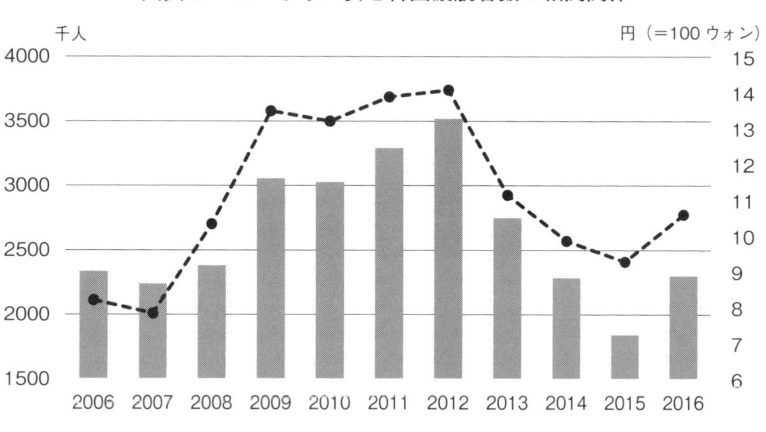

出典：（株）JTB 総合研究所 JTB REPORT（訪韓者数）、Principal Global Indicators（為替レート）。

(6) 同行者

夫婦での旅や一人旅が増加傾向にあり、友人と行く旅行は減少傾向にある（図表５－18）。この間の日本人の総労働時間は増加しており、友人と同じ時期に休みが取れないということの結果であろう。

図表５－18　同行者の変化

	夫婦のみ	家族	友人	会社同僚	1人
1996年	13.3%	20.9%	29.4%	14.5%	16.6%
2009年	21.2%	23.2%	23.3%	9.6%	19.7%
2011年	23.6%	22.6%	21.7%	8.8%	19.7%
2016年	23.1%	21.0%	18.8%	10.8%	22.3%

出典：（株）JTB 総合研究所、JTB REPORT。

（7）旅行費用

旅行代金の低下は、安近短比率の高まりおよび低価格競争によると思われるが、2010年前後からは多少ではあるが値上げ傾向にある（図表５－19)。これは原価の下げ止まりと、燃油サーチャージの高騰、低価格競争からの転換が背景にある。しかし、買い物に使う金額は低下傾向にある。

図表５－19　旅行費用の変化

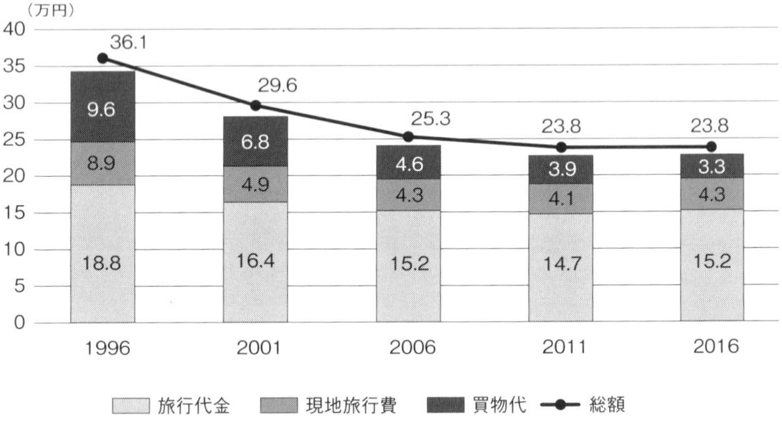

（万円）

	1996	2001	2006	2011	2016
旅行代金	18.8	16.4	15.2	14.7	15.2
現地旅行費	8.9	4.9	4.3	4.1	4.3
買物代	9.6	6.8	4.6	3.9	3.3
総額	36.1	29.6	25.3	23.8	23.8

出典：（株）JTB 総合研究所　JTB REPORT

〈参考文献〉

（株）JTB 総合研究所「JTB REPORT 1993～2017」
藤本幸男・森下晶美『旅行商品企画の理論と実際』同友館、2011年。
法務省「出入国管理統計」
IMF “Principal Global Indicators”

第6章

法人旅行

「法人営業」とは、企業、学校などの法人が実施する旅行やコンベンションを企画・提案し、手配・斡旋する仕事である。

本章では、1．旅行会社における法人営業の位置づけと重要性、2．価格競争でなく価値競争による差異化戦略、3．企業活動に貢献する旅行企画の役割、4．学校、宗教法人、テーマ旅行やスポーツビジネスでの旅行企画、5．ソリューションビジネスへの発展など将来展望、6．MICE の現状と展望、を解説する。

1 法人営業の醍醐味

(1) 旅行会社における法人営業とは

旅行のパンフレットには、いわゆるアゴ（食事）、アシ（交通機関）、マクラ（宿）と、観光や体験メニューなどのプログラムや日程が包括的に記載され、旅行代金を支払えば、そのサービスを受けられる。これが旅行商品である。個人旅行の場合は、観光、癒し、グルメ、遺産探訪、リゾートでの休日、芸術鑑賞などさまざまな目的のために、個人のポケットマネーで旅行が行われる。旅行会社は、お客様のニーズをいかに読み取り、旅行商品として企画し、事前に手配準備してパンフレットなどで告知し、購入してもらう。そして、いかに売れる企画を作れるかがプランナーの仕事である。

一方で、法人旅行では旅行代金を支払うのが個人でなく法人である。企業は企業活動を通じて収益を生み出し、社会に貢献するから存在している。すべての活動は企業の発展につながってこそ認められる。もし旅行が「遊び」であったら企業がその旅行代金を支払う意味がない。では企業が旅行を購入するのはなぜだろうか。

たとえば、販売会社であれば、販売成績に応じて賞金や景品のインセンティブをつけることで販売実績が上がる。旅行を景品にすると、予算以上の効果が得られると人気が高い。また、ＩＴ系の会社で社員旅行がブームになっているのは、一体感を得られることで、会社へのロイヤリティが高まり、生産性が向上するという結果が得られるからだ。いずれも、社員や関係者のモチベーションを高め、結果、企業の業績が向上する。つまり、企業業績の向上というニーズに旅行商品が合致しているのだ。

旅行会社における法人営業とは、企業や法人の報奨、視察研修などの目的と予算に沿って、アゴ（食事）、アシ（交通機関）、マクラ（宿）、ベニュー（会議イベント施設）、行事プログラムを費用対効果が最大になるように組み合わせて、企画提案し、購入してもらい、手配あっ旋する行為である。企業の課題を解決する「ソリューション営業」そのものである。

(2) 法人営業は人を磨く

旅行ビジネスは個人が自分の財布から旅行代金を支払う「個人旅行」と、法人がその活動の目的達成のために旅行を手段として利用する「法人旅行」に大きく分けられる。大手旅行会社の組織では、個人旅行の企画・販売の仕事と法人の仕事は担当が分かれ専門化されている。

大手旅行会社の社長や役員は法人営業の出身者が多い。これは企画、提案、斡旋、添乗という旅行業の一仕事を通じて問題解決力を養い、かつ、若い時から一流の顧客を相手に人間力を形成し、時代の変化への感度を磨いたからと考えられる。今、個人旅行の分野はオンライン販売の割合が増え、企画力よりシステムの利便性に比重が置かれている。一方で、法人営業については、顧客のニーズに合わせた旅行やコンベンションを企画し、ニーズに合わせてソリューションを提供する事業に変化しつつある。旅行業本来の醍醐味があり、業界の未来を担う仕事である。

(3) 法人営業は旅行会社の事業の一翼を担う

1）法人旅行の比重

たとえば、上場されているKNT－CTホールディングスの場合、個人旅行、団体旅行という事業ごとに会社組織が編成されているので、事例として紹介する。2016（平成28）年決算ベースでの売上と社員数は以下のとおりである。

近畿日本ツーリスト（団体事業）	売上1,260億円	（社員1,720名）
近畿日本ツーリスト個人旅行	売上　989億円	（社員1,420名）
クラブツーリズム	売上1,538億円	（社員1,145名）
北海道、東北、中国四国、九州	売上　601億円	（社員　822名）

近畿日本ツーリスト（団体事業）は北海道、東北、中国四国、九州を除く地域の団体事業を担当しており、大きな売上構成を占めていることがわかる。これ以外の地域会社でも、団体部門が会社収益に大きく貢献している。大手各社の例では、法人営業の給与が個人旅行部門より優遇されていることが多い。こ

れは生産性（1人あたりの収益）に基づく。阪急交通社のようにメディア販売に経営資源を集中していた会社も、近年経営リスクの分散も考慮して、法人営業に一定の資源を振り替え始めている。

2）顧客名を冠した支店名　－名は体を（仕事）を表す－

かつて旅行会社は目抜き通りの1階にカウンターを設け、個人旅行の店頭販売と法人（団体）営業を行う総合型店舗が通常であったが、今は販売効果の観点から機能分化し、店舗は人の集まるショッピングモールやターミナルへ、法人（団体）は目立つ場所より法人のお客様との距離や事務効率を考慮して空中階に店を構えていることが多い。

首都圏では法人営業を担当する組織の名称に法人（団体）需要の旺盛さと多様化が象徴されている。教育旅行支店、イベント・コンベンション支店、公務営業支店、ビジネストラベル店など。いずれも顧客に合わせた営業形態を示している。

2 価格競争でなく価値競争を

（1）脱コモディティのマーケティング理論「経験経済」

法人営業を含む旅行ビジネスを解説するにあたり、B・J・パインⅡ＆J・H・ギルモアによる「The Experience Economy 経験経済　脱コモディティ化のマーケティング戦略」の考え方を用いたい。

経験経済とは、図表6－1にあるように、商品はまず「コモディティ（素材・材料）」から始まって、「製品」化され、「サービス」が加わり、最後に「経験の演出」という4つの段階で発展していき、他のものと差異化をすることで、価値が上がっていくという考え方である。

具体例として、コーヒーの例を紹介する。コーヒー豆はスーパーで廉価キャンペーンの対象になる安い品物だ。これが第1段階の「コモディティ」である。

次に、コーヒー豆をブレンドして、インスタントコーヒーとしてパッケージ化すると、第2段階の「製品」になる。テレビで広告し、ブランドができあがり、

図表6－1　価値創造の進化－経験経済論

出典：The Experience Economy by B.J. Pine & J.H. Gilmore

製品として独り立ちする。この段階では1本700～800円という価格になる。

第3段階では、コーヒーショップで1杯250～300円でコーヒーを販売している。これがお店でいれたコーヒーを人の手を介して提供する「サービス」という段階である。同じコーヒーチェーンでもスターバックスはなぜ高くても流行っているのだろうか。米国のシアトルでスターバックスが最初にできたときのコンセプトは、「本場イタリアのエスプレッソの味・香り、雰囲気を再現して、本物のコーヒーの文化を楽しむ」というものであった。米国で飲むコーヒーは、色が付いているだけの水のような、薄くてあまりおいしくないコーヒーだったので、スターバックスはあっという間に米国全土に広がった。

スターバックスでは味だけでなく、豆をひく音、そこで出る香り、音楽もそれに合わせるという演出をして、まさにイタリアのエスプレッソを味わえるという雰囲気を体験させた。当然禁煙である。それなりの雰囲気があるから1杯400円以上の料金でも受け入れられている。これは4段階目の「経験の演出」が一部取り入れられているためである。「経験の演出」のほかの例に、ホテルのコーヒーがある。1杯800円くらいする。なぜそんな値段なのかというと、それなりの打ち合わせや特別な日に飲むからである。

前掲書から4段階目の「経験の演出」の例をドラマ風に紹介したい。米国人の老夫婦が、人生の節目にはじめてイタリア旅行に出かけた。最初の地はベニス。旅のスタートに、翌朝思い出になる場所に行ってコーヒーを飲もうと思い、ホテルのコンシェルジュに相談した。「カフェ・フローリアンという素晴らしいカフェがあります。歩いて10分ぐらいで行けます。そこを予約しておくのでぜひ行ってください」という返事。朝もやの中を歩いてサンマルコ広場に到着した。広場は港に面していて、波の音が聞こえ、カモメが飛んでいる。目を転じると王宮と教会があって非常に厳かな雰囲気。その広場の一角にカフェ・フローリアンという王宮のようなたたずまいのカフェがあった。

カフェに入ると、ウェイターは黒服で、器は国宝のように豪華で、コーヒーをうやうやしく持ってきてくれた。コーヒーを飲む間、音楽が奏でられ、目の前の世界遺産の景色を堪能できた。1時間ほど至福の時を過ごして、お会計をする。1人1,500円、2人で3,000円。ホテルへ戻って夫婦はコンシェルジュに、「本当にいい所を紹介してもらって、ありがとう」「こんな素晴らしい時が過ごせて私たちは幸せです」と語り、1,500円が高いとは一言も思わなかった。

ベニスにも100〜200円で飲めるコーヒーはあるのに、なぜカフェ・フローリアンを紹介したのだろうか。やはり一生に一度の素晴らしい体験にふさわしい場所を紹介したのである。そこで1,500円を支払う価値があると納得できればよいわけである。コーヒー1杯には、100円もあれば、500円もあれば、1,500円もあるけれども、それにふさわしい価値を提供することで、コモディティ化の価格競争から脱することができるということである。

(2) 旅行産業における「経験経済」理論

企業活動は常に、商品のコモディティ化による価格競争との戦いである。「コモディティ」、「製品」、「サービス」、「経験の演出」という4段階で脱コモディティ化を目指す経験経済理論はサービス産業、とりわけ旅行という形が見えない企画サービスを扱う旅行産業には有効な手がかりとなる。

今はインターネットやスマートフォンで航空機や列車、ホテルの手配が手軽

図表6－2　旅行産業における経験経済

経験の演出	ユニークベニューでのユニークな経験
サービス	団体・ＭＩＣＥ・次世代店舗
製品	パッケージツアー
材料・素材	航空機・列車・宿泊 （ダイナミック・パッケージ）

にでき、旅行会社の店舗に行かない時代となっている。第1段階の「コモディティ（素材）」は利便性の高い仕組みを提供することが優位性を保つことになる。

第2段階の「製品」は、ブランドを冠したパッケージツアーがこれにあたる。旅行会社の店舗では、乗り物、宿泊、食事、観光などを選び組み合わせた各社のブランドを冠した企画のパンフレットが並べられている。あるいは、新聞や通販カタログでも告知されている。たとえば、『しばし京都人』という高級なパッケージツアーでは、ホテルに泊まらず、わざわざ町家（昔の古民家）に泊まり、語り部ガイドが非公開のお寺を案内するといった特別な体験ができる。特別拝観、限定貸切などのコピーが付いた企画は「製品」に「経験の演出」を加味して、価格競争でなく価値競争にしようとしている。

なお、パッケージツアーでも、航空機とホテルを組み合わせただけの素材型の企画、いわゆるダイナミック・パッケージはより「コモディティ」に近くインターネットやスマートフォンにとって代わられることになる。第3段階の「サービス」は、オーダーメードで法人の要望に応える法人旅行がこれにあたる。個人向けの店舗でも、パンフレットを全く置かず、すべてお客様の注文を聞いて、オーダーメードで作るというサービスを提供するところもある。

第4段階の「経験の演出」について、ある会社のオーストラリア社員旅行を例にあげる。この会社は、業績が良く社員に報いるために200名のオーストラリア社員旅行を実施した。ただ、社員の間には会社の人間と一緒に行っても自由は利かないしつまらないという意見もあった。そこで、一般のツアーでは体験できない特別な思い出を作るパーティーを演出しようということになった。樹木をホテルのバンケットに運び込み、土も盛って、熱帯雨林を再現。そして、小さいエメラルドの宝石をあちこちに隠して、宝探しゲームを行った。一番大きいのが見つかれば3万円ぐらい、小さくても300円ぐらいのくず原石がもらえる。パーティーは大いに盛り上がり、1年経っても「あのオーストラリア旅行は良かった。また連れていってください、社長。私たち、頑張って働きます」という声が出た。ただオーストラリアに行くだけでは効果はない。まさに「経験の演出」効果が発揮されたわけである。旅行やコンベンションにおいて、ユニークベニューでのユニークな経験を提案する。これが旅行会社の腕の見せ所である。

3 企業はなぜ旅行を使うのか

(1) 旅行やコンベンションは販売促進、人材活用の有効なツール

日本には約420万社の企業があり、大企業は約１万2,000社ある（従業員と資本金で規定。卸売業：100人以上または１億円以上、小売業：50人以上または5,000万円以上、サービス業：100人以上または5,000万円以上、製造業・その他：300人以上または３億円以上)。上場企業は3,678社で、2016年には86社が上場し、グローバル市場も狙う勢いで時価総額を引き上げている。上場企業の所在地は約50％が東京、大阪11％、愛知６％と続く。地方においても、法人旅行の需要の中心は「企業」である。

需要の形態は全国レベルではコンベンション、職場旅行、親睦旅行（信用金庫など）である。首都圏ではコンベンション、招待旅行、テーマ旅行の割合が高い。

ヒアリングによれば、企業内需要の大きさは販売部門が約50％、製造・開発部門が20％、総務・人事部門が20％となっている。交通、宿泊、観光などが伴う旅行だけでなく、コンベンション（会議やミーティング）が大きな需要となっている。

企業の組織ごとの需要は以下のとおりである。

図表6－３　企業内需用の組織別内訳

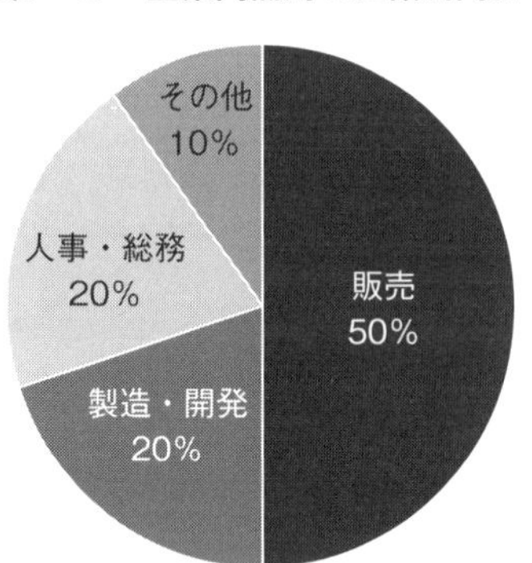

図表６－４　企業組織内の需要

	コンベンション	招待旅行	視察旅行・研修旅行
販売部門	○	○	△
製造・開発部門	△	△	○
総務・人事部門	○	△	○

1）販売部門

企業の収益を稼ぎ出すための需要で、費用対効果が大きく花形である。

①セールス・インセンティブ（訪問販売、保険会社、製薬会社のＭＲ、住宅販売）

営業する人の強さで販売が決まるこれらの業種は、販売会議を行い、目標達成の成果を期末に評価し、表彰式典を行い、さらに優秀な成績を収めた人を海外に招待している。給与面での報奨だけでなく、イベントを通じて名誉も与えることを動機づけにしている。

そのコンベンションやパーティーでは特別な「経験の演出」が行われる。4,000名でテーマパークの貸切やラスベガスで有名歌手の貸切コンサートを行った例や、豪華客船を貸切った例もある。

②流通招待（流通）

販売代理店を成績に応じて旅行に招待する。最高ランクはオリンピックやW杯サッカー等の国際スポーツイベントの際に、スポンサー企業がトップディーラーを招待する企画であろう。開会式などを特別席で観覧し、豪華な食事や観光など至れり尽くせりの企画は、まさに「経験の演出」の極みである。そのメーカーの商品の販売に一層拍車がかかるわけである。

③消費者招待（景品優待）、オープン懸賞

ある商品が同じような性能で同じような価格である場合、おまけ（景品）によって売れ行きが左右される。規制がなければ豪華な景品競争にもなりかねない。景品にはオリジナルグッズや商品券などとともに、宿泊券や旅行が人気である。かつてはウイスキーを買ったら海外旅行があたるといった派手な景品競争が行われたが、今は景品表示法で規制されている。旅行の場合、印象的な企画を盛り込むことで、費用対効果が高い企画を実施可能である。

車を買ったらハワイ旅行をプレゼントといったような購買を前提としたキャンペーンと、商品告知を目的にしたオープンキャンペーンがある。

爽健美茶は、今や日本のブレンド茶市場の過半数を占める人気商品となっているが、日本コカコーラが1993年に発売した際に実施したオープンキャンペーンの例を見てみよう。「爽やかに、健やかに、美しく」ということから「茶流彩彩　爽健美茶」と名付けられた。そのコンセプトを「それはそれは気持ちがいい旅」が体験できるという広告キャンペーンで展開した。具体的には、ジャグジーに浸かって海が見えるリゾートという、通常のパッケージツアーでは手配していないホテルをハナマウイ、バリ、ランカウイで25組ずつ手配した。

広告にはジャグジーに浸かって海を眺める女性の写真を掲載することで大反響を呼び、新商品の知名度を一気に高めることができた。「経験の演出」による価値創造の好例である。

2）製造・開発部門

新規製品の開発のための調査、研究にグループや個人ででかける。国際会議や国際見本市は最新技術・情報収集に最適である。技能五輪への参加、海外工場の見学など、かつて高度成長を支えた視察や研修は分野によって健在である。

また、海外の工場からの社員研修の受け入れもある。

3）総務・人事部門（管理系）

これだけ通信環境がよくなったのでＴＶ会議でも済むはずだが、旅行やコンベンションの需要は増えている。ネットでやりとりばかりしていると、人間関係や組織への帰属意識が低下し、さらに社員定着率も低下し生産性が落ちる。そこでオフラインのイベントで一体感を醸成するために、社員旅行や運動会が見直されている。ＩＴ系の会社でかえってアナログなイベントが見直される結

図表６－５　社員旅行実施率

1994年時に9割近い実施率であった社員旅行は、年々低下し10年後の2004年には36.5%に。以後50%前後に復調の兆し。

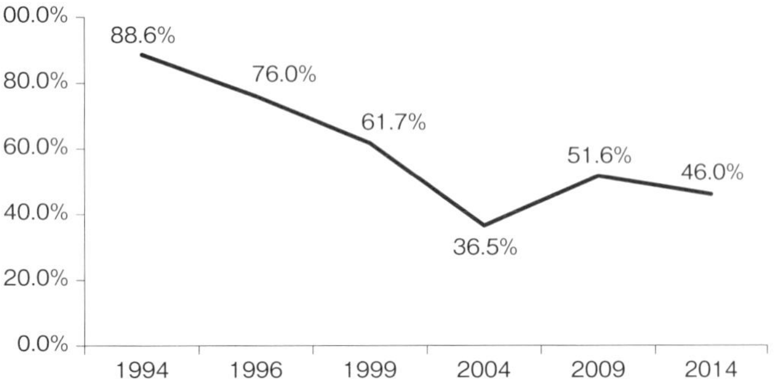

出典：産労総合研究所「社内イベント・社員旅行等に関する調査」法務省、2014年。

果となっている。産業労働研究所の2014年の調査によると、社員旅行の実施率は1994年に88%、バブル崩壊と成果主義による企業風土の変化に伴い、2004年は36.5%まで低下した。しかし、2014年は46%に持ち直している（図表6－5）。周年記念行事・旅行も特別な「経験の演出」が求められる。

また、総務部門は会社の経費の費用対効果をチェックする部署でもあるため、出張コストの削減も大命題である。特に海外出張については、経費がかさむため、航空会社の選択と集中、ホテルの選択と集中によって大きく費用節減が可能である。また、昨今のテロや感染症などのリスク管理をするためにも、出張管理を集中的に行う傾向にある。これらビジネストラベルを専門にする旅行会社が存在し、大手では専門の部署が設けられるほど大きな需要がある。

（2）費用対効果をあげる企画とは　－感動を演出する－

ある国際会議でのこと。インドのデリー空港に集合し、会場までバスで移動を始めた途端、急にバスがエンストした。参加者がどうしたのかといぶかしがっているとき、いきなりゾウの一団が現れた。そして、そのゾウに乗って、皆ホテルへ移動した。思わぬ体験に皆驚いたが、逆に満足した。もちろんこれは主催者が仕込んだサプライズだった。

「経験の演出」といっても企業の求めるものと合致させることが重要だ。「会社の成長を皆で共有するために全員で社員旅行し、記念撮影をする」という決め事のあった会社がある。最初はホテルの宴会場で済んでいたが、やがてはテーマパークや野球場を貸切り、クレーンに載せたカメラで撮るまでに成長した。毎年の社員旅行の写真は会社案内に掲載され、会社の玄関に掲示されている。

ユニークベニューでのユニークな経験は、世界各地でその場所ならではの工夫がされている。パーティー文化の歴史があるので、海外のほうがはるかに進んでいる。美術館を貸切ってお酒も持ち込め、自由に使える。テーマパーク、競馬場、市役所、駅など普段使えない場所をパーティーで使える。2015年シアトルでＪＡＴＡの役員会を開催した際は、セーフコフィールド球場のセンターフィールドに座席を配し、オーロラビジョンでプレゼンテーションを受けた。また、イチロー選手や岩隈選手も利用する豪華なロッカールームを会議室

図表６－６　シアトルでの「経験の演出」

ユニークベニューでのパーティー

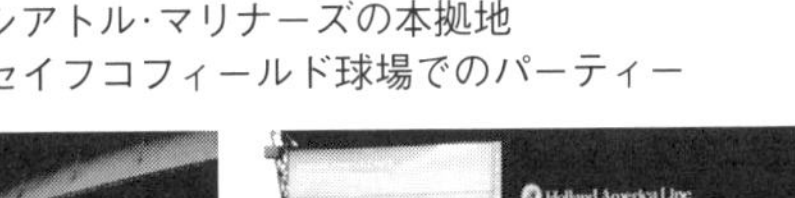
シアトル・マリナーズの本拠地
セイフコフィールド球場でのパーティー

出典：著者撮影

として使用した。海外ではユニークベニューでのサプライズ・パーティーが文化として根づいている。川や橋で花火を打ち上げたり、演出の余地が多い。日本では、ようやく迎賓館が使用できるようになったが、浜離宮などは今年はじめて夜間貸切の許可が出るなど、まだこれからである。

(3) 企業活動に貢献する

「企業が何を求めるか」、各社ＨＰには経営トップの考え方や企業のミッションが掲載されている。自社で営業を重視する会社なら、セールス・インセンティブが見込める。商品を代理店や販売店を使って流通させている会社なら、代理店招待や販売店招待が見込める。また、景品を使ってメディアでキャンペーンを実施している会社は、印象に残る企画を求めている。

転職が多い会社なら、人材を定着させるための旅行やチームビルディングのイベントを求めている。出張が多い会社には費用の削減とリスク管理の仕組みの提案は欠かせない。技術開発で競争をしている会社には海外の展示会や企業交流の提案が有効だ。

こうしてみると、実は法人営業は企業活動をサポートするソリューションを提供することだとわかる。販売促進のプランの提案は、前半分が「販売促進」、後半分が「旅行やコンベンション」である。旅行会社は移動や宿泊の手配というロジスティクスのプロであり、そこが飯のタネである。さらに広告プランの作成や旅行以外の景品の提供までできれば、販売促進のソリューションビジネスが成立する。米国では「インセンティブハウス」という専門業態がある。

「人材の定着化・活性化」についても、後半分は「旅行・コンベンション」であるが、前半分の人材モチベーションの分析調査の提案まで含めたソリューションを提供すれば、モチベーションビジネスが成立する。大手旅行会社はこのようにして自社や子会社でソリューションビジネスを展開し始めている。

4 企業法人以外の大きな需要

企業以外の大きな法人需要として、支店名に冠が付くほどの大口の需要があるのは学校法人、公官庁、宗教法人などである。また、スポーツビジネスも大きな需要の1つである。

(1) 学校法人

一学年の生徒がそろって学校行事として実施する修学旅行は日本独自の制度で、1882年以来100年以上の歴史がある。昨今は質と量の両面で大きく変化している。まず対象の中学生児童数が最盛期の1960年度の一学年270万人から、1985年で200万人、現在は100万人とピークの4割になっている。

その役割も集団活動の体験であったものが、平和学習や環境学習などテーマをもった学習型に変化し、事前に学習し、班別で研究テーマを持って行動する形態に変化している。旅行会社の役割も大型団体を円滑に運び泊めるための臨時列車や大型旅館の手配力が重要であった時代から、企画提案、つまりここでも「経験の演出」が注目されつつある。

ある学校では、奈良の春日大社での献茶式を修学旅行の中心行事に据え、お茶の歴史の学習、茶道の練習を繰り返したうえで、旅行に臨んでいる。また、ある旅行会社では興福寺の夜間貸切を行い、「ナイトミュージアム」と銘打って、静かな環境で講話を聞いて仏教の世界観を学ぶことを提案し好評を博している。ユニークベニューでのユニークな経験＝「経験の演出」の好例である。

図表６－７　教育旅行における「経験の演出」

春日大社での献茶式体験の様子
写真提供：全国修学旅行研究協会

興福寺国宝館での夜間特別拝観
写真提供：近畿日本ツーリスト

図表６－８　修学旅行の目的地と世界遺産

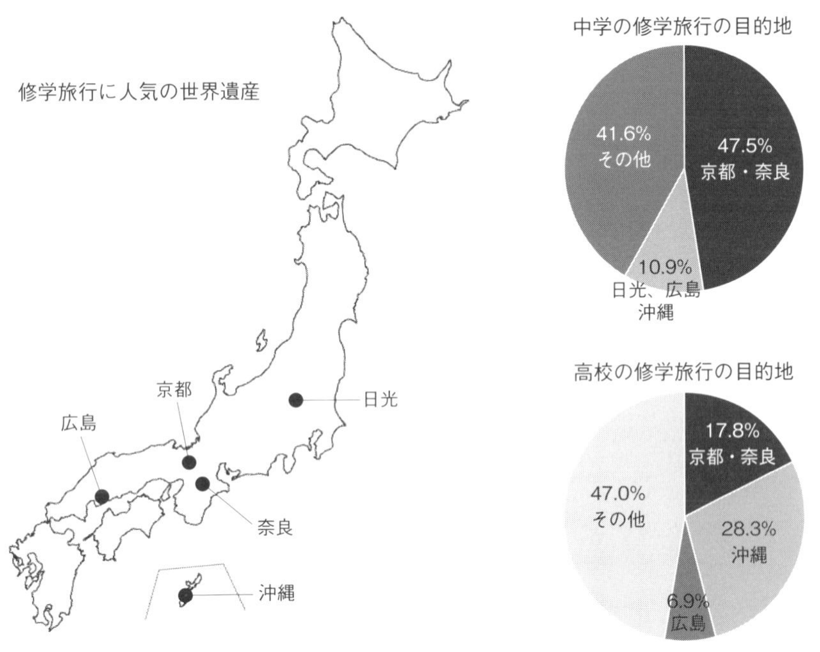

出典：全国修学旅行協会

修学旅行で世界遺産を訪問する中学は約６割（京都、奈良、日光、広島など)、高校では約５割（沖縄、京都、奈良、広島など）を占めている。文化遺産や自然遺産を大切にしながら観光開発を進める、国連の掲げる「持続可能な観光開発」を学生時代に素養として身に付けるモデルとなっている。

さらに、これからは国際交流の役割が大切になる。高校で海外修学旅行を実施しているのは、私立が９万7,854名、公立は６万5,999名、国立1,076名で合計16万4,929名となっている（平均12%)。また、姉妹校提携による国際交流を実施している学校は1,109校で、割合は私立38%、公立16%、国立93%で平均23%となっている（文部科学省平成27年度調査)。双方向の交流を推進して、国際感覚を身につけた若者を増やすことは観光立国実現に大いに役立つ。

(2) その他の法人

公官庁のお客様とは国、地方自治体、国会議員、地方議会議員、外郭団体である。目的が公益となる点が企業とは違うので、予算に基づく支払いや出張ルールに縛られる。このため大手旅行会社では、専門知識を有するスタッフを抱えている。宗教法人は各宗教の節目の法要を目的とする団体参拝が莫大な需要となっている。2011年の親鸞聖人の750回大遠忌法要では47万人が京都の西本願寺、東本願寺、知恩院に参拝した。大型団体の取扱いのノウハウに加え、その宗教のしきたりや人脈に精通することが大切である。

大型団体、大型コンベンションなど継続して需要が見込める市場や企業には専属のスタッフを配置して対応し、企画提案とロジスティクス（交通機関や宿泊手配）でソリューションを提供している。

(3) B to B to C（テーマ旅行）

団体で企画し、個人向けに募集して行う旅行がある。これはテーマ旅行として旅行会社が募集する場合に、企業や団体と提携して、ファンクラブなどのお客様を集める形態である。文化系のテーマであれば、カルチャーセンターの講師同行ツアー、クリスマス時期の交響曲第九を合唱するグループ、ハワイのフラダンスの大会に参加するグループなどがあげられる。体育系のテーマでは、スポーツクラブが企画する、インストラクター同行で募集されるホノルルマラソンツアーなどが代表例となる。

例として、日食観測ツアー、韓流ツアー、嵐のコンサートツアーを紹介する。

・日食観測ツアー

2017年８月米国で、皆既日食を観測するために世界中の日食観測ファンが集まった。日本からもたくさんのツアーが実施された。日食観測は国内にも数千人の固定ファンが存在する。2009年７月に日本のトカラ列島で観測された際は、無人島にトイレと発電機を持ちこみ、料理人を派遣して食事とテントを用意した。旅行代金は鹿児島からの船の往復で数十万円と高額だったが、天体望遠鏡の会社や雑誌とタイアップして募集し300名の枠はすぐ完売した。日食の瞬間には鳥のさえずりさえなくなる不思議な静寂は、一度経験したら病み付きになるとのことだ。これも「経験の演出」の極みだ。

・韓流ツアー

タレントのファンクラブのツアーは、ポップス歌手、演歌歌手、ＧＬＡＹのようなバンドまでさまざまだが、いずれも集客力がある。

2004年に「冬のソナタ」で空前の韓流ブームが起こった。その主役ペ・ヨンジュン氏が主演し、映画の撮影助手という役どころで、ちょうど映画を撮るシーンに3,000名のエキストラが必要となり、そのエキストラになるツアーを募集したところ、わずか１時間で売り切れた。映画のワン・シーンに入れるという特別な体験を組み入れたことで成立した企画だ。写真撮影会、握手会など特別な体験を盛り込んだ韓流ツアーは、今でも数百名を集める力を持っている。また、タイやベトナムでも韓流ブームが起きており、韓流ドラマのロケ地を訪れるファンが多い。

・嵐のコンサートツアー

日本のタレントでは、ジャニーズの嵐の2014年９月ハワイコンサートが有名で、日本から１万5,000人が参加した。80％の人はハワイがはじめてで、約半数は海外旅行がはじめてだった。９月19日を「嵐の日」にしようかと地元では検討したほど語り草になっている。ファンクラブの人でも、嵐のコンサートのチケットがなかなか取れないという背景があるにせよ、ハワイでの特別な「経験の演出」が大ヒットを生んだわけだ。

(4) スポーツビジネス

世界３大スポーツイベントは、オリンピック・パラリンピック、サッカーW杯、世界陸上の３つで、いずれもスポンサー契約で莫大な権利金を集め、メディアへの露出も地球規模となる。旅行の取扱いも、スポーツイベントに精通し、権利金を支払った公式旅行代理店だけが取り扱える。2020年の東京オリンピック・パラリンピックはＪＴＢ、ＫＮＴ－ＣＴ、東武トップツアーズの３社が公式代理店で、それ以外の会社がオリンピックの名称を使うことは不正便乗商法（ambush marketing）となる。2019年のラグビーW杯の公式旅行代理店はＪＴＢである。

莫大な権利金を支払うのは、選手団、関係者の旅行、観戦ツアー、スポンサーの招待旅行・コンベンションなど大規模な直接的需要と、スポーツビジネスにおけるブランド効果である。

2020年の東京オリンピック・パラリンピックを控え、オリンピックの種目に注目が集まるのは当然だが、スポーツそのものに対する関心が高まっている。

マラソンは地域おこしのイベントとして幅広く行われ、スイーツマラソン、温泉マラソンなど特色のあるマラソンが行われている。サイクリング、ハイキング、トライアスロン、オリンピックに新しく採用されたボルダリングまで地域振興とリンクしたスポーツイベントがさまざまに企画されている。旅行会社

図表6－9　スポーツイベントのヒエラルキー

2014年に開催されたブラジルW杯の入場者数は約340万人、全世界での視聴者は10億人を超えるメガスポーツイベントである。

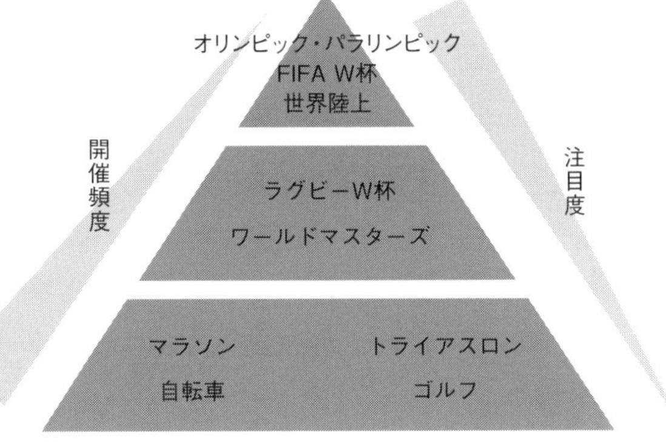

としては、見る、応援する、参加するなどいろいろな動機でのツアーが企画できる。競技によって、たとえば登山などは、登山家がそのノウハウを活かして自分たちの旅行会社をつくってしまうケースもある。また、マラソンイベントのエントリーシステムや競技データの管理をするビジネスも起きており、スポーツイベントのソリューションビジネスが伸びるものと思われる。

5 これからの法人旅行

（1）法人（団体）旅行の歴史は時代を映す鏡

法人（団体）旅行の歴史は時代や日本経済を映す鏡である。高度成長時代には、大型バスを何台も連ねて温泉地に向かい、大宴会を行う姿が見られた。1964年に海外旅行が自由化されたあとは、海外の視察旅行を通じて欧米先進国の先端技術を吸収していった。コンピュータ、プラスチック、ショッピングセンター、コンビニ、宅配便、ＣＳ、テーマパーク、企業のマネジメントからライフスタイルまで、ありとあらゆるものがコピーされ日本に持ち込まれた。企業はハノーバーメッセ、COMDEX（半導体）、工作機械展、ＳＩＧＧＲＡＦＨ（ＣＧ）などのビジネスショーや国際会議に社員を送り込んだ。経済誌「フォーチュン」に“Japanese spy in Silicon Valley”と、コンピュータ産業視察団が警戒されるまでになった。

大型客船を貸切った洋上研修では、民営化されたＪＲやＮＴＴなどから多数の社員が研修に送り込まれ、サービスマインドを学んだ。1991年にバブルが崩壊し、経済が低迷期に入るとともに、成果主義の導入など企業風土も変化し、これまでのような人に費用をかける動きは減っていった。海外とのかかわり方も、一方的に学んだり輸出した形から変わってきている。グローバル展開が進み、日本以外の国でグローバルコンベンションを実施することも増えている。

また、外資系企業が日本に進出し、欧米型のコンベンションやインセンティブの手法が普及してきた。たとえば、外資系企業では夫婦や家族を同伴する社員旅行やコンベンションが普及している。また、ビジネス出張を延長して休暇

図表６－10　経済発展と海外旅行者数の伸び

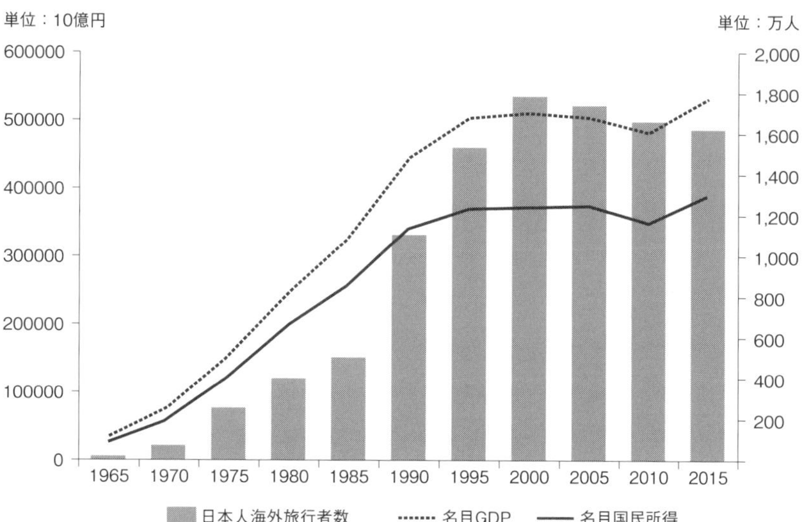

出典：内閣府「国民経済計算」法務省、2016年。

を楽しむ出張休暇（bleisure＝business と leisure を合わせた造語）によって社員の幸福感を高め、生産性をあげることもブームになっている。

今後、女性の登用や働き方改革により企業風土も変わっていく。時代の変化に応じた役割が旅行会社にも求められる。ツアー手配のプロであることはもちろん、お客様へのソリューションを考える際に、顧客の変化を見抜く力が必要である。企画に「経験の演出」を盛り込み、価値を提案する部分は変わらないであろう。

(2) ソリューションビジネスへ

ＪＴＢの高橋社長は『東洋経済』2017年９月23日掲載のインタビューで、「切符を販売するモデル、パッケージツアーを企画販売するモデルに続き、今後は“第３の創業”として個人や法人の顧客、社会が抱える課題にソリューションを提供し、対価を得るモデルに転換していく。今は売上高の９割が旅行分野だが、ソリューション分野を大きくして一定の形を作りたい」と語っている。

ソリューションの例をあげてみたい。企業であれば、社員の定着率をあげるための社員のモチベーション向上策、販売成績をあげるインセンティブプランの運営などが考えられる。学校であれば、生徒数が減少する中で学校そのものの魅力をつくり出すための国際提携の仲介、就職に直結するインターンシッププログラムの運営などがあげられる。自治体であれば、すでに定着化した観光施設の受託経営や個別のイベントの受託だけでなく、ＤＭＯへの出資や運営も考えられる。

いずれも、これまでの旅行会社の枠組みを越えた交流や感動を演出する産業への挑戦が始まっているのである。

(3) トレンドを創る 価値を創造する

かつて世の中のトレンドは電通などの広告代理店が作ってきた。1970年代にはモーレツな働き方から余暇を大切にするブーム（モーレツからビューティフル）へ世論を切り替え、横尾忠則、浅井慎平などのトレンドをリードする人をタヒチやサモアに連れていき、太平洋諸島ののんびりとした雰囲気を体験させた。資生堂のＣＭでは、矢沢永吉に「時間よ止まれ」を歌わせ、芸術を通じて、新しい生き方を世に広めていった。

2000年にトヨタは若者層をホンダに奪われている危機感から、「WiLL プロジェクト」を立ち上げ、パナソニック、グリコ、近畿日本ツーリストと共同マーケティングを展開して若者層にアピールした。

2018年のサントリー食品インターナショナルの缶コーヒー BOSS の消費者キャンペーンでは、“働く人へ BOSS から「休み方改革」を提案！”と、ライフスタイルを提案して50組100名に豪華なハワイ旅行をプレゼントしている。

今やツーリズムは世界的にも成長分野であり、産業の柱になっている。ＵＮＷＴＯによれば、世界の旅行者数は13.2億人（2017年）、旅行・観光業の経済効果は世界の GDP の約10％を占め、10人に１人の雇用を創出している。そして、2017年は国連の「持続可能な観光国際年」であり、成長を続けるには負の弊害を最小化しつつ、観光を通じて地域に雇用を産み、交流を通じて平和を実現するという目標が掲げられている。次世代のトレンドや需要は旅行会社が軸になり発信できるのではないか。「経験の演出」に長け、価値競争のできる旅行会社にはその資格があると考える。

6 MICEの現状と展望

(1) MICEの定義と意義

MICEとは、企業等の会議（Meeting）、企業等の行う報奨・研修旅行（Incentive Travel）、国際機関・団体や学会等が行う国際会議（Convention）、企業や業界団体等が主催する展示会・見本市やイベント（Exhibition/Event）の頭文字である。

MICEの実施主体は、国際機関、研究機関、教育機関、企業、産業界等であり、これらが計画と予算を用意して開催する。大規模な会議や展示会の場合には、その企画・実施や参加者の旅行等をサポートする企業群も必要となってくる。MICEへの参加を目的として来日するビジネス旅行者は、所属する組織が経費として負担するお金と自分自身のお金という２つの財布を持っている。このため、自分自身だけの財布で旅行する一般観光客よりも多額の消費を見込むことが可能となる。

また、ビジネス旅行の場合には、ビジネスクラス航空券や出発便変更可能な航空券を利用する人もおり、宿泊先もビジネスが円滑に行くよう相応の設備のあるホテルが選択されることが多い。ビジネスパートナーや商談相手との会食や会合での消費も見込める。さらに、会議日程の合間や会議終了後には、自分自身の財布を開けて、会議開催国での観光を楽しむ場合もある。

このように、高い旅行消費を期待できるため、国や地方自治体はMICEの誘致に積極的に取り組んでいる。これ以外にもMICEに取り組む重要な目的があり、観光庁は、①ビジネス・イノベーションの機会の創造、②地域への経済効果、③国・都市の競争力向上の３点をあげている。国際会議や展示会・見本市は、参加者が新しい知識・知見、情報、技術等を持ち寄って交流し、世界に発信する場である。このため、国際会議や展示会・見本市を積極的に開催することは、新しいビジネスやイノベーションの機会をわが国に呼び込むことになる。地域への経済効果は、MICE開催のために、その主催者、参加者、出展者等が各々に消費を行い、その中にはMICEの企画・開催実施をサポートするビジネスへの委託が含まれ、多くの企業への経済波及効果が期待できる。

MICE 開催を通じて培う人的ネットワークや情報発信力は、開催地の世界的な認知と評価を高め、競争力の向上につながっていく。

・国際会議：Convention の定義

企業等の会議（Meeting）、企業等の行う報奨・研修旅行（Incentive Travel）、展示会・見本市やイベント（Exhibition/Event）には国際的な定義は特段設けられてはいないが、国際会議（Convention）には、国際的に活用されている定義が２つ存在する。１つは、UIA（国際団体連合：Union of International Associations）[1]によるもの、もう１つはICCA（国際会議協会：International Congress and Convention Association）[2]によるものである。加えて、２つの定義を踏まえて、日本政府観光局（JNTO）が日本独自の定義を行っている。

これらの３つの定義のうち、各国の国際会議開催件数等のデータ比較を行う際によく使用されるのはICCA の定義である。それは、国際機関・国際団体（各国支部を含む）、または、国家機関・国内団体が主催する会議で、①参加者総数が50名以上、②定期開催、③３カ国以上で会議を持ち回り開催、の条件をすべて満たしていることである。なお、主催者についての明確な定義はなされておらず、民間企業以外のすべての団体と解釈されている。この定義では、単発開催の会議や２カ国間での会議は除外される。UIA と JNTO の定義を図表６－11、６－12に示す。

図表６－11　UIA の定義

国際機関・国際団体（UIA に登録されている機関・団体）の本部が主催または後援した会議	国内団体もしくは国際団体支部等が主催した会議
①参加者数　50人以上 ②参加国数　開催国を含む３カ国以上 ③開催期間　１日以上	①参加者数　300人以上（うち40%以上が主催国以外の参加者） ②参加国数　開催国を含む５カ国以上 ③開催期間　３日以上

出典：UIA「国際会議統計」より作成。

1　1907年にベルギー・ブリュッセルにて設立された非営利・非政府の団体。６万人を超える組織団体等に関わる情報の調査・収集・分析・を実施し、「UIA 国際会議統計」を毎年６月に発表。
2　国際会議の開催状況を収集・発信している国際機関。本部はアムステルダム。世界90カ国の約1,000団体の業界関係者が所属。毎年発表される世界の国際会議開催件数は世界全体の国際会議開催状況を把握する統計。

図表６－12　JNTO の定義

2006年統計までの旧基準	2007年統計からの新基準
・参加者総数が20名以上で、かつ参加国が日本を含む２カ国以上の国際会議 ・または、参加者総数が20名以上で、かつ外国人参加者数が10名以上の国内会議 ・上記２つの条件のいずれかを満たしているセミナー、シンポジウム等	①主催者：「国際機関・国際団体（各国支部を含む）」または「国際機関・国内団体」* ②参加者総数：50名以上 ③参加国：日本を含む３カ国以上 ④開催期間：１日以上

注：*特定企業の利益を追求することを目的とした会議の主催者を除く全てが対象
出典：日本政府観光局（JNTO）公表データより作成。

（2）国際会議の開催状況

ICCA の統計によると、世界の国際会議開催件数は2011～2012年にかけて減少したものの、近年は微増傾向にある（図表６－13)。2016年時点では、大陸別ではヨーロッパでの開催が多くなっている。国別では米国がトップであり、次いで、ドイツ、イギリス、フランス、スペイン、イタリアといったヨーロッパの国々が続いている。日本は中国と同点での第７位である（図表６－14)。かつては、アジアでの国際会議といえば日本開催といった状況が続いた時期があったが、近年では、大規模な国際会議場の整備と国際会議誘致に積極的に取り組んでいる中国が力をつけてきており、わが国にとっての強力なライバルとなっている。アジア・オセアニア地域では、日本と中国がツートップの状況であり、これを韓国とオーストラリアが追っているが、この両国の開催件数はわが国の半分程度である。

日本の都市別に国際会議開催件数をみると、第１位は東京で、以下京都市、大阪市、福岡市、神戸市と横浜市（同件数）の順である（図表６－15)。わが国でトップの東京は世界では21位である。日本は世界第７位の開催件数だが、国内に国際会議を開催できる都市数が多いため、１都市あたりの開催件数の世界的順位はあまり高くはない。このことは、各都市が国際会議開催件数を伸ばしていくと国全体での開催件数が増加していくというメリットを生む一方で、世界的に知名度や権威のある重要な国際会議を誘致する場合に、まず国内調整に時間を要してしまい、開催誘致に名乗りを上げた他国との国際競争への準備開始が遅くなってしまうというリスクが生じる。

図表6－13　世界の国際会議開催件数の推移（地域別）

件数

	2007	2008	2009	2010	2011	2012	2013	2014	2015	2016
欧州	5,192	5,616	5,730	6,049	6,088	6,020	6,310	6,322	6,579	6,551
アジア	1,665	1,779	1,768	1,975	1,748	1,874	1,988	1,908	1,993	2,226
北米	1,184	1,312	1,293	1,346	1,335	1,269	1,277	1,261	1,417	1,403
中南米	869	950	1,021	1,063	1,113	1,176	1,226	1,170	1,186	1,135

	2007	2008	2009	2010	2011	2012	2013	2014	2015	2016	10年間の伸率
その他	145	178	203	203	183	106	102	111	110	103	
中東	115	139	178	186	154	170	181	158	220	220	
アフリカ	200	268	283	211	255	243	322	270	274	302	
オセアニア	267	259	245	300	257	298	279	305	297	287	
世界	9,637	10,501	10,721	11,333	11,133	11,159	11,685	11,505	12,076	12,227	20.9%
日本	315	337	320	349	244	341	342	337	355	410	30.2%

出典：日本政府観光局プレスリリース「ICCA による2016年の国際会議開催統計の発表：(2017年5月19日) より抜粋。

図表6－14　世界上位10カ国の国際会議開催件数の推移

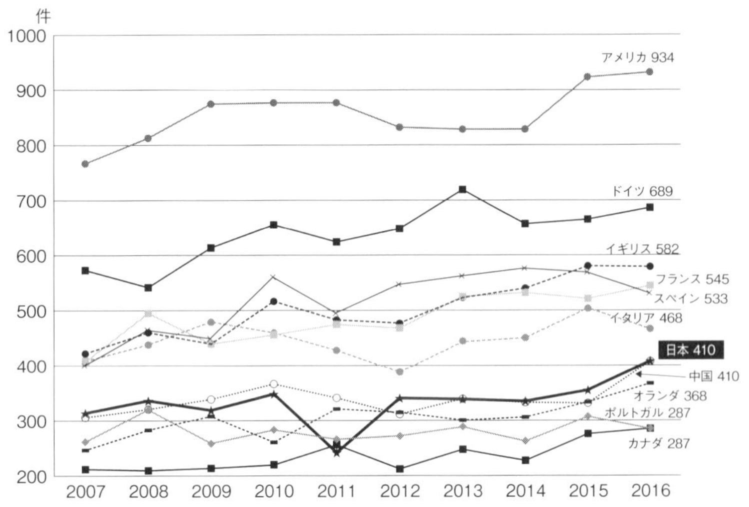

出典：日本政府観光局プレスリリース「ICCA による2016年の国際会議開催統計の発表：(2017年5月19日) より抜粋。

図表６－15　日本の都市別の国際会議開催件数（2016年）

都市名	日本順位（前年順位）	世界順位（前年順位）	件数（前年件数）
東京	1　（1）	21　（28）	95　（90）
京都	2　（2）	44　（57）	58　（45）
大阪	3　（4）	100　（115）	25　（23）
福岡	4　（3）	111　（85）	23　（30）
神戸	5　（8）	120　（191）	21　（13）
横浜	5　（5）	120　（117）	21　（22）
札幌	7　（6）	152　（139）	17　（18）
名古屋	8　（7）	160　（182）	16　（14）
奈良	9　（12）	169　（276）	15　（8）
仙台	10　（10）	203　（254）	13　（9）
広島	11　（16）	279　（－）	9　（4）
金沢	12　（14）	301　（335）	8　（6）
北九州	13　（15）	324　（373）	7　（5）
つくば	14　（10）	357　（254）	6　（9）
千葉	15　（13）	392　（301）	5　（7）
松江	15　（29）	392　（－）	5　（1）
新潟	15　（17）	392　（－）	5　（3）
富山	15　（19）	392　（－）	5　（2）

出典：日本政府観光局プレスリリース「ICCAによる2016年の国際会議開催統計の発表：（2017年５月19日）より抜粋。

（3）MICEにおける旅行業

MICEにはいずれも主催者・出展者・参加者の旅行が伴うことから、旅行業者にとってはビジネスチャンスである。観光庁の試算によると、2015年に日本で開催された国際会議による経済波及効果は約5,905億円であり、国際会議の外国人参加者の１人あたりの平均消費額は約26万円であった。なかでも、三大都市圏で開催された医療関連の国際会議に係る平均消費額は約36万円と高い傾向であった。この試算の推計対象は、日本政府観光局（JNTO）の基準による国際会議で、「参加者総数50名以上」「日本を含む３カ国以上が参加」「１日以上開催期間」の条件を満たした2,847件の会議である。観光庁は、国際会議開催に熱心な都市をグローバルMICE都市[3]に認定し支援を行っており、こうした都市を中心に今後も国際会議誘致が展開されていくこととなる。

国際会議は、図表６－16のように多様な主体がチームを組んで誘致、開催準

3　2017年４月時点で、東京都、横浜市、京都市、神戸市、福岡市、名古屋市、大阪市、札幌市、仙台市、千葉市、広島市、北九州市。

図表6－16　国際会議のプレーヤー

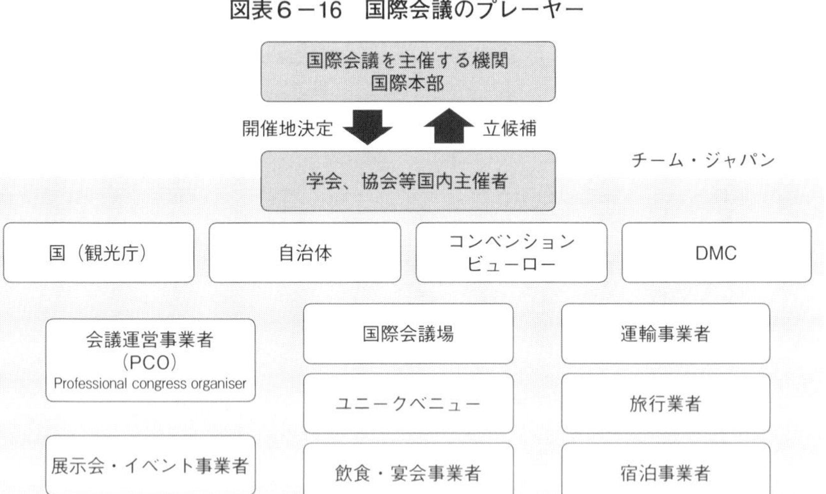

備、当日の運営、終了後の会計処理や報告作業等を実施していく。旅行業者は、誘致の段階で行われる開催候補地の視察、主催者、招聘者、出展者、参加者の参加にかかる交通や宿泊、会議プログラムとしての視察旅行やエクスカーション、会議前後の個人的な観光旅行を引き受けることが主な役割である。これに加えて、会議開催誘致の重要な要件であるレセプションやパーティー等を開催するユニークベニューの提案やアレンジにも関わっていくことができる。

なお、インセンティブ旅行でもわが国の旅行業者が活躍できることを指摘しておきたい。日本政府観光局はJAPAN Best Incentive Travel Awardsを実施しており、その中で、JTBグループの交通公社新紀元国際旅行社有限公司が、匠をテーマに、中国の自動車のメディア関係者やディーラースタッフが日本のものづくりの伝統と今に深く触れる旅を実施したことが高く評価され、2017年の大賞を受賞している。インセンティブ旅行は、1人あたりの旅行費用が多く、また、成長するアジア企業の中には旅行目的地として日本を評価しているところが多い。

〈参考文献〉

B・J・パインII、J・H・ギルモア著、岡本慶一、小高尚子訳『[新訳] 経験経済 脱コモディティ化のマーケティング戦略』ダイヤモンド社、2005年。

第7章

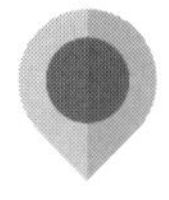

インバウンド観光

本章のテーマはインバウンド観光（訪日外国人旅行者誘致）である。まず、世界のインバウンド観光市場を概観し、将来にわたって成長が期待されている分野であることを理解してほしい。次に、訪日外国人旅行者数の推移、その増減の要因、行動の特徴や送客市場について概説する。最後に、わが国のインバウンド観光振興の意義、持続的に進めていくための法制度、そして、今後の課題について述べる。インバウンド観光における政府・自治体やビジネス界の動きは速く、毎年新しい動きが生じている。読者には、本章で得られた基礎知識を土台とし、最新の情報を自ら加えながら理解を深めることを期待する。

1 インバウンド観光市場の動向

(1) 世界のインバウンド観光市場

1）国際観光客到着数

国連世界観光機関（UNWTO）[1]は、毎年、世界のインバウンド観光に関する基礎的な数値を取りまとめ、動向を分析して“Tourism Highlights”を発表している。このレポートには、国際観光客到着数（International tourist arrivals）[2]、国際観光収入、世界の上位デスティネーション（観光目的地）、地域別実績、アウトバウンド・ツーリズム、国際観光支出の上位国および、国際観光客到着数の長期予測が掲載されている。

図表7－1からは、世界全体の国際観光客到着数が堅調に伸び続けていることがわかる。2016年の国際観光客到着数は前年から4,600万人増加（前年比3.9%増）して、12億3,500万人に達した。地域別には、ヨーロッパが49.9%と最も多くなっており、陸続きで隣り合う国々が多く、鉄道や自動車での国際移動が容易である地理的な条件に加えて、EU（欧州連合）内における人々の移動の自由を促進する政策[3]が背景にある。一方、2015－2016年の伸び率は、日本が位置しているアジア・太平洋が8.6%増と最も高い伸びを示している。次いで、アフリカが8.1%、米州が3.5%であり、政情不安が続いている中東は3.7%減であった。

12億3,500万人の旅行者がどの国・地域を訪れたのかについて、日本政府観光局（JNTO）がUNWTOや各国の政府観光局のデータを活用して推計したランキング（図表7－2）で見てみよう。1位はフランスの8,260万人で人口[4]以

1　国連の観光専門機関。誰もが参加できる持続可能で責任ある観光を促進することが使命であり、156カ国、6地域および民間部門、学術機関、観光協会および地方観光当局からの500以上の賛助会員で構成されている。
2　1泊以上の外国旅行をする人々（overnight visitors）がどこを訪問するのかを表すもの。
3　シェンゲン協定。国境を越える際に国境検査をしないという協定で、域外国境の共通管理、域内国境検査の撤廃、統一ビザの発給、不法移民に関する取り決め、国境を越える犯罪に対する司法・警察の加盟国間の協力、シェンゲン情報システムの導入から構成されている。この協定を締結したシェンゲン領域（アイスランド、イタリア、エストニア、オーストリア、オランダ、ギリシャ、スイス、スウェーデン、スペイン、スロバキア、スロベニア、チェコ、デンマーク、ドイツ、ノルウェー、ハンガリー、フィンランド、フランス、ベルギー、ポーランド、ポルトガル、マルタ、ラトビア、リトアニア、ルクセンブルク、リヒテンシュタイン、2013年7月現在）で適用されている。

図表7－1　国際観光客到着数の推移

	国際観光客到着数（単位：100万人）							シェア（%）	前年比伸び率（%）			年間平均成長率（%）
	1990	1995	2000	2005	2010	2015	2016	2016	14/13	15/14	16/15	2005-'16
世界	**435**	**526**	**674**	**809**	**953**	**1,189**	**1,235**	**100**	**4.0**	**4.5**	**3.9**	**3.9**
先進国・地域	299	337	424	470	516	654	685	55.5	5.7	5.0	4.8	3.5
新興国・地域	136	189	250	339	437	536	550	44.5	2.1	4.0	2.7	4.5
UNWTO 地域別												
ヨーロッパ	**261.5**	**303.5**	**386.6**	**453.2**	**489.0**	**603.7**	**616.2**	**49.9**	**1.7**	**4.8**	**2.1**	**2.8**
北ヨーロッパ	28.7	36.4	44.8	89.9	62.8	75.4	80.2	6.5	5.3	6.5	6.4	2.7
西ヨーロッパ	108.6	112.2	139.7	141.7	154.4	181.4	181.5	14.7	2.2	3.5	0.0	2.3
中央・東ヨーロッパ	33.9	58.9	69.6	95.3	98.5	121.4	126.0	10.2	−9.1	5.4	3.8	2.6
南・地中海ヨーロッパ	90.3	96.0	132.6	156.4	173.3	225.5	228.5	18.5	6.9	4.9	1.3	3.5
うち EU28カ国	230.1	266.0	330.5	367.9	384.3	477.8	500.1	40.5	4.7	5.3	4.7	2.8
アジア・太平洋	**55.9**	**82.1**	**110.4**	**154.1**	**208.1**	**284.0**	**308.4**	**25.0**	**6.1**	**5.4**	**8.6**	**6.5**
北東アジア	26.4	41.3	58.3	85.9	111.5	142.1	154.3	12.5	7.3	4.3	8.6	5.5
東南アジア	21.2	28.5	36.3	49.0	70.5	104.2	113.2	9.2	2.9	7.4	8.6	7.9
オセアニア	5.2	8.1	9.6	10.9	11.4	14.3	15.6	1.3	6.1	7.6	9.4	3.3
南アジア	3.2	4.2	6.1	8.3	14.7	23.4	25.3	2.0	12.9	2.3	7.8	10.7
米州	**92.8**	**108.9**	**128.2**	**133.3**	**150.1**	**192.7**	**199.3**	**16.1**	**8.5**	**5.9**	**3.5**	**3.7**
北アメリカ	71.8	80.5	91.5	89.9	99.5	127.5	130.5	10.6	9.7	5.5	2.4	3.4
カリブ海	11.4	14.0	17.1	18.8	19.5	24.1	25.2	2.0	5.5	8.1	4.7	2.7
中央アメリカ	1.9	2.6	4.3	6.3	7.8	10.2	10.7	0.9	5.6	6.8	4.9	5.0
南アメリカ	7.7	11.7	15.3	18.3	23.2	30.8	32.8	2.7	7.1	5.9	6.6	5.4
アフリカ	**14.8**	**18.7**	**26.2**	**34.8**	**50.4**	**53.4**	**57.8**	**4.7**	**0.6**	**−2.9**	**8.1**	**4.7**
北アフリカ	8.4	7.3	10.2	13.9	19.7	18.0	18.6	1.5	−1.4	−12.0	3.5	2.7
サハラ以南地域	6.4	11.5	16.0	20.9	30.7	35.4	39.2	3.2	1.9	2.4	10.5	5.9
中東	**9.6**	**12.7**	**22.4**	**33.7**	**55.4**	**55.6**	**53.6**	**4.3**	**8.7**	**0.6**	**−3.7**	**4.3**

出典：UNWTO“Tourism Highlights 2017 Edition”より抜粋。

上の外国人旅行者を受け入れている。２位は米国、３位はスペイン、４位は中国、５位はイタリアと続いている。アジアでは、中国（４位)、タイ（10位)、マレーシア（12位)、香港（13位)、日本（16位）である。わが国は、以前は20位の韓国にも及ばなかったが、ここ数年で順位を上げてきている。

世界のインバウンド観光市場の将来の見通しについて、UNWTO の推計値を見ていこう（図表７－３)。世界全体の国際観光客到着数は、2020年に14億人、2030年に18億人に達すると予測されている。アジア・太平洋は2020年に３億5,500万人、2030年に５億3,500万人となることが見込まれており、日本が位置する北東アジアは各々１億9,500万人、２億9,300万人と推計されて

4　約6,633万人。仏国立統計経済研究所データより（2016年１月１日現在)。

図表７－２　世界各国・地域への国際観光客到着数（上位40カ国・地域）

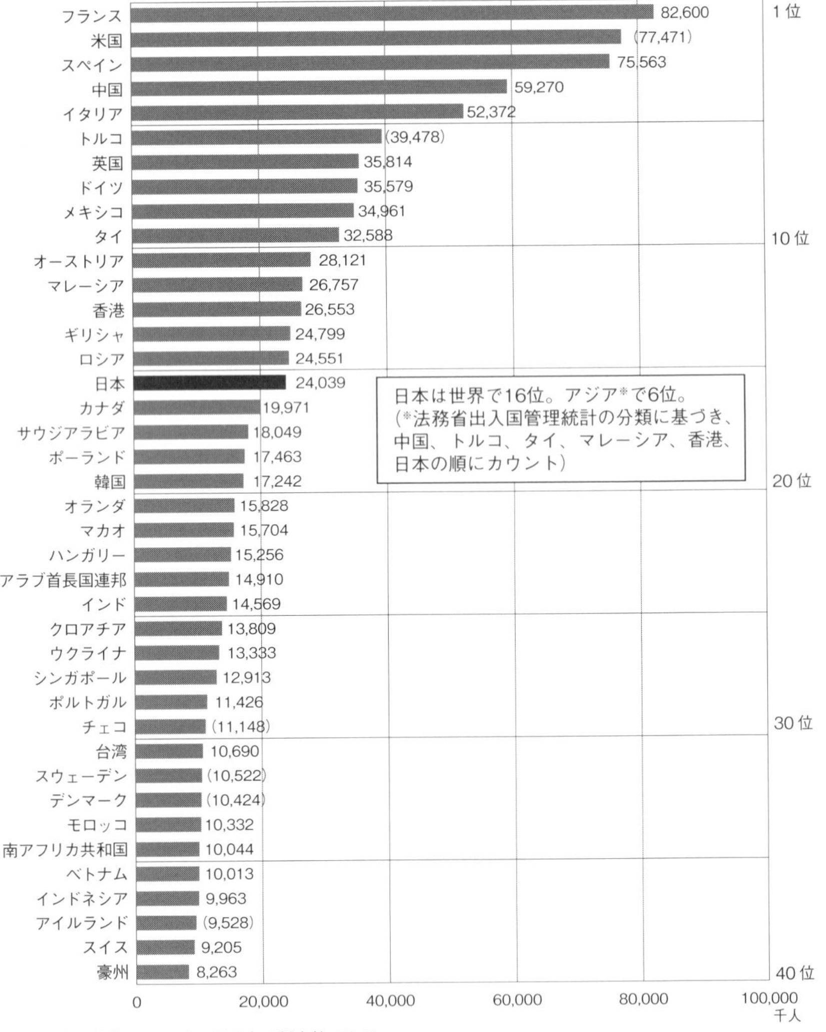

注）・本表の数値は2017年6月時点の暫定値である。
・米国、トルコ、チェコ、デンマーク、インドネシア、アイルランドは、2016年の数値が不明であるため2015年の数値を、スウェーデンは2014年の数値を採用した。
・アラブ首長国連邦は、連邦を構成するドバイ首長国のみの数値が判明しているため、その数値を採用した。
・本表で採用した数値は、韓国、日本、台湾、ベトナムを除き、原則的に１泊以上した外国人訪問者数である。
・外国人訪問者数は、数値が後日新たに発表されたり、さかのぼって更新されることがあるため、数値の採用時期により、その都度順位が変わり得る。
・外国人訪問者数は、各国・地域ごとに日本とは異なる統計基準により算出・公表されている場合があるため、これを比較する際には注意を要する。

出典：UNWTO，各国政府観光局のデータに基づき日本政府観光局（JNTO）作成、2016年。

図表７－３　UNWTO2030長期予測：1950-2030年の実績と見通し

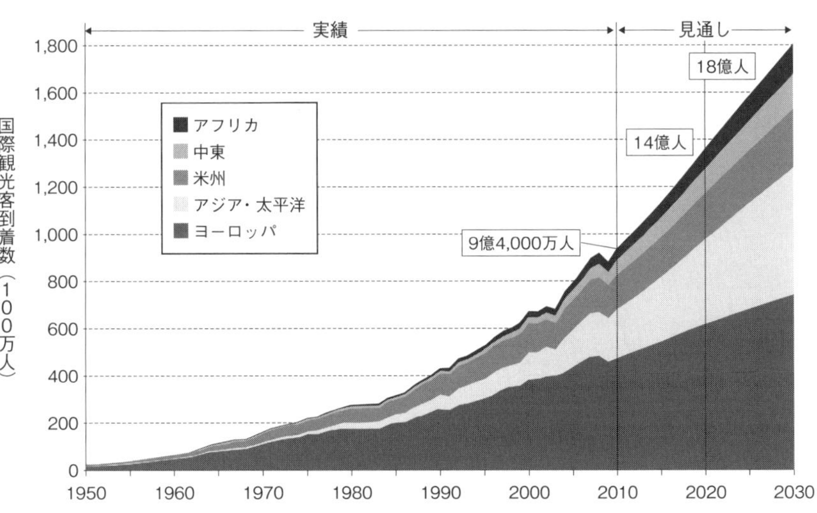

出典：UNWTO "Tourism Highlights 2017 Edition" より抜粋。

いる。また、2030年にはヨーロッパのシェアが低下し、アジア・太平洋が29.6%を占めると推測されている。

世界のインバウンド観光市場は今後も成長市場であり、訪日外国人旅行者数も相応の伸びが期待できる。ただし、旅行は、政情不安、テロや戦争、景気停滞、自然災害、伝染病の流行といったイベントリスクによって大きく減退することがある。観光振興は、世界が平和であること、各国・地域の国際関係が良好であること等が前提である。

2）国際観光収入

外国人旅行者は、到着国・地域で、交通、宿泊、飲食、美術館・博物館やレジャー施設等への入場料、通訳ガイド料、お土産の購買など、さまざまな消費を行う。この消費額のことを国際観光収入という。外国人旅行者による消費は、受入国・地域にとって、モノの輸出と同様に、外需による収入を意味する。どの国も、自国の中に富が増えることが望ましいため、自国の富を外国に持ち出してしまう輸入よりは、外貨を獲得できる輸出振興に力を入れる。外国人旅行者誘致に熱心な国・地域は、自国の経済を活性化させるために、サービス産業による外貨獲得であるインバウンド観光に取り組んでいる。一方、輸入に相当する自国民の海外旅行（アウトバウンド）は、経済振興の政策としては重要視されないことが一般的である。

UNWTOのデータから国際観光収入（2016年）のランキングを見てみよう（図表７－４）。ずば抜けて国際観光収入が多いのは米国（2,059億米ドル）である。次いで、スペイン、タイ、中国、フランスであり、国際観光客到着数のランキング（図表７－２）とは上位の顔ぶれが違っている。これは、各国・地域における外国人旅行者１人あたりの消費額の違いによるものであり、米国は外国人旅行者１人あたりの観光消費額が多く、国際観光客到着数で第１位のフランスが受け取る外国人旅行者１人あたりの観光消費額は米国よりも低いということである。

外国人旅行者は到着国・地域での滞在中に、その国・地域が整備したさまざまなインフラを利用し、また、消費の結果としてゴミを出したりもする。外国人旅行者誘致のために国がプロモーション活動を行っている場合にはその費用もかかっている。インバウンド観光を振興しようとする国は、外国人旅行者の誘致と受入れに要するコストに見合う、あるいは、それを上回る見返り（国際観光収入）を得る必要がある。

図表７－４　国際観光収入のランキング（上位10カ国・地域）

		US$				現地通貨	
		(10億)		伸び率（%）		伸び率（%）	
		2015	2016	15/14	16/15	15/14	16/15
1	米国	205.4	205.9	7.0	0.3	7.0	0.3
2	スペイン	56.5	60.3	-13.3	6.9	3.8	7.1
3	タイ	44.9	49.9	16.9	11.0	23.0	14.7
4	中国	45.0	44.4	2.1	-1.2	3.6	5.3
5	フランス	44.9	42.5	-22.9	-5.3	-7.6	-5.1
6	イタリア	39.4	40.2	-13.3	2.0	3.8	2.3
7	英国	45.5	39.6	-2.3	-12.9	5.2	-1.4
8	ドイツ	36.9	37.4	-14.8	1.4	2.0	1.7
9	香港	36.2	32.9	-5.8	-9.1	-5.8	-9.0
10	オーストラリア	28.9	32.4	-8.2	12.3	10.2	13.5

出典：UNWTO“Tourism Highlights 2017 Edition”より抜粋。

(2) 訪日外国人旅行者の特徴と動向

1）訪日外国人旅行者の定義

訪日外国人旅行者とは、出入国管理を担当している法務省が国籍別に集計している外国人正規入国者から、日本を主たる居住国とする永住者等の外国人を除き、これに外国人一時上陸客等を加えた入国外国人旅行者のことである。政府機関や企業等の駐在員やその家族、留学生等の入国者・再入国者は入国外国人旅行者に含まれるが、航空機やクルーズ船の外国籍乗員が一時的に上陸した場合は含まれない。日本政府観光局（JNTO）が訪日外国人旅行者数（月別および年間の推計値・確定値）を公表している。

2）訪日外国人旅行者数の推移

訪日外国人旅行者誘致の歴史は1893年にわが国初の外客誘致斡旋機関である貴賓会[5]が設立されたことに遡るが、訪日外国人旅行者数の分析は2003年を起点とすることが多い。同年1月に小泉純一郎総理（当時）が「観光立国懇談会」を主宰し、4月から訪日外国人旅行者誘致を国策として本格的に展開するビジット・ジャパン事業が開始されたからである。

①2003～2010年

2003年の国際情勢は不安定であり、3月にイラク戦争が勃発し、欧米を中心に外国旅行が手控えられた。アジアでは重症急性呼吸器症候群（SARS）の感染が拡大し、欧米からアジアへの旅行が停滞した。政府は4月に、韓国、台湾、米国、中国、香港を重点市場としてビジット・ジャパン・キャンペーン（VJC）を開始した。この事業が奏功し、アジア諸国が外国人旅行者数を大きく減少させる中、訪日外国人旅行者数の減少は小幅に留まった。

2004年から2008年までは微増傾向であり、その背景には、2004年にVJCの重点市場に英国、フランス、ドイツを加えたこと、香港からの短期滞在者や韓国・中国からの修学旅行者に対する査証免除措置、中国人訪日団体旅行の取扱指定旅行会社数の拡大等に加えて、東アジアの好景気があった。2005年には、VJCの重点市場にタイ、シンガポール、豪州、カナダが追加され、韓国・

5　海外を経験した渋沢栄一や益田孝らが、国際観光事業の必要性・有益性に気づいて設立した。貴賓会の伝統と精神は、その後の外客誘致機関に継承されている。

台湾からの短期滞在者に対する査証免除措置、中国において訪日団体観光旅行のための査証発給対象地域を全土に拡大、中部国際空港開港、日本国際博覧会(愛知万博)の開催があった。2006年には、VJC による訪日旅行の宣伝効果があらわれ、また、韓国・台湾・中国と日本の間の航空便が拡充された。2007年には、香港から日本の地方へのチャーター便が急増し、タイやシンガポールでは訪日旅行ブームが起こった。

2008年は7月まで増加基調だったが、8月に中国で四川大地震が発生し公務旅行が自粛され、さらには、北京五輪観戦のために中国人が外国旅行を手控えたことから訪日外国人旅行者数は減少した。9月にはリーマンショックと呼ばれる世界金融危機が発生し、世界的に旅行が手控えられたものの、年間実績としては過去最高の835万人に達した。同年10月には、政府の観光行政の司令塔として観光庁が設立され、インバウンド観光振興政策を本格的に実施する体制が整い、さらなる訪日外国人旅行者数の増加が期待された。

しかし、世界金融危機の深刻化とその結果の円高、わが国での新型インフルエンザの流行によって、2009年の訪日外国人旅行者数は679万人へと減少した。なお、7月に中国で訪日個人観光査証の発給が開始されたことから、中国からの旅行者は微増となった。

2010年8月には猛威をふるった新型インフルエンザの流行は終息したが、

図表7－5　訪日外国人旅行者数の推移

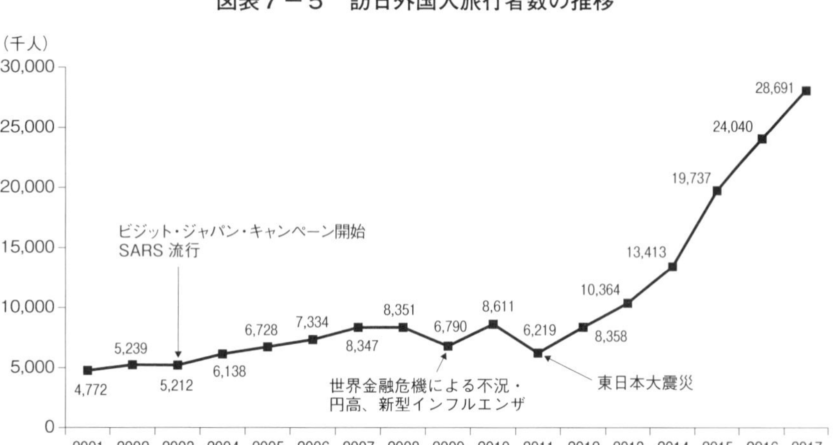

出典：日本政府観光局（JNTO）のデータより作成。

世界金融危機の影響で円高が進行し、外国人旅行者にとって自国通貨建てで購入する訪日旅行商品の料金が高騰する事態となった。さらに、同年９月には、尖閣諸島沖中国漁船衝突事件が発生して日中間の関係が悪化したため，中国人旅行者が減少してしまった。一方、近隣諸国も外国人旅行者誘致に本腰を入れ始め国際競争が激化してきた。同年10月から羽田空港に国際定期便が就航したという明るい材料があったものの、伸び悩む要因が重なり、2010年の訪日外国人旅行者数は861万人に留まった。この数字は過去最高だが、当時の政策目標（2010年までに訪日外国人旅行者数1,000万人）には届かなかった。

②2011～2012年

2011年３月11日に東日本大震災が発生し、福島第一原子力発電所に大事故が起こった。一方で、円高が進行し、10月には１米ドル＝75.23円を記録した。これらの影響により、2011年の訪日外国人旅行者数は前年対比27.8％減の622万人となった。月別にみると、同年４月は前年同月比で62.5％も減少したが、それ以降は徐々に回復し、12月の前年同月比は11.7％減であった。東日本大震災の影響によってどの程度まで訪日外国人旅行者数が減少するのか、また、この傾向はいつまで続くのかを、観光庁や観光業界は大変に心配し、訪日旅行促進緊急対策事業や国際会議等キャンセル防止等のさまざまな対応に取り組んだ。最も早くに回復の兆しをみせたのは台湾市場であり、2011年６月には前年同月比のマイナス幅が２割程度にまで回復してきた。次いで、ビジット・ジャパン緊急対応事業を実施した香港に回復の兆しが見え、同年10月以降は前年同月比がプラスに転じた。なお、米国や英国からのビジネス客は12月までにはほぼ前年並みとなった。

2012年の訪日外国人旅行者数は836万人まで回復した。市場別では中国、台湾、タイ、マレーシア、インドネシア、ベトナム、インドが過去最高となり、特に、台湾とタイの増加が顕著であった。この背景には、震災後の諸対応が奏功したことに加えて、訪日個人観光査証の発給要件緩和やLCCの新規就航によって安価な航空座席の供給量が増加したことがある。なお、東日本大震災の影響が残る2012年３月30日、訪日外国人旅行者数の政府目標は2016年までに1,800万人、2020年初めまでに2,500万人に更新された。

③2013年以降

2013年は最初の政府目標の訪日外国人旅行者数1,000万人を突破した年である。円高是正によって訪日旅行商品に割安感が出てきたこと、7月から東南アジア諸国向けに実施された査証緩和措置、LCC 等による航空座席供給量の増大が続いていることなどを背景に、訪日プロモーション事業が効果をあげたためである。

その後の訪日外国人旅行者数は、2014年に1,341万人（前年比29.4％増）、2015年に1,974万人（前年比47.1％増）となり、2016年までに1,800万人という政府目標を前倒しして達成した。円安基調が続くなか、2014年10月1日から改正「外国人旅行者向け消費税免税制度」が実施されたことや、2015年から外航クルーズ船の日本寄港が増加し、1隻で数千人の外国人旅行者を運んでくるようになったこと、さらには訪日した旅行者がSNS 等の口コミで日本の良さを広めていることなどが、訪日誘客の新しい要因に加わった。

こうした増加の勢いは2016年も続き、訪日外国人旅行者数は過去最高の2,404万人（前年比21.8％増）となった。政府は、2016年3月に「明日の日本を支える観光ビジョン―世界が訪れたくなる日本へ―」を策定し、2020年までに訪日外国人旅行者数4,000万人を目標とした。2017年も好調が続き、28,691万人（前年比19.3％増）に達した。

3）国・地域別の訪日外国人旅行者数

国・地域別訪日外国人旅行者数（2017年）と対前年増加率を見てみよう（図表7－6）。上位4カ国・地域（中国、韓国、台湾、香港）からの旅行者が

図表7－6　国・地域別訪日外国人旅行者数と対前年増加率（2017年）

順位	国・地域名	訪日外国人旅行者数（人）	対前年増加率（%）
1	中国	7,355,900	15.4
2	韓国	7,140,200	40.3
3	台湾	4,564,000	9.5
4	香港	2,231,500	21.3
5	米国	1,375,000	10.6
6	タイ	987,200	9.5
7	豪州	495,100	11.2
8	マレーシア	439,500	11.5
9	フィリピン	424,100	21.9
10	シンガポール	404,100	11.7

順位	国・地域名	訪日外国人旅行者数（人）	対前年増加率（%）
11	インドネシア	352,300	30.3
12	英国	310,500	6.2
13	ベトナム	308,900	32.1
14	カナダ	305,600	11.9
15	フランス	268,600	6.0
16	ドイツ	195,600	6.7
17	インド	134,300	9.2
18	イタリア	125,800	5.5
19	スペイン	99,800	8.7
20	ロシア	77,200	40.8

出典：日本政府観光局（JNTO）より作成

74.2%に達しており、アジア全体からの旅行者が大半を占めている。観光客は“近く”から、多く、頻度高くやって来るという原則が反映されていることがわかる。一方、日本から遠距離にある欧米豪の中で、米国だけは第5位と大きな割合を占めている。“近く”とは、単に距離的な近さだけではなく、両国間の関係の緊密度や交通手段の充実等による心理的な近さやアクセス面での利便性も含まれる。

2017年の訪日外国人旅行者全体の対前年増加率は19.3%であったが、韓国(40.3%)、香港（21.3%)、フィリピン（21.9%)、インドネシア（30.0%)、ベトナム（32.1%)、ロシア（40.8%）はこれを上回る成長をみせた。

4）訪日外国人旅行者の特徴

訪日外国人旅行者の特徴については、観光庁が2009年から制度設計を開始し、2010年から毎年データを公表している「訪日外国人消費動向調査」が基礎的な統計である。これ以外にも、さまざまな研究機関や企業等が訪日外国人旅行者の意向調査や、渡航前の訪日旅行意向等の調査分析を行っている。昨今では、ICT を活用した調査が実施されるようになってきた。この背景には、自分で旅程を組み立てて来日する個人旅行者 (Foreign Independent Traveler：FIT）の増加がある。FIT は団体ツアー商品を使わないため、日本滞在中にどこをどのように移動しているのかを把握することができず、観光地にとってはあらかじめ有効な受入れ体制を構築しておくことが難しい。一方で、FIT は、日本滞在中にスマートフォン等を活用してインターネットから情報を得ているため、Web サイト、スマートフォンのアプリケーション、SNS 等から得られる、いわゆるビッグデータと呼ばれる情報を活用したり、また、GPS 機能によって蓄積される位置情報の使用に本人の許諾を得て、個人情報が含まれない統計的なデータの形にして活用し、観光客の行動や動態を把握・分析する取り組みも始まっている。

ここでは、訪日外国人消費動向調査の年次報告書である「訪日外国人の消費動向　平成28年」からごく基本的な情報をまとめることとする。本調査の調査項目[6]は多岐にわたっているので、観光庁ホームページの閲覧をお奨めする。

①主な来訪目的

本調査の主な来訪目的の選択肢は、観光・レジャー、親族・知人訪問、ハネムーン、学校関連の旅行、スポーツ・スポーツ観戦、イベント、留学、治療・検診、インセンティブツアー、展示会・見本市、国際会議、企業ミーティング、研修、その他ビジネス、トランジット、その他の16項目である。これらを、観光・レジャー、業務、その他の３分類にしてみると、東アジアや豪州からの旅行者は観光・レジャー目的が多く、欧米からは観光・レジャーと業務の割合が同程度である。インド等の１人あたりGDPが低い国々からは業務目的の旅行者の割合が高い。

②滞在日数（観光・レジャー目的）

韓国、台湾、香港、中国、タイからの旅行者は４～６日間滞在する割合が多い。韓国は３日以内の割合も高く、短期間の訪日旅行が好まれている。一方、欧米豪からの旅行者は、７～13日間、あるいは14日以上が多くなっており、長期休暇を活用して来日していることがわかる。近距離の国・地域からの旅行者の滞在は長くても１週間程度の割合が多いのに対して、遠距離からの旅行者は滞在日数が長いのが特徴である。

③来訪回数（観光・レジャー目的）

中国以外の東アジアの国・地域からの旅行者の大半が訪日２回以上のリピーターである。一方、中国や東南アジア、欧米豪からの旅行者の多くは初回訪問者である。

リピーターは、旅行先として日本を気に入っている人々であり、日本の良さを家族や友人・知人に話したり、あるいはSNS等で口コミの発信が期待できる。訪日の際に、日本に来たことがない人を同行してくれる可能性もある。リピーターの多くはこれまで行ったことがない場所に出かけてくれるため、地方の観光地にも外国人旅行者を受け入れる機会が巡ってくる。また、何度も来て日本に対する理解度が深まっている旅行者は、前回よりもよい体験を求めることから、観光地を見る目が厳しくなる。リピーターの高い要求水準に応えるこ

6　入国日・入国空港と在留資格、属性（国籍・地域、居住国・地域、性別、年齢）、今回の訪問について（同行者、何回目か、主な目的、買い物をした場所、使った金融機関と決済方法、帰国時の出国手続後に空港ラウンジを利用したか）、今回の旅行の手配方法（具体的な手配方法、ツアー商品等の申し込み先と手配時期）、今回の滞在中の訪問地について（訪問順の訪問地、訪問地毎の泊数と利用した宿泊施設の種類、訪問地毎の滞在中の支出金額）、今回の滞在中の支出について（費目毎の滞在中の支出金額）、消費税免税について（免税手続の有無と品目、免税を受けた物品の購入総額）、満足度と再来訪意向、意識調査等（出発前に役立った情報、滞在中に役立った情報、滞在中にあると便利な情報、一番満足した購入商品と理由、一番満足した飲食の名称と理由、滞在中にしたこと・それに対する満足度、次回の来日でしてみたいこと、世帯年収）。

とによって観光地が磨かれていくことにもなる。さらに、リピーターには初回訪問者を獲得するための多額のプロモーション費が必要ない。リピーターが日本滞在中の支出金額を多少減額しても、そもそも、誘客のためのコストが大幅に軽減されており、外国人誘致の収支としては有難い存在なのである。

④同行者（観光・レジャー目的）

アジアの旅行者の多くは家族で訪日しており、欧米豪からの旅行者は１人旅や夫婦・パートナーとの少人数での旅行が主流である。アジアからの旅行者には、家族の休暇をあわせることが可能な時期に旅行したい、あるいは、家族分の旅行料金が必要なため、単なる移動や宿泊などの特別な体験ではないものは安く済ませたいという意識が働くであろうことを推察することができる。

⑤旅行手配方法（観光・レジャー目的）

中国やベトナム以外では、旅行者が自ら交通や宿泊を個別に手配する方法（個別手配）か、あるいは、個人旅行パッケージが主流である。欧米豪の旅行者は８割以上が個別手配である。台湾は、個人旅行パッケージや個別手配の合計が過半数だが、団体ツアー参加も４割強となっている。なお、ツアー商品や往復の航空（船舶）券の申込みは、団体ツアー参加の割合が高い台湾、中国、ベトナム以外は、Webサイトの利用割合が高くなっている。訪日旅行を手配したタイミングは、アジアの旅行者が１～２カ月前が多いのに対して、欧米豪では３カ月以上前の割合が高くなっている。

⑥満足度と再来訪意向

満足度は、韓国、台湾、香港、中国以外の国々では、大変満足が５～９割と多くなっている。韓国、台湾、香港のようにリピーターが多い国・地域や、中国のように団体ツアーへの参加が多い国・地域では、満足が最も多い割合である。一般的に、最も高い水準での満足度が再来訪意向につながっていくことから、大変満足の割合を向上させていくことが重要である。また、再来訪意向も最も高い水準での意向が実際の再来日につながるため、必ず来たいと回答した人の割合を今後も上げていく必要がある。

⑦訪日前に期待していたこと（図表７－７）

日本食を食べること、ショッピング、自然・景勝地観光が高い割合である。2013年12月に日本人の伝統的な食文化としての和食がユネスコ無形文化遺産に登録され、世界的に和食ブームが起こっていることが背景にある。ショッピ

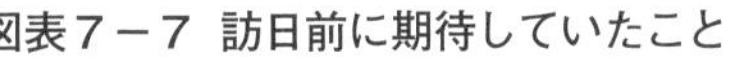
図表7−7　訪日前に期待していたこと

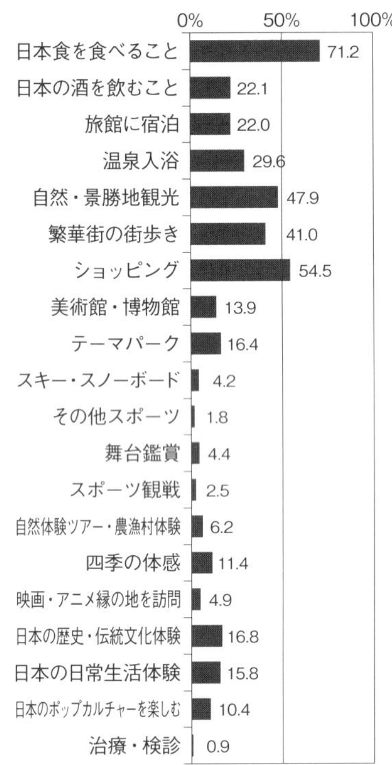

図表7−8　今回したことと次回したいこと

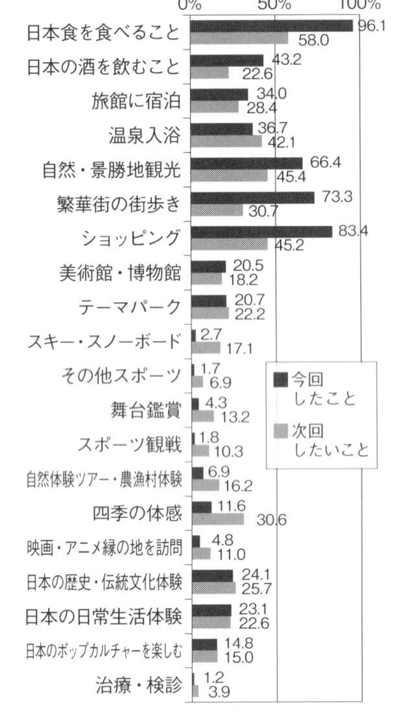

出典：観光庁「訪日外国人の消費動向　平成28年　年次報告書」p.25-26より抜粋。

ングについては、いわゆる“爆買い”が下火になってきたとは言え、依然として買い物を好む傾向にある中国人旅行者の意向が反映されていると考えられる。

⑧今回したことと次回したいこと（図表7−8）

訪日前の期待と同様に、日本食を食べること、ショッピング、繁華街の街歩き、自然・景勝地観光を実施した旅行者が多い。次回の訪日の際にしたいことは、上位は今回したことと同様だが、温泉入浴、四季の体感、日本の歴史・伝統文化体験、日本の日常生活体験、テーマパーク、スキー・スノーボード、自然体験ツアー・農漁村体験等において、今回したことよりも次回したいことの割合が高くなっている。リピーターはより日本らしい体験を求めていることがわかる。

5）訪日外国人旅行者による消費額の動向

①訪日外国人旅行消費額（図表７－９）

訪日外国人旅行者数の増加とともに、消費額も増加し、2016年の訪日外国人旅行者による消費額は３兆7,476億円となった。2016年の輸出額で最も多いのは完成品としての自動車の輸出（11.3兆円）、次いで、化学製品（7.1兆円）であり、訪日外国人旅行消費額は、電子部品（3.6兆円）や自動車部品（3.5兆円）よりも多い第３位となった。インバウンド観光は、他の産業に伍していくだけの規模となり、さらに今後も増加が期待できる成長分野となってきた。

②１人あたり訪日外国人旅行消費額（図表７－10）

訪日外国人旅行者１人あたりの平均消費額は2015年まで上昇していたが、2016年には減少し15.6万円となった。１人あたりの平均消費額が多くの国・地域で前年対比減となっており、中国人旅行者の消費額は前年対比18.4％も減少した。中国人旅行者による“爆買い”が一段落し、体験等のコト消費にシフトしていることのあらわれと考えられる。また、日本上陸後の宿泊費や交通費があまり必要ではないクルーズ旅客が増えていることも影響している。

③費目別の訪日外国人旅行消費額

買物代の割合が４割と最も多く、次いで、宿泊料金（３割）、飲食費（２割）、交通費（１割）の順である。訪日外国人旅行者は、宿泊や交通等の観光分野のビジネスだけでなく、買い物や飲食という消費行動を通して、農産品や製造業等の多様な分野でも消費をしている。

図表７－９　訪日外国人旅行消費額と訪日外国人旅行者数の推移

図表７－10　１人あたり訪日外国人旅行消費額の推移

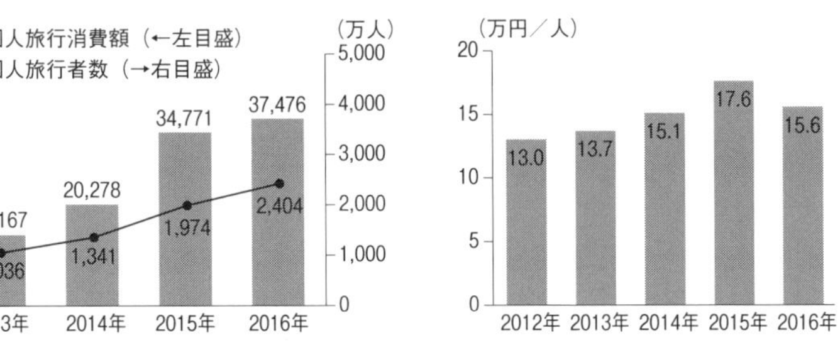

出典：観光庁プレスリリース「訪日外国人消費動向調査2016年 年間値（確報）」（2016年3月31日）p.1,4より抜粋。

６）送客市場の動向

①送客元における訪日旅行のシェア（図表７－11）

2017年に訪日外国人旅行者数が最も多かった中国では、香港やマカオへの旅行が最も多く、日本は国外旅行先としては第６位である。韓国、台湾、香港、タイにおいて訪日旅行は第２位だが、距離的に近い中国が第１位である。欧米豪においては、距離的に近い、あるいは、かつて宗主国・植民地の関係であった等の国が行き先として上位を占めており、距離的に遠い訪日旅行の順位は２桁台である。外国人旅行者の送客元は、その国・地域にとって近いところに多く、距離的な近さを共有する東アジアの国・地域は、お互いが送客元であり、同時に、他国の外国人旅行者を獲得しあうライバルでもある。

②送客市場としての成長余力

訪日旅行の送客市場国・地域の人口規模と訪日外国人旅行者数から、その市場の成長余力を検討することができる。訪日外国人旅行者数は延べ数であるため、人口とは簡単に比較できないが、１年間に日本に何度も来る旅行者はまだ少数であり、ある程度の目安にはなる。

訪日外国人旅行者数（2017年）が第１位の中国は、約14億人の人口を擁しており、１人あたりGDPは8,000米ドルに近づいている。中国からの旅行者数は736万人であり、これからも誘客の余地はおおいにあると言える。第２位の韓国の人口は約5,000万人であり、日本には714万人が来ている。第３位の

図表７－11　送客元の国外旅行市場に占める日本のシェア

（　）内は年	国外旅行先					日本の順位
	第１位	第２位	第３位	第４位	第５位	
中国（2014）	香港	マカオ	韓国	タイ	台湾	第６位
韓国（2014）	中国	日本	米国	香港	フィリピン	第２位
台湾（2015）	中国	日本	香港	タイ	韓国	第２位
香港（2015）	中国	日本	台湾	タイ	シンガポール	第２位
タイ（2015）	マレーシア	日本	中国	香港	シンガポール	第２位
シンガポール（2015）	マレーシア	タイ	中国	香港	台湾	第６位
豪州（2014）	米国	ニュージーランド	インドネシア	シンガポール	英国	第15位
米国（2014）	メキシコ	カナダ	イタリア	フランス	英国	第19位
フランス（2014）	イタリア	スペイン	英国	モロッコ	米国	第39位
ドイツ（2014）	ポーランド	フランス	オーストリア	イタリア	スペイン	第49位

出典：日本政府観光局（JNTO）「訪日旅行データハンドブック2016（世界20市場）」より作成。

台湾は人口が2,350万人と韓国の半分以下だが、日本には456万人が来ている。香港は人口730万人だが、訪日旅行者数は223万人に達している。第５位の米国は人口３億人であり、１人あたりGDPは5.5万米ドルを超えているものの、日本への旅行者は138万人である。

こうしてみると、訪日外国人旅行者の上位５カ国・地域は、人口規模の大きな中国と米国、人口規模が比較的小さい韓国、台湾、香港に大別され、前者は初回訪問者を獲得する可能性が高く、後者は訪日旅行者数が一定程度を超えるとリピーターを獲得する方向に転換する必要があることがわかる。

なお、忘れてはならないのは、中国においては2016年に1.3億人が出国していることである。出国者数（出境旅游人数）の統計値には香港やマカオへの旅行者も含まれるものの、ドイツの8,000万人、米国の7,000万人を超えて世界一である。こうした送客の圧力を持った国がごく近くにあることは、わが国のインバウンド観光における大きな与件である。

また、前項でみたように、今や、日本から近距離の国・地域からの送客には一定の道筋がつきつつあり、今後は、さまざまなイベントリスクを想定し、送客市場を多様化させていく必要がある。まず、欧州等の遠くからの誘客を促進していくことが重要である。遠くからの旅行者の滞在日数は近くからの旅行者よりも多いため、１人当たりの旅行消費の総額が大きくなるとともに、滞在中に複数の場所を訪問し地元の人々と交流する機会が多くなるというメリットもある。

③送客市場の休暇・休日制度

送客市場の人々に訪日旅行をしてもらうためには、経済と時間の２つの制約要因がクリアされなければならない。前者は、旅行のための総費用（準備、実施、実施後に必要となる旅行関連費用であり、費用負担が必要な同行者の分を含む）を用意することができるかどうかであり、後者は、観光旅行の原資となる時間を確保できるかどうかだ。１人あたりの所得水準が向上してくると、前者よりも後者のほうが大きな制約となってくる。また、休暇・休日が国の制度や宗教上のルールとして規定されている場合には、その国・地域からの旅行需要に特定の繁閑を生じさせることになる。

日本の勤労者の場合、労働基準法と労使交渉によって企業ごとに定められる就業規則によって年間20日を上限とした年次有給休暇が付与される。しかし、年次有給休暇の取得率は低迷しており、日本の旅行需要は、年末年始、ゴールデンウィーク、お盆・夏休み、シルバーウィーク、三連休といった多くの人々が休みやすい国民の祝日に多く発生している状況である。

フランスやドイツ等のように年次有給休暇を完全取得する国では一斉型の祝日が少なく、反対に、年次有給休暇の完全取得が制度化されていないアジアの国には一斉型の祝日が多くなっている。たとえば、中国は、1月1～3日までの元旦の休みのあと、春節（旧正月）の7日間休暇、清明節・労働節・端午節・中秋節の各々3日間休暇、国慶節の7日間休暇がある。マレーシアやインドネシアでは、イスラム教の断食明けの休暇が設定されている。タイでは、ソンクランと呼ばれる旧正月が旅行シーズンだ。なお、中国の休暇やムスリムの断食期間等は、年によって日が変わることにも注意が必要である。

（3）訪日外国人旅行者数の増減を左右する要因

1）増加要因

訪日外国人旅行者数の増加要因として、最も大きいのは、日本の近隣諸国・地域に海外旅行商品を購入できる所得層の人々が増えたことだ。観光客は近くから多く、かつ、頻度高くやってくる。日本にとって近いアジアの国・地域の1人あたりGDPをみると、シンガポールは5万米ドルを超えて世界有数であり、香港は4万米ドル超と日本よりも高い水準である。台湾は2.2万米ドル、タイは6,000米ドルに迫る水準だ。海外旅行商品を購入できる経済力を有する国・地域の人々に対して、政府や自治体は、日本が魅力的なデスティネーションであることをアピールし誘客を促進するプロモーション事業を展開している。このプロモーションの内容がターゲットにとって訴求するものであれば、数ある旅行先の中から、日本を選んでくれる。わが国のプロモーションの巧拙も訪日外国人旅行者数の増減に影響してくる。

また、訪日に必要な査証要件の緩和は、緩和措置を受ける国・地域の人々に「日本は自分たちを歓迎している」と認識され、訪日意欲を促進させることにつながる。もちろん、外国人旅行者にとって魅力的な観光資源があることが基本である。プロモーションで素晴らしさを伝えた観光資源は、実際に来てみて期待通りに素晴らしくなくてはならない。伝えたことと実際が一致していることによって、旅行者は日本に対する信頼感を醸成していき、実際が期待以上であると感動を生むことにつながる。

送客元とデスティネーションである日本をつなぐのが、空路と海路の交通手段である。これは、単に座席数が供給されているということではなく、日本に行きたいと思った人が、自分の望む時に同行者の数だけ座席を確保できる状況でなければならない。LCC を中心とした航空会社が路線の新規就航や増便によって訪日アクセスを向上させおり、旅行者の選択の幅が広がるに十分な供給量が実現されてきた。さらに、数千人の乗船が可能な外航クルーズ船の日本寄港が増加し、海路も重要な訪日手段となってきた。

2）減少要因

いくら訪日誘客のプロモーションを展開しても、世界的な経済不況、伝染性の疾患の流行、テロや戦争、自然災害等が発生すると外国人旅行者数は減少してしまう。こうした要因は、いつどのように起こるかの予想が難しく、イベントリスクと呼ばれる。観光旅行は、ビジネス旅行とは異なり、必ずしなければならないものではなく、不安要素が大きくなると中止されることが多い。また、送客元の国・地域の通貨に対して著しく円高である場合にも、旅行先を日本から、自国通貨の優位性のある他の国・地域へ変更する人が一定程度発生する。

また、長期的な視点に立つと、リピーター客をつくることができない国は、旅行者に飽きられてしまうというリスクを抱える。いつも初回来訪者を迎えるだけであれば、地域の人々は観光資源や受入れ体制に工夫を加える必要性を感じないだろう。しかし、同じ旅行者に何度も来てもらうためには、観光資源を磨いて魅力を高めたり、新しい魅力を用意したり、ストレスのない移動や滞在環境を整備する自助努力が必要になってくる。

2 インバウンド観光政策の動向と今後

（1）政府のインバウンド観光政策

1）観光立国推進基本法（平成18年法律第117号）

政府による観光振興の取組みは、観光立国推進基本法に基づいて実施されている。この法律においてはじめて、観光は21世紀の日本の重要な政策の柱として位置づけられた。第一章第一条には、この法律の目的が規定され、観光立国の実現に関する基本理念を定めること、国および地方公共団体の責務等を明らかにすること、施策の基本となる事項を定めること、とされている。第二章では観光立国の推進に関する総合的な施策を実施するにあたって、観光立国推進基本計画を策定することとされている。この計画は、数値目標を掲げ、その進捗状況を確認し、政策や取組みの改善を行っていくものである。

2）観光立国推進基本計画（第三期）

2016年４月に発生した熊本地震が九州の観光に多大な影響を及ぼしたことや増え続ける訪日外国人旅行者の状況、および東北の観光復興が道半ばであることを踏まえて、観光立国推進基本計画（第三期）が2017年３月28日に閣議決定された。この基本計画の計画期間は原則として５年間であるが、第三期は東京五輪開催の2020年を計画の最終年度として４年間である。基本的な方針は、①国民経済の発展—観光が、日本経済を牽引し、地域を再生する、②国民相互理解の増進—観光が、真に開かれた国をつくる、③国民生活の安定向上—観光が、明日への活力を生む、④災害、事故等のリスクへの備え—安全・安心な観光の実現と東北の観光復興の４つである。

第三期では「日本人の海外旅行者数」の目標が「国際相互交流の推進」に位置づけられた。外国人旅行者による消費額は、受入国・地域にとっては外貨獲得を意味し、インバウンド観光によって経済を活性化させようとする国・地域は外国人旅行者が増えることを歓迎する。インバウンド観光振興に取り組む国・地域同士がお互いに同水準の旅行者数を送客し受け入れている場合には、双方の収支にバランスがとれていて問題はないが、どちらかの国・地域に偏りがある場合には、なぜわが国・地域からだけ旅行者を送り出すのかという不満が生じてくる。たとえば、2015年の訪日外国人旅行者数のうち、中国からが499万人、韓国からが400万人、台湾からが368万人であるが、日本人が中国に海外旅行に行った数は249万人、同じく韓国には183万人、台湾には162万人だ。人数だけみても、これら３カ国・地域のほうが国際旅行収支上は赤字になっている。こうした偏りを是正し、２国間・地域の国際交流を持続可能なものとしていくために日本人の海外旅行を促進する必要がある。また、国民が海外旅行に出かけることは世界的な視野を広めることにも役立ち、次世代を担う若者にはこうした経験が必要である。

図表７－12　観光立国推進基本計画（第三期）の目標値と計画策定段階の実績値

目標			計画策定時の実績（2015年）	目標値（2020年までに）
国内観光の拡大・充実	1．国内旅行消費額		20.4兆円	21兆円
	参考指標	①国内宿泊観光旅行の年間平均宿泊数	2.27泊（若年層[1] 3.18泊）	2.5泊（若年層３泊）
		②国内宿泊観光旅行を行わない国民の割合	46.8%（若年層40.2%）	40%程度（若年層40%程度）
		③地方部[2]における日本人延べ宿泊者数及び国内旅行消費額	2億9,447万人泊 10.8兆円	3億1,000万人泊 12兆円
国際観光の拡大・充実	2．訪日外国人旅行者数		1,974万人	4,000万人
	3．訪日外国人旅行消費額		3.5兆円	8兆円
	4．訪日外国人旅行者に占めるリピーター数		1,159万人	2,400万人
	参考指標	①訪日外国人旅行者の再訪意向[3]	「必ず再訪したい」＋「再訪したい」＝93.3%	左記の現行水準を維持
	5．訪日外国人旅行者の地方部における延べ宿泊者数		2,514万人泊	7,000万人泊
	6．アジア主要国[4]における国際会議の開催件数[5]に占める割合		26.1%	アジア最大の開催国（3割以上）
	参考指標	① MICE 等のビジネス目的の訪日外国人旅行者数	403万人	650万人
国際相互交流の推進	7．日本人の海外旅行者数		1,821万人	2,000万人
	参考指標	①日本人の若年層の海外旅行者数	254万人	350万人

注：1）20～29歳。
2）三大都市圏（埼玉県、千葉県、東京都、神奈川県、愛知県、京都府、大阪府、兵庫県）以外の地域。
3）訪日外国人消費動向調査における各項目の回答割合。
4）日本、中国、韓国、豪州、シンガポールの5カ国。
5）ICCA 統計基準による。

出典：観光立国推進基本計画（平成29年3月28日閣議決定）より作成。

3）政策の体系

観光立国推進基本計画の施策は、「1．国際競争力の高い魅力ある観光地域の形成」「2．観光産業の国際競争力の強化及び観光の振興に寄与する人材の育成」「3．国際観光の振興」「4．観光旅行の促進のための環境の整備」から構成されている。インバウンド観光振興に直接的に関係する施策は1と3であるが、他の項目もインバウンド観光を支える基盤づくりの観点から重要である。たとえば、4が対象としている観光旅行者とは、日本人旅行者と外国人旅行者の双方である。図表7－13に政策の体系図を示すが、詳細については観光庁のホームページで観光立国推進基本計画のファイルを参照されたい。

図表7－13　観光立国推進基本計画に定められた政策の体系

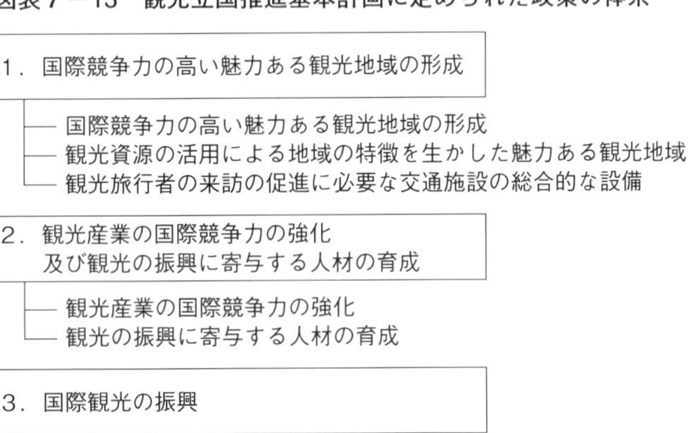

出典：「観光立国推進基本計画」（平成29年３月28日閣議決定）より作成。

(2) インバウンド観光振興の意義と今後の課題

1）インバウンド観光振興の意義

訪日旅行は、外国人に実際の日本を知ってもらい、日本人と交流してもらう好機である。日本滞在によって、これまで自国で培ってきた日本へのイメージが修正されたという外国人旅行者もいる。観光を通じた草の根交流によって、日本を理解してくれる人、好意をもってくれる人が世界に増えていくと、日本が国際社会で起こす行動に力を貸してくれたり、共感してくれる人々の増加が期待でき、わが国のソフトパワーが強化されていく。また、外国人旅行者を受け入れる地域では、自地域の資源等が海外からの人々に喜ばれたり、賞賛されたりすることによって、地域への誇りと愛着を育んでいくことが可能となる。地域への誇りと愛着は、住民が地域を活性化する取り組みの原動力となる。

訪日外国人旅行者がもたらす消費は、主に交通、宿泊、食事、お土産、アクティビティに使われるが、企業間取引を通じて広く他業種にも経済効果を及ぼしていく。訪日外国人旅行者への対応を進める過程で、新しいビジネスが発生してきた例もみられる。また、日本滞在によって日本ファンになった人々には、自国に戻ってから、日本で食べた食料品を購入することが期待でき、同じ性能の製品が店頭に並んでいたら自分にとって馴染みのある、あるいは、信頼がおける産地のものをまず手に取る確率が高くなる。このように、わが国は、日本ファンによる日本産品の消費に向けて輸出を伸ばしていくことが可能となる。日本企業の海外進出の際に、日本に対する好イメージを持つ人々が多い地域であれば摩擦が少なくてすむ場合もある。

2）インバウンド観光の課題

①地方誘客の推進

リピーター客の増加や地方自治体の誘致の取り組みが奏功し、訪日外国人旅行者が地方を訪れるようになってきたが、まだ訪日外国人旅行者数がそれほどではない地域も多い。人口減少・高齢化の進展に直面している地域にとって、旅行者による消費は地域経済活性化に重要であり、旅行者と住民の交流によって地域が元気になっていくことも大切な効果である。工場誘致等による産業振興は生産年齢人口に該当する住民が中心だが、観光を通じた交流は、地域の生活文化を担ってきた高齢者にも活躍の場がある。

しかし、これまで主体的に観光地域経営に取り組んできた地域は多くはない。都市部の旅行事業者が団体客をとりまとめて名所旧跡や温泉のある地域に送客するといった団体旅行に対応するための分業体制による商習慣が残っている。地域は観光客の受入れを担当し、旅行事業者を送客事業者と呼んで、顧客開拓・管理、商品企画、価格設定等を任せてきた時期が長く続いている。このため、マーケティングの力を培ってこなかった地域の観光関連事業者の多くは、日本人の国内旅行が団体から個人旅行へとシフトしたことや、訪日外国人旅行市場という新しい需要に対して主体的な対応をすることが難しい状況にあるのが実態である。

こうした中で、訪日外国人旅行者という新しい需要に対応するべく新しい組織を立ち上げる地域が出てきた。これがDMO（Destination Management Organization）である。送客事業者任せにしてきた顧客開拓、リピーターづくり、商品開発と品質管理等を観光地域単位でまとまって実施し、ひいては、観光地域としてのブランド構築をするための組織である。この組織には、地域が主体的に観光振興に取り組んでいく司令塔となることが期待されている。

②住民、環境、旅行者の共存

観光客の増加は、その観光地域に魅力があることを意味し、旅行消費も増えるため、基本的には喜ばしいことである。しかし、その地域のキャパシティを超えたり、あるいは、受入れ体制が追いつかないほどに急速に増加する場合には、住民の日常生活や環境に大きな負荷が発生する。京都市をはじめとして外国人旅行者が集中している地域では、市内の交通渋滞を引き起こして住民の移動が不便になったり、近隣住民の了解なく民泊を行っている場合には、深夜早朝の騒音やごみ出しのルール違反等の迷惑が発生している。富士山等の自然環境、あるいは、わが国の宝である文化財への影響も懸念される。

こうした状況を改善していくために、入域できる人数や日数・時間帯を制限したり、住民と旅行者の動線をわけるような工夫、その街のルールを旅行者に知ってもらう取り組みなどが始まっている。「住んでよし、訪れてよしの国づくり」が観光立国のビジョンであり、観光客の数や集中度合いをコントロールし、観光客がゆったりと観光資源を楽しめる状況、地域住民の暮らしやすさ、自然や文化財の保護と活用がそれぞれに実現できる方法を検討していくことが課題である。

③観光ビジネスへの人材供給

観光産業の多くは、人が人にサービスを提供するものが多く、また、手間をかけてよい品質を提供することが日本のサービスの特徴であり、労働集約的なビジネスとなっている。宿泊施設では、ベッドメーキングや布団の上げ下ろしのように重労働の作業があり、また、宿泊客がチェックアウトする時間とチェックインする時間の間にアイドルタイムがあるなど勤務形態が他業種と異なっている。価格競争に晒されている宿泊施設の従業員の給与水準は低く、繁忙期や土日・祝日に休みをとることは難しい状況である。

こうしたことが若者等に受け入れられず、宿泊施設では人手不足が深刻化しており、特に、旅館では従業員だけでなく、後継者不足によって経営者も不足している状況である。外国人労働者を受け入れることが検討されているが、同時に、労働集約型の観光産業の現場を働きやすい労働環境にし、また、品質の高いサービスを提供することによって料金単価を上げて収益を確保し、従業員への給与として配分したり、未来への投資を行うことができるようにしていくことも重要である。

〈参考文献〉

観光庁「観光白書」(2008～2016年版)

観光庁「訪日外国人の消費動向　年次報告書」(2010～2016年)

観光庁「旅行・観光産業の経済効果に関する調査研究」(2017年３月)

観光庁「宿泊旅行統計調査報告書」(2007～2015年)

日本政府観光局「訪日インバウンド50年のあゆみ」(2014年９月)

日本政府観光局「JNTO 訪日旅行データハンドブック2015　世界20市場」

日本政府観光局「国際会議統計　2015」

公益財団法人日本交通公社編著『観光地経営の視点と実践』丸善出版、2013年。

矢ケ崎紀子著『インバウンド観光入門 ～世界が訪れたくなる日本をつくるための政策・ビジネス・地域の取組み』晃洋書房、2017年。

早稲田大学商学部監修・長谷川惠一編集『観光立国日本への提言―インバウンド・ビジネスのチャンスをとらえる―』成文堂、2016年。

矢ケ崎紀子「観光需要の平準化に関する一考察」東洋大学現代社会総合研究所（2016年３月）。

矢ケ崎紀子「インバウンド観光戦略の課題」運輸と経済75（9）（2015年９月）。

矢ケ崎紀子「ロンドン五輪前後の英国インバウンド戦略に関する一考察」東洋大学大学院紀要51（2015年３月）。

本保芳明・矢ケ崎紀子「過去のオリンピック・パラリンピックの経験を踏まえた2020東京オリンピック・パラリンピックを契機としたインバウンド振興策に関する一考察（本保芳明教授 退職記念号）」首都大学東京　観光科学研究（8）（2015年３月）。

第8章

パートナー産業

旅行業は、それ自体は素材を持たない。そこにあるのは、素材を見出し、取引条件を交渉し、それらを組み合わせ、魅力ある商品として提案する頭脳だけである。だからこそ、良質の素材を供給してもらえるパートナーの存在が不可欠なのである。ここでは、旅行業にとって欠くことのできないパートナーである航空、鉄道、バス、船舶、タクシー、レンタカー、宿泊施設に焦点を当てて概観する。また、新たなるビジネスモデルが展開されつつあるシェアリングビジネスに関しても言及する。

1 交通機関

(1) 航空

1) 航空業界の歴史

世界で最初に動力付の飛行機で大空を飛んだのは1903（明治36）年米国のライト兄弟だということは有名だが、その10年も前に、日本でも二宮忠八が動力付飛行機の設計を果たしたが、残念ながら資金面での協力が得られずに断念したという事実はほとんど知られていない。二宮忠八が設計した「玉虫型飛行器」は設計図をもとにその後モデルが作られて、実際に飛行することが証明された。日本は第2次世界大戦後、航空機の製造も航空会社の設立もGHQによって禁止されていたことから、航空分野では世界の後塵を拝しているように思われがちだが、戦前は技術面、運営面ともに航空先進国であったことはもっと日本人も知るべきであろう。

サンフランシスコ条約の発効にともない、「航空法」が施行された結果、日本の民間航空の歴史が再スタートした。1953（昭和28）年に特殊法人として日本航空が設立され、その後多くの民間航空会社が誕生した。しかし、小さな航空会社が乱立して、安全運航を確保するために国主導で合併が促された。そこで、日本航空、全日空、東亜国内航空の3社に収斂することになった。ここで、1970（昭和45）年の閣議了承および1972（昭和47）年の運輸省通達により3社の事業領域が明確化された。日本航空は国際線と国内幹線、全日空は国内幹線、国内ローカル線と近距離国際チャーター、東亜国内航空は国内ローカル線と明確に線引きを行って、共存共栄をはかる政策がとられた。これがいわゆる「45・47体制」とよばれるものである。この体制は厳格に守られたことから、航空憲法とも呼ばれた。

しかし、1978（昭和53）年、米国から始まった規制緩和の世界的な潮流は日本へも押し寄せ、海外の航空会社の日本就航に圧力がかかってきたこと、また力を付けてきた全日空や東亜国内航空が国際線に進出する強い希望を持ってきたことから、1985（昭和60）年の閣議で45・47体制の廃止が決まり、国内線参入規制の緩和、国際線運航会社の複数化、日本航空完全民営化が実現することとなった。

規制緩和はさらに加速し、1997（平成９）年には利用者数による参入基準の撤廃が決まったことで、スカイマーク、エアドゥ、スカイネットアジア航空等の新規航空会社が誕生することとなった。運賃も各社がこぞってお客様のニーズにあった運賃を次々に導入していった。

しかし、その後、航空業界を取り巻く環境は逆風が続くこととなる。2001（平成13）年には米国同時多発テロがおこり、航空需要が一気に冷え込んだ。その後もイラク戦争やSARSの蔓延で需要は伸び悩み、さらに追い打ちをかけた2008（平成20）年のリーマンショックで今まで上級クラスを利用していた層が一気に業務渡航を手控えることとなった。そのうえに2009（平成21）年には新型インフルエンザ騒動が起こり、当時の燃油費の高止まりも相まって、日本航空は2010（平成22）年１月19日に会社更生法の適用を申請することとなった。

しかし、日本航空は、航空業とは全くゆかりのない稲盛和夫氏を会長に迎え、しがらみを排した徹底的な業務見直しと職員の意識改革を行い、見事にV字再生を果たした。折からの旺盛なインバウンド需要にも支えられ、全日空も急速にその規模を拡大している。さらに、2012年から日本でもLCC（Low Cost Carrier：格安航空会社）が運航を開始し、航空業界はさらに活況を呈している。

２）フルサービスキャリア（FSC）のビジネスモデル

伝統的な航空会社のビジネスモデルを堅持している航空会社をフルサービスキャリア（FSC）と呼ぶ。他にも、ネットワークを形成しているのでネットワークキャリア、伝統を守っているということを多少皮肉も込めてレガシーキャリアなどの呼び方もあるが、本書ではその特徴を最も端的に表しているFSCを採用して論を展開する。

① FFP

プログラムに参加している会員を対象にして、搭乗距離に応じて無料航空券やアップグレード等の特典を提供するサービスを、「フリークエント・フライヤーズ・プログラム（FFP）」という。米国で1978年以降始まった航空規制緩和の流れを受けて、アメリカン航空がビジネスマンを中心とした利用頻度の高い顧客の囲い込みのために1981（昭和56）年に始めたこのプログラムは、顧客情報の獲得も可能となることから、瞬く間に世界中の大手航空会社に広がった。

現在では、特典の範囲も広がってきただけでなく、クレジット機能や電子マネーとのタイアップで、空の旅だけではなく日常生活にさらに密着して、経営戦略上の重要性が高まってきていると言える。

②コードシェア

ある航空会社が他の航空会社がオペレーションを行う便に自社の便名をつけて自社便として座席を販売することをコードシェア（共同運航）と呼ぶ。これも米国の規制緩和以降、米国国内線から広がってきた。これは旅客数の少ない路線で有効な方策であり、拠点空港間を大型機で運び、その拠点空港で乗継いでそれぞれの小さな目的地の空港へとネットワークを広げる方法を「ハブ・アンド・スポーク」と言うが、このハブ空港からのネットワークを広げるためにコードシェア便が多用されてきた。

③グローバル・アライアンス

先述のコードシェアは２社間（バイラテラル）での交渉となるが、これを３社以上の企業連合（マルチラテラル）で行おうとする試みがアライアンスである。規制緩和以降、国際線を運航する航空会社は激烈な競争環境にさらされることとなり、他産業に見られるような国際的な企業買収・合併（M&A）は、各国の国籍条項に抵触することとなり不可能を極めた。そこで、世界でグループを形成して、ネットワークの拡充をはじめ、FFPの共有化、チェックインカウンターやラウンジの共同使用、燃油等の共同仕入れ等で連合を組むことが推進された。

まず、1997（平成９）年、米国のユナイテッド航空、ドイツのルフトハンザが中心となったスターアライアンスが形成された。現在では27社が加盟する世界最大のグローバル・アライアンスである。他にも、全日空、シンガポール航空、タイ国際航空、アシアナ航空、トルコ航空等が加盟している。

また、アメリカン航空、英国航空が1999（平成11）年にワンワールドを設立。日本航空はアメリカン航空、英国航空とも良好な関係ではあったものの、スターアライアンスメンバーのタイ国際航空やスカイチームメンバーのエールフランス、大韓航空等とコードシェアを行ってきたことから、バイラテラルの機動力も捨てがたくなかなか加盟はしなかったのだが、2007（平成19）年に正式加盟に至った。現在ではキャセイパシフィック、カンタス、フィンエアーなど11社が加盟している。

さらに、2000（平成12）年にエールフランス、デルタ航空、大韓航空により設立されたのがスカイチームである。当初ノースウエストやKLMオランダ航空が設立したウイングスというアライアンスもあったが、エールフランスとKLMが経営統合した結果、ウイングスのメンバーはそのままスカイチームに加盟した。ノースウエストはデルタと合併して、現在では業界２位のアライアンスとなっている。

④ GDS　CRS

航空機などの座席を予約するためのコンピュータシステムをCRS(Computer(ized) Reservation System）という。最近では航空券だけではなく、ホテル、レンタカー等の旅行素材や観光関連情報の提供を世界的な規模で行っているという意味からGDS(Global Distribution System)という名前も定着してきた。

予約業務の効率化と収入管理の強化を目指して、1963（昭和38）年アメリカン航空がIBMのコンピュータシステムを利用してセイバーを立ち上げたのがCRSの発端である。続いてユナイテッド航空が1971（昭和46）年にアポロを立ち上げて、各社が追随した。これを航空会社が独占していたものを1976（昭和51）年に旅行会社へと開放し、1978（昭和53）年の米国航空規制緩和

FSC（フル・サービス・キャリア）は福祉的対応も充実している
写真は金属探知機に反応しない木製の車いす

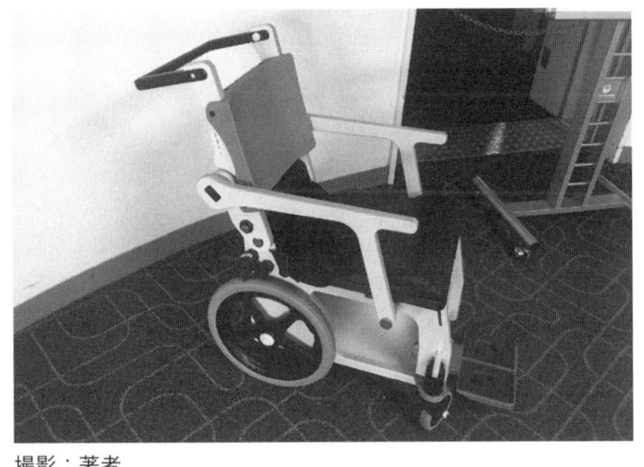

撮影：著者

によって運賃が自由化されると旅行会社は利便性を求めて急速に普及した。

しかし、CRSを持つ航空会社が自社便を優先表示させる（ディスプレー・バイアス）という自由競争を妨げる行為が相次いだ。そのため1984（昭和59）年、米国運輸省は、CRSを分離・別会社とするCRS規制法を施行した。航空会社から分離したCRSは航空会社からの予約手数料だけでなく旅行会社からの端末使用料を得ていたが、他のCRSとの競争上、旅行会社からの端末使用料を下げ、航空会社からの予約手数料を上げた。

GDS業界は今まで、航空業界と旅行業界をつなぐ、いわばBtoBのビジネスモデルを徹底して構築してきたが、最近では、アマデウスのチェックマイトリップのように、スマートフォンのアプリを通して搭乗客と直接取引をするシーンも登場してきた。

3）LCCのビジネスモデル

世界の航空会社が会社更生法の適用をして再生を図ったり、国境を越えて合併したりして生き残りを図っている事例が多く報告されている中、LCCと呼ばれる格安航空会社が実績を伸ばして注目されている。米国のサウスウエスト航空を皮切りに、欧州ではアイルランドのライアンエアー、英国のイージージェット、アジアでもエアアジアグループ、スクート、セブパシフィックなどといった航空会社が着実に実績を伸ばしている。これらの航空会社は徹底的なコスト削減をして、大手航空会社とは異なる戦略を展開している。ここでは、典型的なLCCのビジネスモデルを紹介する。

①徹底的なコスト削減（ノーフリル）

まず、機内食・飲み物、座席指定、受託手荷物、オーディオ／ビデオ、機内誌、他社便接続、ラウンジといったFSCが無料で提供しているサービスをすべて廃止、または有料で提供する。これらの航空会社が「ノーフリルエアライン」とも呼ばれている所以である。座席だけでなくさまざまなサービスがある上級クラスもなくエコノミー単一クラスであり、FFPの上顧客に対する特典もない。

②機内清掃の簡素化→高頻度直航運航

機内清掃も簡素化して、高頻度で折り返し運航が可能となっている。これに関連して、大手航空会社はハブ空港を大型機で結び、そこから目的地へ小型機で向かうというハブ・アンド・スポークでネットワークを広げているが、LCCは基本的に目的地まで直航便である。これは他社便接続を全く想定していないからである。

③郊外のサブ空港利用

メイン空港ではなく郊外のサブ空港（２次空港）を利用することで、着陸料等の経費削減を行うことである。運営面にとっては混雑を避けることができて、２地点高頻度直航運航にとって都合がよく、乗客にとっては駐車場が無料であったりして、格安を求める旅客にはデメリットよりもメリットが上回る場合もあるという考え方に基づく。

④小型機統一

大手航空会社は国策で多くの種類の航空機を保有するが、これはパイロットや整備士など特定の機材しか扱えないことが多く非効率なため、機材をボーイング737やエアバスA320クラスの小型機で統一している。

⑤直販主義

インターネットの技術により、顧客に直接ネットまたは電話予約で直販し、販売手数料を取られてしまう旅行会社を経由しない。そのため、ツアーを商品化するときに旅行会社にとって利便性の高いIT運賃（包括旅行運賃）も設定していない。もちろんGDS（CRS）も使わない。

⑥わが国における独自の発展　～旅行会社との関係性も含めて～

わが国でも内外のLCCが新規に参入したが、本来的なLCCのビジネスモデルとは異なって発展している。

旅行会社を介さないで直販にこだわるというところがLCCの格安性を実現する最も大きい要素の１つではあったが、わが国では他国よりも旅行シーンにおいて旅行会社の果たす役割が依然として大きいため、結局旅行会社とも取引を行っている。そのため、GDSに登録したり、IT運賃を導入したりしているLCCも存在する。

また、わが国のLCCの中で最も成功を収めたのはピーチであることは論を待たないが、これは郊外のサブ空港を利用するというところで、関西空港をハブに利用したことが大きい。その他のLCCは成田空港をハブに設定した。成田は確かに郊外ではあるものの、駐車場も高価で、さらに一般道の整備が不十分で高速道路を使わなければアクセスしづらい点、公共交通機関も高価な点、

自動化されているLCCのチェックインカウンター

撮影：著者

羽田が国際化したとはいえ、まだ国際線の日本のハブ空港で混雑している点、近隣住民への配慮から夜間の飛行が固く禁じられていることから、門限の厳守で遅延が許されないことで、高頻度運航の本領を発揮できない点等のデメリットが多く存在した。そのため、当初メディアを中心に言われていた国内線や近距離国際線では爆発的にLCCがFSCに取って代わるといった状況にはなりえていない。

今後も、わが国においては伝統的なLCCが旅行会社とは距離を置いて発展してきたようにはならず、旅行会社とも取引をしていく方向性を取っていくように思われる。

(2) 鉄道

1）JR

日本の鉄道事業は、1872（明治５）年新橋（汐留）－横浜（桜木町）間において開設されたことから始まる。その後全国で鉄道開設が相次いだが、日清・日露戦争で鉄道の軍事的な必要性や国家の一元管理の要請を受けて1906（明治39）年「鉄道国有法」が公布され、全国の幹線鉄道の国有化が一気に進められた。以降、日本の鉄道事業は国鉄主導で推進していくことになる。

1964（昭和39）年は国鉄にとって画期的な年となる。１つはいわずもがな東海道新幹線の開業である。東京オリンピックにあわせて世界的な超高速列車をお披露目できたことは、戦後復興を世界にアピールする明るいニュースとなった。さらに高度経済成長期が続いたことに伴って、新幹線だけでなく、在来線も全国的に大規模な路線拡充が進められる。特別急行列車や寝台列車が全国に走り始め、日本の鉄道技術は大きな発展を見ることになる。

この年のもう1つの大きな出来事は国鉄が初の赤字を計上したことである。かつて国鉄は貨物と旅客の利益が拮抗していた。しかし、道路網の整備によりトラック輸送が盛んになったことで、まず貨物事業が不振を極めるようになった。さらに自家用車が一般家庭にも普及してきたことで、旅客鉄道も客が離れていくことになる。インフレの防止などを狙って政府が運賃の値上げを抑制していたこともあり、この年から始まった赤字は以降も増大し続けた。1970年代に入ると労使関係が悪化してストライキも続発するようになり、一方で田中角栄首相の日本列島改造論に代表されるように、地方へのローカル線の建設要求は強く、採算の見込めないローカル線の建設は依然として続けられた。新幹線の建設にも巨額の費用が投じられ、これはそのまま国鉄の債務として積み上がっていった。

それらの悪循環を抜本的に改革するため、1987（昭和62）年、国鉄の分割・民営化による負債の清算および自由化が行われることになった。新生JR各社は「国鉄法」の縛りがなくなり、鉄道事業以外にも多角的に事業を拡大していく。

そして、各社で経営改善を競うようになり、まずJR東日本が1993（平成

JR九州の代表的観光列車「指宿のたまて箱」

撮影：著者

５）年に株式上場を果たして完全民営化を達成した。その後 JR 西日本は1996（平成８）年、JR 東海が1997（平成９）年に相次いで株式上場を果たしている。

そのような中、JR 九州が2016（平成28）年に本州３社以外ではじめて上場を果たした。マーケットからは好意的に迎えられ、初値は当初売出価格を大きく上回った。JR 九州は水戸岡鋭治氏のデザインで観光列車を多数導入して鉄道ファンならずとも幅広い層に九州での鉄道旅行の魅力を伝えてきた。JR 九州の上場は、地方における観光交通の地平を開く契機となったと言っても過言ではない。

さらに、高速ツアーバスの展開により順次廃止された寝台列車に代わって、クルーズトレインという分野が注目を集めている。これも JR 九州の「ななつ星 in 九州」がその嚆矢となったが、ななつ星の大成功に触発されて、JR 東日本の「TRAIN SUITE 四季島」や JR 西日本「TWILIGHT EXPRESS 瑞風」が相次いで導入された。

２）民鉄（私鉄）

日本では鉄道黎明期から、国鉄と私鉄（私設鉄道）と称されてきたため、私鉄の呼び名に慣れている人が多いが、正確には民鉄（民営鉄道）である。大手民鉄とは、東武、西武、京成、京王、小田急、東急、京急、東京メトロ、相鉄、名鉄、近鉄、南海、京阪、阪急、阪神、西鉄の16社を指す。JR ６社と比較すると、営業キロは JR が１万9,998キロであるのに対し、大手民鉄は2,932キロと６分の１以下となっている。しかし、輸送人員数を見ると JR が88億人であるのに対し、大手民鉄は92億と上回っている。このことからもわかるように、大手民鉄は大都市周辺の通勤通学輸送が主な役割となっている。

しかし、東武（日光）、京成（成田山）、小田急（箱根、江の島）、近鉄（伊勢）、南海（高野山）等、観光でも寺社参詣目的のルーツをもつ大手民鉄が多いことが特徴的である。現在では、京王が高尾山、西武が秩父、京成が三浦半島を積極的にプロモーションするようになり、観光の重要性がより高まっていると言える。このような民鉄は、東武のスペーシア、小田急のロマンスカー、近鉄のアーバンライナー、ビスタカー等の有料特急がお値打ち価格で乗れるとあって、幅広い層に人気が高い。

この16社以外は、主に地方都市、山間部を走る列車が多く、地域住民の貴重な足となっているが、過疎化、モータリゼーションのさらなる進行により、慢性的な乗客減に悩まされており、苦しい経営を強いられている場合が多い。

しかし、最近では、地域住民の足を守るために、さまざまな工夫をして外部からの観光客にアピールして鉄道に乗ってもらうことで需要を創発している取り組みも見られるようになってきた。ハードの工夫としては、SL、トロッコ列車、ラッピング列車、ラグジュアリーな内装や、お座敷、外の景色が見やすいシート配置を施した列車等である。ソフトの工夫としては、車掌がハーモニカを吹いて乗客と一緒に合唱をする列車、動物の駅長、オリジナルグッズの販売、車内果物狩り、イベント列車等、ユニークな試みが全国各地でなされるようになった。

たとえば、三陸鉄道は、2011年に東北地方を襲った東日本大震災の５日後から運転を再開したことで、被災者に希望を与える存在となったことが世界的にも有名になった。その後 NHK のドラマ「あまちゃん」の大ヒットで全国から注目を集める存在となったが、それまでも、お座敷列車、こたつ列車、なもみ（なまはげのような郷土の風習）実演、旅行会社とのタイアップ商品企画等、積極的に観光需要の取り込みが行われていた素地があったからこそ、現在も被災地復興のシンボルとなりえたのである。

三陸鉄道

撮影：著者

3）割引乗車券

割引乗車券の歴史は古く、大正時代の「遊覧券」にそのルーツを見ることができる。この制度は国鉄の「周遊券」として引き継がれており、「周遊指定地」に登録された観光地を２カ所以上経由し、あらかじめ指定したコースをたどれば、往復の国鉄の乗車券と、目的地の私鉄、バス運賃が１割引になるというものである。周遊券制度は日本の観光地のプロモーションに大きな役割を果たした。

1980年代からは、より年代層に特化した割引乗車券を発売するようになった。夫婦の合計年齢が88歳以上だと利用できる「フルムーン夫婦グリーンパス（フルムーンパス）」、30歳以上の女性２人以上で利用できる「ナイスミディパス」、全路線の普通・快速列車に乗り放題の「青春18きっぷ」（名称に惑わされるが年齢制限はない）等の割引乗車券が好評を博し、さらに「大人の休日倶楽部ジパング」等の会員組織形成にも繋がった。

その後の航空業界の規制緩和で運賃競争が激化したことから、JR は航空機との対抗上、業務旅行者向けにも割引乗車券を拡充した。また、JR 九州が運航する福岡～釜山を結ぶ高速艇ビートルの往復券と韓国の鉄道パスをセットにした「コリアレール＆ビートルパス」といった国際的な割引乗車券も発売されている。

4）IC カード事業

日本の鉄道分野では、2000年代に入って JR や私鉄などで IC カードの導入が進んだ。JR 東日本の「Suica」（スイカ）が2001（平成13）年に導入されてから、全国の JR、私鉄に急速に浸透した。

また、各社、各地域で乱立した IC カードの相互利用化の動きも進み、2004（平成16）年４月には「Suica」「ICOCA」「PiTaPa」の相互利用化計画が発表され、このうち「ICOCA」と「PiTaPa」については2006（平成18）年１月から相互利用が開始された。関東では私鉄や交通局、バス会社が展開する「パスネット」・「バス共通カード」と「Suica」の共通利用を可能にする方針が2003（平成15）年に発表され、「PASMO（パスモ）」の愛称で2007（平成19）年３月以降、順次パスネット・バス共通カード導入事業者に導入されている。

交通 IC カードがこれだけ急速に全国に伝播した要因は、IC が磁気に比べて記録できる情報量が多いのはいうまでもないが、非接触式（無線式）であるため、自動改札機などの可動部分を減らすことができ、メンテナンスの頻度を減らす効果が絶大だったことによる。

5）駅ビル、エキナカビジネス

大勢の人が集まる駅には大きなビジネスチャンスがあることは論を待たない。国鉄時代は国鉄法の縛りもあって、関連事業に手を出しづらかった面も否めないが、民営化して自社のもつ経営資源を有効活用する際、駅の活用は当然の流れであったと言える。

駅ビル開発で最も成功を収めたのは、JR 東海の名古屋駅ビル開発であろう。「JR セントラルタワーズ」は延べ床面積41万平方メートル、高さ245メートルの巨大なツインタワーである。それまで名古屋の中心繁華街は栄地区であったものが、この JR セントラルタワーズの完成によって、名駅周辺へと人の流れが移動した。百貨店は高島屋と共同出資で「ジェイアール名古屋タカシマヤ」が、ホテルはマリオットとともに「名古屋マリオットアソシアホテル」が開業し、毎日にぎわっている。

同様に JR 西日本は京都駅で、JR 北海道は札幌駅で百貨店やホテルも備えた大規模駅ビル開発を展開しているが、JR 東日本はこのような大規模駅ビル開発は行っていない。その代わり、「エキナカビジネス」と呼ばれる改札内での小売業の展開では一歩リードしている。大宮駅、品川駅で展開している「エキュート」はわざわざ入場券を買ってまで来訪する買い物客も続出するなど、小売業界の注目を集めている。大手民鉄も、大手コンビニエンスストアとタイアップした売店を展開し、そこでしか買えないオリジナルグッズを揃えるなど、今後もエキナカビジネスの展開には目が離せない。

(3) バス

バスとは、道路運送法の旅客自動車運送事業として行われ、国土交通省自動車交通局の管轄に属するものを指す。道路運送法においてバスは、乗合バスと貸切バスに大別される。

１）貸切バス

貸切バスとは、道路運送法において、１個の契約により国土交通省令で定める乗車定員以上の自動車を貸切って旅客を運送する一般旅客自動車運送事業を指す。「観光バス」といわれることが多いが、観光目的以外にも、送迎等で幅広く利用されている。大きさもマイクロから50名を超える大型まで取り揃えられており、一般的に冷暖房、マイク放送設備、テレビ、ビデオ／DVDが装備され、車両によってはトイレ、カラオケ、冷蔵庫、湯沸かし器なども装備されている。

通常は、運転士１名とバスガイド１名の構成で運行されるが、最近では運転士１名のみでの運行も少なくない。

また、丸の内や日本橋で行われているように、地域の企業や商店会が資金を出し合ってバスを貸し切り、一般利用客に無料で乗ってもらえるようにしている例や、赤字路線バスが廃止されて自治体が代替措置として貸切バスをあたかも乗合バスのように運行する例、また旅行会社が募集型企画旅行として長距離高速バスを貸し切って、乗合の高速バスのように運行する例（192頁参照）も見られるようになり、貸切バスの用途の多様化が見られる。

２）乗合バス

乗合バスはあらかじめ定められた経路を定期的に運行するバスのことを指す。乗合バスには一般的な路線バスのほかに、空港や港湾と市内を直結するリムジンバス、高速バス、深夜バスだけでなく、「はとバス」等の遊覧バスや定期観光バスもほぼ毎日同じ経路を運行するので、乗合バスのカテゴリーに含まれる。

現在、路線バスは、地方を中心に、過疎化とモータリゼーションの進行により経営状況は厳しく、縮小傾向が著しいが、名古屋市のように、基幹バス（バス専用レーンと停留所の設置で定時性を確保したバスシステム）やガイドウェイバス（バス専用軌道と一般道路の両用で運行しているバス）を導入し、積極的にバスを公共交通として利活用している自治体もある。

また武蔵野市の「ムーバス」のようなコミュニティバス、100円バスのような新たな取り組みも功を奏して、全国にその流れが広がっている。さらに、高齢化の進行に呼応して、バリアフリー対応も進んできており、リフトバスやノンステップバスの導入も増加している。

3）高速バス

高速バスとは、一般的に乗合バスの中でも特に高速道路を利用して都市間輸送を行うバスをいう。1960年代の後半から東名・名神自動車道の開通により日本の高速バスの歴史は始まったが、1980年頃から全国の新幹線網の整備や航空運賃の割引運賃の拡充で一旦冬の時代を迎えた。しかし、最近は長引く不況でその廉価性からまたその価値を見直され、また全国的な高速道路網の整備により、路線は着実に増加している。

高速バスはもともと金銭的にゆとりのない学生やバックパッカーが主たる客層であったが、最近では、航空機のビジネスクラスを彷彿させるラグジュアリーな３列シートのバス、個室のように仕切りを施した最高級のバスの導入も進み、道中もパソコンで仕事を片付けることができるようになってきたことから、ビジネスマンの利用も増加してきた。また高速化した新幹線よりもゆったりとして車窓の風景を楽しめるということで熟年層にも支持の広がりが見られる。地方のバス会社も、路線バスの不振から需要のある都市間輸送にシフトする傾向も顕著である。

両備ホールディングスのラグジュアリーな高速バス

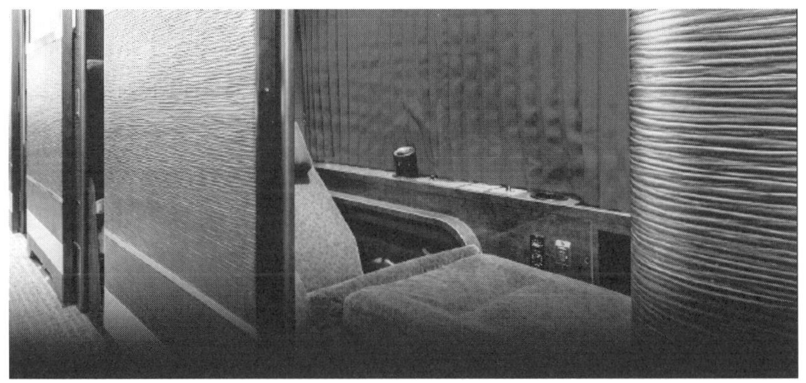

撮影：両備ホールディングス

４）長距離高速バス（高速乗合バスと高速ツアーバスの統合）
～関越道バス事故を受けての諸問題の解決と新たなる課題～

国土交通省では、高速道路を経由する２地点間の移動のみを主たる目的とする募集型企画旅行として運行される貸切バスを「高速ツアーバス」と定義づけていた。これは1960年代に登場し、80年代に隆盛を極めた帰省バス、スキーバスに端を発する。90年代には各地方都市から東京ディズニーランドに向けてのツアーバスが運行されるようになり、2001年に大阪にユニバーサルスタジオジャパン（USJ）が開園すると、同様のツアーバスが運行されるようになった。これは夜間の移動で滞在時間を効率的に捻出することができるため、交通費だけでなく、宿泊費も浮かせることができることから、金銭的に余裕のない若年層に一気に支持された。

しかし、高速ツアーバスは貸切バス扱いで乗合バスではないため、運賃、バス停の設置、定時運行義務、運転手の連続乗務時間と交代回数、車両の運用など道路運送法によって細かく定められている規定に沿わなくてもよかった。

そのため、高速ツアーバスが年々爆発的にその規模を拡大し、楽天トラベル等のOTAが高速ツアーバスの予約をまとめて行えるようになったことでさらに大きく普及したことから、その整合性を乗合バス事業者から指摘されるようになってきた。

そのような中、2012年４月29日に関越自動車道の藤岡ジャンクション付近で高速ツアーバス事故が発生した。そこで、高速ツアーバスが格安性を打ち出すために、運転手の過酷な勤務状況や、日本語もままならない中国人が運転していたこと、ずさんな整備や運行計画が白日の下にさらされた。この痛ましい事故を契機に、高速ツアーバスについては一気に規制がかけられるようになった。国土交通省・観光庁は高速ツアーバスを高速乗合バスに収斂させ、2013年７月末をもって募集型企画旅行としての高速ツアーバスを運行することを禁じた。これにより、高速ツアーバス業界は、大手の企業については、乗合バス事業の認可を得て高速乗合バスに転換したが、転換できる企業体力のない中小業者は事業から撤退した。

高速乗合バスだけでなく、貸切バスのほうにもより規制がかけられることとなった。旅行業に関連していえば、貸切バスにも運賃の細則があるものの、実際の営業現場においては他社との競合で最終価格が決まっていた。それを運賃や付随する料金を足し上げて計算するように指導が行われるようになった。

このプロセスにはまったく間違った点はないように思える。しかし、その結果、運賃・料金の内訳が明らかになり、価格を下げるためにバスガイドを省くような契約が増加した。特に地方ではバスガイドはこの関越道事故に伴う規制強化の前後で一気に衰退し、あるバス会社では現在ではバスガイドの受注が1割にも満たないような状態になったという。最近では着地型観光という言葉も定着し、地元の魅力を観光客に対して発信することが以前にも増して求められているにもかかわらず、最も地元に根差して地元のアイデンティティを伝える存在であるバスガイドが規制強化によって衰退の一途をたどっていることを、業界全体で認識を新たにする必要があると思われる。

そのような中、発地と着地が協働してバスガイド文化を継承しようとする取り組みも現れた。ジャルパックが造成した沖縄の募集型企画旅行商品で、地元那覇バスでバスガイドによる三線（琉球三味線）の生演奏を取り入れた「JALうたばす」の取り組みは、まさに旅行会社と地元バス会社の強みを活かして、個人旅行では味わえない旅の魅力を提供できている好事例といえる。

「JAL うたばす」で三線の生演奏をするバスガイド

撮影：著者

(4) 船舶

有史以来人は舟で長距離の移動を行っていた。大航海時代も帆船で世界の海を渡っていた。18世紀に入って蒸気船が登場してから、旅客船が一般的になってきた。

1）定期客船

一定の航路をあらかじめ定められたスケジュールで人の運送をする旅客船を定期客船という。特に、旅客とともに自動車も運送する船舶をカーフェリーと呼ぶ。

日本では海上運送法により、13人以上の旅客定員を有する船舶を旅客船と定めている。離島航路をはじめ、瀬戸内海を中心に都市間を結ぶ航路が多く見られるが、韓国、中国、台湾、ロシア各国との間に国際航路も存在する。

2）遊覧船

観光地の海、湖、河川で観光客に見物してもらうために巡る船を遊覧船と呼ぶ。単に船上からの景色を楽しむものだけでなく、食事やワイン・カクテルを楽しむことができるレストランシップが気楽にクルーズ気分を味わえるということで人気を博したことから、従来から船上で日本式の宴会を楽しむ形態として長い歴史を誇る屋形船も人気となった。また「古事記」の時代からの伝統的な漁法を今に伝える鵜飼いも全国の河川で夏の風物詩として定着しており、他にも海中の景色が楽しめる水中展望船など、多種多様な遊覧船の形態が見られる。

3）クルーズ

交通機関であると同時に、船内での生活を楽しむことを主眼に置いた大型客船をクルーズと呼ぶ。長期間にわたっての航海を楽しめるよう、船内には各種娯楽施設やアトラクションが充実しており、浮かぶリゾートとも呼ばれている。世界ではカリブ海、地中海、シンガポール周辺、バルト海等、河川でもライン川、ドナウ川、ナイル川、ミシシッピ川などで見られる。世界ではクルーズ人口が約1,600万人とも言われているが、日本ではまだ18万人に過ぎない。これは、日本人の休暇に長期休暇の制度が整っていないこと、せっかちな国民性、日本近海の海しょう条件の悪さ等が原因とされている。

また、旅行開始から終了まですべてクルーズで行うのではなく、居住地からクルーズ上下船地間を航空機で移動するパッケージ旅行商品のことを「フライアンドクルーズ」と呼んでいる。

ここ数年、旺盛なインバウンド需要がクルーズの利用にもつながっている。特に九州を中心に自治体が港湾整備をして誘致に力を入れている。インバウンド観光客も、特に中国人は日本で爆買いといわれるショッピング観光を楽しむことが多いが、航空機利用だと無料の範囲を超えた場合、超過手荷物料金を支払わなければならないが、クルーズ利用だと超過手荷物料金は存在しないため、爆買いをしても安心であるということもクルーズの選好性を高めている一要因となっているようである。

(5) その他の交通

1) レンタカー

レンタカーとは自動車を有料で貸し出す事業のことであり、道路運送法では自家用自動車有償貸渡業と称されている。レジャー、ビジネス、引越等広範に利用されており、顧客のニーズにより、乗用車、マイクロバス、ワゴン車、福祉車両、貨物車、キャンピングカー、ダンプカー、クレーン車、保冷車など多種多様の車が貸出可能となっている。乗用車の場合は現在ではほとんどがオートマチック車でカーナビが標準装備されていると考えてよい。

レンタカーと航空機/列車とを同時に予約をすると、運賃/料金の割引等が受けられる場合がある。また最近では航空会社のマイレージと連携するレンタカー会社も増えてきた。レンタカー業界は、ここ数年で新規参入会社が格安での料金を謳ってきたため料金の割引が進み、また従来からの懸案事項であった乗り捨て時の割高感についても、広域連携で乗り捨て料金を割引くシステムを導入した地域が増えたこともあり、観光シーンでの利用がますます増えている。ちなみにレンタカーは、ナンバープレートが「わ」または「れ」であることで判別がつくようになっている。

2) タクシー

タクシーとは、旅客が指定した目的地まで旅客を輸送する営業用自動車である。タクシーを利用するには、まず駅や空港、港、市街地、上級ホテル、観光地等に設置されたタクシー乗り場から乗車する場合と、道路を走行している空車を呼び止めて乗車する場合と、電話で指定した時間／場所に呼び出して乗車する場合とに分けられる。

日本のタクシーの料金徴収システムは基本的にメーター制で、車内に料金計算・表示用のメーターを設置し、走行距離と時間に応じた運賃を計算、収受するシステムを採用している。最近では、空港あるいは特定観光地と市内を結ぶ場合などに定額制をとる事業者も見られるようになってきた。過疎地においては赤字バス路線が相次いで廃止されており、タクシーのシステムも今後は地域の実情に対応した多様なあり方が求められてくるのではないかと思われる。

3）新たなるシェアリングビジネス（Uber の出現）

Uber（ウーバー）とは、2009年に設立されたアメリカ合衆国発祥の自動車配車アプリのことである。Uber の出現により、一般市民が自家用車を使って空き時間に運送業務を行うことができるようになった。世界では違法な白タクが蔓延し、合法のタクシーだったとしても、運転手の質が悪く、メーターを倒さない、わざと遠回りする、車体が老朽化して乗り心地が悪い、領収書を発行しない等のクレームが後を絶たない。

そのため、乗客と運転手の相互評価の上で成り立っている Uber の運転手の方が信頼性は高い。運転手と乗客で直接決済を行わず、アプリを通して行うのも信用でき、一気に世界中で広まった。しかし、日本ではもともとタクシーの信頼性が高いのと、そもそも一般市民が自家用車を使って運送業務を行うのは白タク行為として違法であると明確に示されているため、国家戦略特区として規制緩和の一環で、一部の地方において「ライドシェア（相乗り）」として実施されているくらいで、海外ほどの爆発的な広がりは見せていない。

Uber に対しての規制を素早く明確化したこととは対照的に、インバウンドの FIT 化によって、外国人コミュニティで白タクが堂々と行われていることに対して、行政は全く対応が後手に回っている。結局、日本人に規制をかける割に外国人に対しては野放しになっているような事態を許していては、インバウンドが日本の経済発展に寄与しないだけでなく、今後のインバウンド振興に対して国民の理解を得られないことも想定すべきである。

2 宿泊施設

（1）宿泊施設の概要

1）世界の宿泊施設

ローマ帝国の時代、ローマ街道が整備され、その街道沿いにインと呼ばれる宿泊施設が発達した。当初は公費で整備され、公用のために利用されるのが主であったが、だんだん一般にも開放されていった。その後、5世紀末頃、ローマ帝国の没落とともに往来は少なくなったが、修道院などの宗教施設においては、旅人が宿泊することも可能であった。このことを当時、ラテン語でhospitālis というようになり、これが現代英語で hospitality となった。ところが、12世紀頃になると宗教勢力も衰え、その後16世紀頃までは交流が乏しい時代が続く。

現代のような本格的な「ホテル」が誕生したのは、18世紀に産業革命や市民革命を経て、農業中心の社会から工業化社会へと変化し、社会の中心的存在が王族や貴族からブルジョアジーと呼ばれる新興資本家層に移行してからである。農業中心の社会では、土地の広さと生産性が比例するため、広大な土地を持つ王侯貴族が社会の中心的な存在であった。そして、その広大な土地の一角に城や宮殿を建てて、そこで彼らはお互いの交流を図っていたのである。

しかし、工業化社会においては、必ずしもそれほどの広大な土地を必要としない。生産性の向上に成功した資本家こそが、より力を得られる社会となったのである。その状況において、資本家たちは自身が宮殿を建てて社交の場とするよりも、社交のための施設をむしろ望んだということが背景にある。

そして、社会における工業化の進展とともに国際的な交流も活発となり、ホテルはその国の国威を示す存在にもなっていく。

このような流れの中で、19世紀半ばには、ヨーロッパ各地の大都市に「グランドホテル」と名づけられた豪華絢爛なホテルが開業する。そこで資本家たちが日々パーティーを開催し、海外からの VIP も泊まるなど、華やかな社交が繰り広げられていた。しかし、多くの施設は経営的に成り立っているとは必ずしもいえなかったのが実情である。

1889年、ロンドンに「ザ・サボイ」が開業した。演劇のプロデューサーであったリチャード・ドイリー・カートが、米国でのホテルの盛況ぶりを見て、米国人の旅行者を対象としつつ、ロンドンの新しい社交の場という目的も付帯させて実現にこぎつけた。そのときにはすでに著名なホテリエとなっていたセザール・リッツが総支配人に迎えられ、オーギュスト・エスコフィエが総料理長に就任した。２人は、それまであまり表に出ることのなかった女性たちを新しい標的市場とし、こうしたお客様が喜ぶサービスを次々に打ち出していった。資本家の妻たちを中心に、それまでは公に姿を見せる機会がなかった女性たちの、外に出たいという気持ちにも応えたといえる。

その後、リッツとエスコフィエは、1898年、パリにリッツ自身の名を冠した「オテル・リッツ」を開業する。以後、ヨーロッパ各地に「リッツ」の名がついたホテルが増えていった。

一方、米国では、また別の動きが生じていた。エルズウォス・ミルトン・スタットラーが、ナイアガラの滝から近いバッファローに1908年、「バッファロー・スタットラー・ホテル」を開業した。それまでのホテルは高嶺の花であったが、“A Room and a Bath for a Dollar and a Half” というコピーで、はじめて庶民でも泊まれる価格が提示された。これは、標準化された客室構造で、科学的管理法を駆使したサービスの提供によって実現したものである。その後、チェーンを広げていった。

第２次世界大戦後は、コンラッド・ヒルトンによるヒルトン・ホテルやアーネスト・ヘンダーソンによるシェラトン・ホテルがチェーン展開を進めていった。スタットラーは自社でホテルを開発することを基本としてきたのに対して、ヒルトンやシェラトンは、他のホテルを買収することで急速なチェーン展開を可能とした。さらに、運営受委託やフランチャイズ（203頁参照）といった新しい運営手法も開発されたことで、チェーン化は加速していくことになる。

こうして、米国を中心とする世界のホテル企業は、世界中にチェーンを展開するようになっていった。その中には、ヒルトンやシェラトンのような従前のホテル企業以外にも、パン・アメリカン航空（1946年からインターコンチネンタルホテルを展開）、トランスワールド航空（1967年に当時のヒルトン海外部門であったヒルトン・インターナショナルを買収）、ユナイテッド航空（1970年にウェスティンホテルを買収）、エールフランス（1972年からル・メリディアンを展開）のように、航空会社など異業種からの参入も含まれていた。

さて、ここで時計の針を19世紀末から20世紀初頭に戻す。この頃、ヨーロッパの国々がアジアで進めていた植民地経営において、やはり本国と同様なホテルが必要とされるようになった。

イランのイスファハン出身のサーキース兄弟は、こうした需要に応え、今に至るラグジュアリー・ホテルを残している。彼らは、1884年にマレーシアのペナン島にあるジョージタウンに「イースタン・ホテル」を、翌1885年に「オリエンタル・ホテル」を開業した。両ホテルはその後、「イースタン＆オリエンタル・ホテル」となる。その後、1887年にはシンガポールに「ラッフルズ・ホテル」を、1901年にはミャンマーのヤンゴン（かつてはビルマのラングーン）に「ストランド・ホテル」を開業している。

他国でも同様の動きが生じた。香港で1866年に設立された「ザ・ホンコン・ホテル・カンパニー」は、1868年に「ホンコン・ホテル」を開業し、1928年には「ザ・ペニンシュラ・ホンコン」を開業するに至っている。また、タイのバンコクでは1865年に「オリエンタル・ホテル」が誕生し、1887年にタイ初のラグジュアリー・ホテルとして再開業している。

こうしたアジアに本拠地を置くホテル企業は、1970年代頃から他国への展開も志向するようになっていく。1990年代以降は展開のスピードが加速し、多くは世界的なプレゼンスを持つホテルチェーンになっている。

1990年代以降は、特徴的な２つの流れが生じる。

ジュメイラ・グループのホテル「バージュ・アル・アラブ」と「マディナ・ジュメイラ」

撮影：著者

1つは、既存の大手ホテルチェーンが買収・合併により、さらなるメガ・ホテル・チェーンへと進化したことである。1998年に、「スターウッド・ホテルズ&リゾーツ（当時)」が「ウェスティン」と「シェラトン」をほぼ同時期に買収した。なお、「ホリデイ・イン」の親会社であった「バス・ホテルズ」が「インターコンチネンタル」を買収したのも、ちょうどこの時期であった。

もう1つは、最高価格帯を主たる標的市場とする「ラグジュアリー・ホテル」が急速に成長したことである。施設規模が比較的大きめで、都市部を中心にリゾートでも展開をしているのが、カナダが本拠地の「フォーシーズンズ・ホテルズ&リゾーツ」やアラブ首長国連邦のドバイに本拠を置く「ジュメイラ・グループ」などである。逆に比較的規模が小さめであり、リゾートを中心としつつ一部で都市部にも展開しているのが「アマン・リゾーツ」や「バンヤンツリー・ホテルズ&リゾーツ」、「シックス・センシズ・ホテルズ・リゾーツ・スパ」などである。

現在では、このラグジュアリー市場にメガ・ホテル・チェーンも進出し、「マリオット」による「リッツ・カールトン」と「J. W. マリオット」、「ヒルトン」による「ウォルドルフ・アストリア・コレクション」と「コンラッド」、「ハイアット」による「パーク・ハイアット」と「グランド・ハイアット」など、新しいブランドを構築して対応している。

2）わが国の宿泊施設

日本における宿泊施設の歴史を眺めると、2つの大きな流れがあることが把握できる。すなわち、宗教的な目的の旅に対応する「坊」や「宿坊」、江戸時代に街道が整備されるとともに設置されるようになった宿場町の「本陣」、「脇本陣」、「旅籠」などの日本人向けの施設と、古代に外国からの賓客を接遇するために設けられた「鴻臚館」や、江戸時代に長崎オランダ商館長の江戸参府のために設置された「阿蘭陀宿」、明治時代に外国人が増加したために開業することとなった「(築地) ホテル館」のように、ごく一握りの層、特に外国人を対象とした施設とである。

つまり、つい最近まで、わが国の宿泊施設は、利用客層によって外来客向けと国内客向けとに施設を大きく二分して対応してきた。ただし、外来客向けの施設は、外来客自身がごく少数であったこともあり、明治維新を迎えるまでは存在感も大きくなく、今の「迎賓館」のような存在であったと考えられる。

ただし、この流れは現在の宿泊施設にも影響を及ぼしており、主として洋風の施設・設備を持つ「ホテル」と、主として和風の施設・設備を持つ「旅館」とに分けられている。わが国の宿泊産業を規定する法である「旅館業法」でも、第２条で「旅館営業」、「ホテル営業」、「簡易宿所営業」そして「下宿営業」の４つが規定されている。

旅館業法は、業界の健全な発達を図るとともに、その利用者の需要の高度化および多様化に対応したサービスの提供を促進し、公衆衛生および国民生活の向上に寄与することを目的として1948（昭和23）年に制定された。なお、この場合の「旅館業」とは、日常的な意味での「旅館」のことではなく、「宿泊業」と同義である点に注意が必要である。

このうちの簡易宿所とは、宿泊する場所が主として多人数で共用され、宿泊または宿泊と食事を利用客に提供する施設である。具体的には、山小屋やカプセルホテルなどがこれに属する。また、下宿とは、主として長期間（通常は月を単位とする）、食事付きで宿泊を提供する、または寝具を提供して宿泊させる施設を指す。ただし、住宅および住宅の一部を賃貸するアパートや貸家、貸間は、不動産業の物品賃貸に相当し、下宿に含めない。

これに対して、旅館とホテルはともに、主として短期間（通常は日を単位とする）、宿泊または宿泊と食事を利用客に提供する施設である。しかし、前者は「和式の構造および設備」を主とし、後者は「洋式の構造および設備」を主とする宿泊施設と定められている点が異なっている。

和式の構造および設備による客室とは、客室間や客室と廊下の間が、ふすま、板戸、その他これらに類するものを用いて区画されている客室を指す。また、洋式の構造および設備による客室とは、客室内の調度および寝具設備（ソファやベッドなど）が洋式であるだけでなく、宿泊の態様が洋風であるような構造および設備を主とする施設を指す。そのため、たとえば客室以外のロビーや食堂の設備などを具有することが洋式と認定されるための要件になる（いずれも「昭和32年８月３日付 衛発第649号 厚生省公衆衛生局長通知」による）。

現在では、旅館でもベッドを設置する施設が多くなってきており、ホテルにも和室の設備がある。一方、あとで触れるが、こうした施設に類するものとして「民泊」が注目を集めるようになってきていることからも、旅館業法が規定する宿泊施設と現実とのかい離が見られるようになってきている。

なお、江戸時代の宿場町には「本陣」、「脇本陣」、「旅籠」の他に、「木賃(宿)」というものも存在した。しかし、これは幕府道中奉行所の調査対象となっていなかったことからも、現代の「インターネットカフェ」や「マンガ喫茶」、あるいは「民泊」のような、「事実上の宿泊施設」という位置づけであったと考えられる。いつの時代でも同じようなことがビジネスとして存在しているのは非常に興味深い。

3）宿泊施設の事業展開（所有、経営、運営）

一般の企業でも、「所有と経営の分離」が進んでいるが、宿泊施設においては「所有・経営・運営」の分離が進んでいる。一般の企業における「所有と経営の分離」とは、「株主と経営者との分離」であるが、宿泊施設では少々異なっていることに注意が必要である。

宿泊施設でいうところの「所有」とは、その施設の土地や建物といった不動産の所有者のことである。特に建物の所有については、所有する割合や対象に応じてさまざまなパターンがあり、たとえば躯体のみの所有の場合もあれば、内装などに至るまで所有するというケースもある。当然ながら、この所有の区分は、修繕責任をどこが引き受けるかといったことに関わってくる。

また、「経営」とは、宿泊施設の従業員を雇用し、日々の売上を利用者から受け取る主体のことである。フロントやレストランで仕事をする従業員、宴会サービスを担当するパートのスタッフなどは皆、この主体に雇われているということになる。お客様が支払いをするのも、領収書を受け取る際にも、この主体が相手ということになる。

そして、「運営」とは、当該宿泊施設に対して、予約システムを通じたマーケティング活動やブランド名の付与、運営責任者・部門責任者の派遣といった、運営支援活動をする主体のことである。一般にホテル名（ブランド名）はこの運営主体が提供していることが多いため、もっとも一般の認知度が高い主体でもある。

宿泊産業の黎明期には、所有・経営・運営といった分離はなされておらず、一体的に事業が遂行されていた。事実、今でも旅館の多くや比較的歴史のあるホテルは、こうした分離をしていない。ただし、宿泊施設の事業は独特の技術や知識を必要とすることもあり、古くから専門的な運営責任者が重んじられる傾向があった。前述した、「サボイ」におけるセザール・リッツなどはまさにその例である。

所有・経営・運営の分離が進んだのは、それぞれの事業ごとに事業特性が異なるためである。成功した宿泊施設が売上増を志向した場合、同じ場所や隣接地に増築していく方向性もあるが、チェーン展開をすることでさまざまなメリットを享受することが可能になる。しかし、その際に「規模の経済」も享受するために、事業特性に応じて専門化していった。

実際、自社が所有する施設で事業遂行をしている際に、敷地や容積率に余裕がある場合には、オフィスを併設して貸し出しているケースもある。「帝国ホテル」の「インペリアルタワー」低層部や、「ホテルニューオータニ」の「ガーデンコート」、あるいは「パレスホテル東京」にこうした事例が見受けられる。このことは、こうした企業が、不動産の「所有」という事業も兼営しているとみなすことができよう。

個別の宿泊施設は、この所有・経営・運営が適宜組み合わされる形で、

・所有直営型
・リース型（賃貸借型）
・運営受委託型（MC）
・フランチャイズ型（FC）

といった種類に分けることが可能となる（図表８－１）。そして、われわれがチェーンとして認識する宿泊施設群は、こうした宿泊施設の種類を適宜組み合わせて、チェーン展開している。

図表８－１　宿泊施設の経営形態

	所有直営型	リース型	MC	FC
不動産の所有・管理	経営会社	大家	大家	大家
内装・設備の所有・管理	経営会社	大家／経営会社	大家／経営会社	大家／経営会社
経営責任	経営会社	経営会社	経営会社	経営会社
従業員の所属	経営会社	経営会社	経営会社	経営会社
人事権・運営権	経営会社	経営会社	運営受託会社	経営会社
マーケティング	経営会社	経営会社	運営受託会社	運営受託会社
ブランド名	経営会社	経営会社	運営受託会社	運営受託会社

(2) ホテルの詳細

1）ホテルの事業内容（宿泊、料飲、宴会、その他）

一般にホテルといえば宿泊するための場所という認識が強いと思われるが、実際には宿泊以外の売上も大きな割合を占めていることが多い。特に、相対的に高価格帯の施設では、宿泊の売上比率は比較的低くなる傾向がある（次項に詳述）。

いずれにせよ、ホテルは宿泊以外にも料飲サービス、宴会、エステやスパなどの癒しといった諸要素からビジネスが成り立っている。その意味では、総合的なホスピタリティ産業であるともいえるだろう[1]。

宿泊は、部屋と寝具を用意して、お客様に泊まっていただく場所を提供する事業である。ホテル内の組織としては、宿泊部門や客室部門と呼ばれることになる。

一部の例外もあるが、ホテルの場合、お客様は靴を脱がず、つまり土足のままで客室内に入ることが基本である。そして、客室内にはベッドや椅子、机などが置かれている。また、ごく一部のホテル以外は、専用のバスルームやトイレも占有区画内に用意されている。

このようなサービス提供を実現するために、ホテルには、フロント、ゲストサービス、コンシェルジュといった職種のスタッフが配置されている。フロントではチェックイン・チェックアウトの手続きを行い、ゲストサービス・スタッフはお客様のご案内や荷物の運搬などを行う。この職種はベルマン・ベルガールなどと呼ばれることもある。コンシェルジュは、お客様の要望を聞いて適宜それに応える仕事をしている。

なお、ドアマンと呼ばれるスタッフは、ホテル全般のお客様をお迎えする役割を担っているが、宿泊系統の組織に属していることが多い。

料飲サービス部門では、レストランやバーでのサービスを提供している。一般には飲食といわれることが多いが、ホテルでは「料理」の「料」と「飲料」の「飲」で「料飲」と呼称されることが多い。これは、英語の Food &

1　ホスピタリティの語源をたどると、「旅人に一宿一飯の恩義を与えて、休息させた」といった行為にたどり着く。そのため、宿泊、料飲サービス、宴会、アミューズメントなどの要素を事業として持つ産業を「ホスピタリティ産業」と呼ぶことがある。詳しくは、徳江（2012）を参照のこと。

Beverageとも対応している。大規模なホテルでは、フランス料理から和食、中華と幅広い種類の店舗を揃え、さらにはソファ席が中心のラウンジ、カウンターが中心のバーなど、飲料提供が主となる施設も複数用意している。

宴会部門では、規模の異なるさまざまな宴会場を取り揃え、法人需要から個人需要まで、多様な宴会に対応できるようにしている。わが国では、かつては社長就任披露パーティーや政治家のパーティーなどが数多く開催されてきたが、1990年頃からはこうした法人が主催するパーティーは減少し、個人需要の開拓に力を入れるホテルが多くなってきた。その甲斐あって、最近ではブライダルの存在感が高まってきている。

ただし、宴会部門として独立した組織を構成しているのはわが国のホテルに特有の現象で、他国では料飲サービス部門に含まれることが多い点には注意が必要である。

近年、各ホテルが力を入れている部門がエステやスパなどの癒し部門である。かつてのホテルは、マッサージ師の手配対応がせいぜいであったが、海外から著名ブランドのエステやスパを取り入れるなどして、大きく変わったのがこの部門であるといえる。

こうした多様な事業を遂行していくために、ホテルにはそれをまとめる「総支配人」と呼ばれる職種が置かれる。一部のホテルでは社長が兼務することもあるが、多くのホテルは別に置いている。その理由としては、総支配人はあくまで日々のホテル運営にこそ責任を持っており、不動産などの資産の有効活用といった業務には、必ずしも責任を負う必要がないという考え方がその根底にある。特に、運営機能が切り離されるようになってから、この傾向が顕著になっている。

なお、近年、急速にチェーン展開を進めている相対的に低価格なホテルの多くは、いわゆる「宿泊特化型」あるいは「宿泊主体型」と呼ばれるものであり、料飲サービス部門を持たないか、簡単な料飲サービスの提供のみとし、宴会部門は持たないことが多い（207頁に詳述）。

2）価格帯によるホテルの分類

鈴木博（1964）では、ホテルを場所的要因（立地条件）、宿泊期間、宿泊目的などによって分類している。このようなホテルの分類は、これまでさまざまなものが検討されてきたが、決定的なものはないのが現状であり、チェーンを形成する各ホテルは、自社の都合で適宜、分類を実施している。

わが国では長いこと、都市部に立地する「シティホテル」と「ビジネスホテル」、そして観光地などに立地する「リゾートホテル」に分けるのが主流であった。このうち、都市部のシティホテルは相対的に高価格のホテルであり、ビジネスホテルは相対的に低価格のホテルである。多くのホテルチェーンも、この２段階分類を採用し、チェーンを広げてきた。東急グループの「東急ホテル」と「東急イン」、「第一ホテル」と「第一イン」、「ホテルニューオータニ」と「ニューオータニイン」など、こうした事例は数多い。

しかし、それ以前から、海外では５段階あるいはそれ以上に分類することが主流であった。５段階分類では、高価格帯から順番に、

・ラグジュアリー
・アップスケール
・ミッドプライス
・エコノミー
・バジェット

などといった呼称を用いたり、星の数で示したりすることで、当該宿泊施設の価格帯がある程度把握できるようになっている。そして、海外のホテルチェーンは合併を繰り返す中で、こうした分類に沿って異なるブランドを用意して市場対応をするようになっていった。

わが国でも1990年代以降、いわゆる「外資系」の「ラグジュアリー・ホテル」と呼ばれる施設が開業する頃から、こうした市場対応を各社意識するようになった。事実、たとえば東急グループでも「東急ホテル」と「東急イン」以外に、「エクセルホテル東急」や「ホテル東急ビズフォート」といったブランドを開発するに至っている。

ただし、海外の大規模ホテルチェーンは、傘下に数千軒もの施設を擁しており、１つのブランドだけで数百軒の施設を持っていることも多い。わが国における軒数最多のチェーンでも200軒台程度（2016年現在：以下の軒数も同様）であることを踏まえると、同様の市場対応には限界があるものと思われる。

むしろ、海外のチェーンにも、特定の市場セグメントのみに集中することで強みを発揮しているものがある。「ザ・ペニンシュラ」は香港、マニラ、バン

コク、ニューヨーク、シカゴ、ロサンゼルス（ビバリーヒルズ）、東京、北京、上海、パリの10軒のみだが、最高価格帯のみをターゲットとして成功している。「フォーシーズンズ・ホテルズ＆リゾート」は、全世界で100軒ほどあるが、やはり「フォーシーズンズ」の単一ブランドで同様の市場セグメントを対象としている。

一方、米国を中心に展開する「ACE ホテル」のように、価格帯ではなくお客様の嗜好やライフスタイルなどによる市場セグメント分割をするチェーンも出現してきている。同様の事例は大規模ホテルチェーンでも垣間見られ、スターウッド・ホテルズ＆リゾーツ・ワールドワイドの「W」やハイアット・ホテルズ＆リゾーツによる「アンダーズ」などが該当する。

すなわち、わが国では価格帯による分類が、2000年代に入ってより細分化しはじめたところだが、海外では、すでにこの点は完了し、他の市場細分化変数に目が向きつつある。

3）サービス機能によるホテルの分類

これまでのホテルは、2)で述べた価格帯によって、高価格であるほど1)で述べた宿泊の要素以外にも、多種類の料飲サービス施設や大小さまざまな種類の宴会場を擁していた。また、宿泊に関しても、相対的に高価格なホテルは、一般的な客室からスイートまで取り揃え、比較的幅広い市場セグメントに対応していた。一方、低価格のホテルの多くは、機能を宿泊のみに絞り込んだ「宿泊特化型」、あるいは簡単な料飲サービスの提供のみとする「宿泊主体型」の施設であり、客室のタイプもある程度絞り込む方向性であった。

ここで、宿泊以外の料飲サービス、宴会の各部門を揃えている施設をフル

図表8－2　宿泊施設の価格帯とサービス機能

価格帯による分類	バジェット Budget	エコノミー Economy	ミッドプライス Midprice	アップスケール Upscale	ラグジュアリー Luxury
機能による分類	←リミテッド・サービス→	←リミテッド・サービス→／←フル・サービス	←フル・サービス→	←フル・サービス→	←リミテッド・サービス→

サービス、宿泊に特化した施設をリミテッド・サービスやフォーカスト・サービスという。かつて、わが国のホテル市場は、フルサービスの「シティホテル」とリミテッドサービスの「ビジネスホテル」とにほぼ二分されていた。しかし、前述したように世界的な潮流として、1990年代から「ラグジュアリー」という新しいカテゴリーが誕生してからは、この状況に変化が生じるようになってきている。

ラグジュアリー・ホテルは、それ以前の高級ホテルと比して相対的に客室数が少ない。対象とする市場を絞り込んで、よりきめ細やかなサービス提供を実現しようとしたためである。結果として、料飲サービス施設は少数となり、宴会場も必要最小限に抑えられることになった。

(3) 旅館の詳細

1) 旅館の施設と設備

ホテルとは異なり、旅館は一般に内外装とも和風の作りとなっていて、大多数の客室は畳敷きである。一部にベッドを用意しているケースもあるが、ほとんどの施設は畳敷きの客室に可動式の机を置き、夜はその机を移動させて布団で寝るというのが基本的なスタイルである。

食事は、多くが客室で摂る形態であるが、最近では客室とは別に食事処を用意して、そちらで対応しているケースも増えてきている。また、その場合には

四季の移ろいとともに雰囲気も変わる扉温泉・明神館の立ち湯

撮影：著者

天空の森・ヴィラに付属する専用の露天風呂

撮影：著者

1種類しか食事が用意されないのではなく、複数の料飲サービス施設を備え、食事の種類を選べるケースもある。これは、連泊のお客様に対応している。

旅館でもっとも特徴的な存在としては、大浴場があげられよう。最近では、一部の海外ブランドのホテルでも、日本を象徴するものとして大浴場を設置することもある。中には、館内に複数の浴場を用意して、いろいろな風呂を楽しんでもらえるような工夫をしている施設も存在する。

一部の高級施設では、客室にも専用の露天風呂を用意している。他のお客様のことは気にせずにゆっくりできることから、競争力の面からは魅力的である。

なお、最近は、旅館ともリゾートホテルとも区別をつけにくい施設も増えてきている。特に、各客室がヴィラ形式・離れ形式で構成される施設に、こうしたところが多い。

4）旅館の現状と課題

旅館は、軒数では1980（昭和55）年に８万3,226軒、総客室数では1987（昭和62）年に102万7,536室と、それぞれピークとなってからは減少の一途をたどっている。2014（平成26）年には４万1,899軒、71万19室と、それぞれ軒数で半減、客室数で３割減にもなってしまっているのが現状である。軒数ベースでは、毎年平均で約1,200軒の旅館が消えてしまっていることになる。

このように急速に減少している要因としては、

・消費者のライフスタイルの変化（和風→洋風）

・旅行スタイルの変化（団体→個人）

などがあげられる。

一方で、2000年代に入ってから、経営破たんした旅館を買収するなどして急成長を続けている「旅館チェーン」も存在する。「大江戸温泉物語グループ」、「湯快リゾート」、「伊東園グループ」がその代表格である。必要十分なサービスの提供に焦点を当てて、収益性の高い運営を実現している。そもそも、旅館はチェーン展開をすることがほとんどなかった。しかし最近では、上記３チェーン以外にも、共立メンテナンスによる「共立リゾート」や「海栄RYOKANS」のように、チェーン化を進め、規模の経済や範囲の経済を享受することを目指す企業も増えてきている。

あるいは、海外からの来訪客もターゲットとするために、「ルレ・エ・シャトー」のようなコンソーシアムに加盟する旅館も出現している。加盟している旅館は、その土地にしかない魅力を最大限にアピールして、高価格を実現している。

最近の話題としては、一泊二食が基本だった旅館における「泊食分離」の流れである。「星野リゾート」が大々的に導入しているが、これがどのような影響を及ぼすかは、現時点では未知数である。

（4）その他の宿泊施設

１）下宿と簡易宿所

前にも述べたように、わが国の旅館業法では、旅館とホテル以外にも、下宿と簡易宿所とが規定されている。

下宿は他の施設と異なり、主として長期間の利用を想定している。また、簡易宿所は、宿泊する場所を主として多人数で共用する点がポイントであり、具体的には、山小屋やユースホステル、あるいは一部のカプセルホテルなどが該当する。

下宿は、1980（昭和55）年前後は3,000軒を超えていたが、最近は急速に数を減らしており、700軒程度しかない。簡易宿所も同様に1980（昭和55）年前後に２万8,000軒以上あったのが、2000年代にかけて減少した。しかし、最近は再び増加傾向にある。その背景としては、外国人観光客を主たる標的市場としたゲストハウスの増加があげられよう。また、新しいタイプのカプセルホテルも急増している。

いずれも、ホテルが相対的に需要超過となっている地域を中心に、なんらかのテーマ性を持つなど、特徴ある施設を開発して成功しているといえる。

2）民泊の動向

増加するインバウンドを背景に、2018（平成30）年1月に民泊新法（住宅宿泊事業法）が施行された。この法律のポイントは、①住宅宿泊事業に係る届出制度の創設、②住宅宿泊管理業に係る登録制度の創設、③住宅宿泊仲介業に係る登録制度の創設、の３点である。

まず、①は、「住宅に人を180日を超えない範囲で宿泊させる事業」を「住宅宿泊事業」と定め、これを営もうとする場合、都道府県知事あるいは特定の地域では市長または区長への届出が必要とした。条例によるこの事業実施の制限など、地域の実情を反映する仕組みも導入している。そのうえで、宿泊者の衛生の確保といった、住宅宿泊事業の適正な遂行のための措置を義務付けている。さらに、同居する家主がいない家主不在型の住宅宿泊事業者に対し、次に述べる住宅宿泊管理業者に管理を委託することも義務付けられた。

次に②は、「家主不在型の住宅宿泊事業に係る住宅の管理を受託する事業」を「住宅宿泊管理業」とし、国土交通大臣の登録が必要とした。そして、住宅宿泊事業者への契約内容の説明など、住宅宿泊管理業の適正な遂行のための措置と、上で述べた住宅宿泊事業の適正な遂行のための措置を義務付けている。

最後に③は、「宿泊者と住宅宿泊事業者との間の宿泊契約の締結の仲介をする事業」を「住宅宿泊仲介業」とし、観光庁長官の登録が必要とした。そのうえで、宿泊者への契約内容の説明など、住宅宿泊仲介業の適正な遂行のための措置を義務付けている。

各自治体では、条例によって日数制限や営業可能区域の制限を課している。今後は、どの程度有効に法と条例が運用され、増加する外国人来訪者、そして国内の観光客に対応できるか、注視していく必要がある。

〈参考文献〉

塩見英治・堀雅通・島川崇・小島克己著（2017）『観光交通ビジネス』成山堂書店。
飯嶋好彦（2001）『サービス・マネジメント研究』文眞堂。
岡本伸之（1979）『現代ホテル経営の基礎理論』柴田書店。
鈴木博（1964）『近代ホテル経営論』柴田書店。
田尾桂子（2016）『グローバルオペレーターが変えるホテル経営：マネジメント契約はホテル産業に何をもたらしたか』白桃書房。
徳江順一郎（2012）『ホスピタリティ・マネジメント』同文舘出版。
富田昭次（2012）『ホテル博物誌』青弓社。

第9章

旅行業の新しいビジネスモデル

世界のボーダレス化が進むに従い、旅行産業と旅行者を取り巻く環境は大きく変化しようとしている。またAIなどを中心とするテクノロジーの進展は、あらゆる分野で自動化・効率化を促進している。本章では、旅行ビジネスの広がりとその将来像について触れることとする。具体的には、世界の主要旅行企業のビジネスモデルや日系旅行企業の世界展開の事例を紹介し、またテクノロジーの進展が未来の旅行の姿をどのように変化させるのかIATA（国際航空運送協会）が描く航空旅行の将来像を基に解説する。

・グローバル時代の新しいビジネスモデル
・ICT（情報通信技術）の進展とOTA
・テクノロジーが拓く旅行の未来

1 グローバル時代の新しいビジネスモデル

世界的なボーダレス化が進んだことによって、観光関連企業では国境を越えた展開を目指す会社も増えてきた。

世界の主要旅行会社で構成する組織WTTCのフレンツェル代表は講演で、世界の変化に対応するためのメガトレンドとして、①グローバルシフト、②デジタルシフト、③「実体験」＝「コンテンツプラス」をあげている。こうした将来像を意識しつつ、本章では、グローバル時代の新しいビジネスモデルについて、紹介することとする。

まずその前提として、M&A、垂直統合型経営と水平統合型経営を説明したい。

M&AとはMergers & Acquisitions（合併と買収）の頭文字をとったものであり、企業の既存の経営資源を活用することを目的に、経営権を移転もしくは経営に参加する取引をいう。その主なメリットとは、他企業の事業を自社に取り込むことによって、自社経営資源の有効活用に結びつけられる、あるいは新規事業を格安かつスピーディーに実施できることである。

企業活動はさまざまな要素で構成されている。たとえば製品やサービスの生産・販売を例に取ると、原材料の調達から始まり、最終的には生産された製品・サービスが顧客に届くまでそれぞれ異なった段階が存在する。各段階を価値（バリュー）の固まりととらえ、その連なり（チェーン）と理解することで、原材料（旅行素材）調達から製品の出荷までの企業活動一連のフローをバリューチェーンと呼んでいる（図表９－１）。

旅行素材調達を上の段階、製品の出荷を下の段階と捉え、上から下までの「フルセット」型の事業展開を行う場合、自社での新事業立ち上げもしくは他社の買収によりその体制を整える必要がある。そうした企業組織形態は「垂直統合（バーティカル・インテグレーション）型組織」と呼ばれ、旅行素材の生産から販売までを一貫して実施することとなる。

他方、「水平統合（ホリゾンタル・インテグレーション）型組織」とは、自社と同様の事業を展開する他企業、もしくは自社が強みを発揮している段階をさらに強化するために他企業を取り込むことで、その事業領域の規模拡大によって強みを増大させる組織形態を指す。

図表９－１　旅行業のバリューチェーン

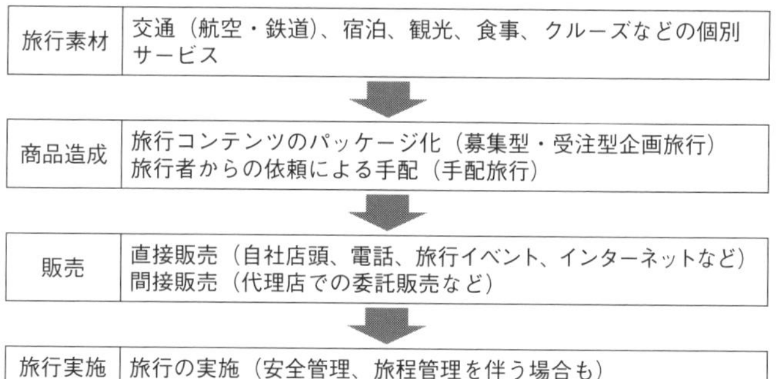

（1）欧州の大手企業 TUI が進む道〈垂直統合型経営〉

欧州の大手旅行企業 TUI を例に垂直統合型経営について見ていきたい。

TUI はドイツを拠点とする欧州最大手の旅行企業である。同社の前身は1900年代前半、鉱山経営を行っていたプロイスザークという企業で、経営の多角化と規模の拡大を推進するため欧州地域内で製鉄、電力、物流などを行う企業を次々と買収してきた。さらに欧州内の大手旅行企業を積極的に買収することで事業規模を拡大し、欧州最大の旅行企業の地位を築いた。同社の特徴は、旅行を構成するサービス業の素材を生産し、最終的に消費者へ販売するまで一貫して自社内で行う事業モデルである。つまり、旅行事業を展開するにあ

図表９－２　TUI の事業領域

事業領域	概　要
航空事業	欧州各国で６つの航空子会社を所有し、150機の航空機により世界180都市へ運航している。
ホテル・リゾート事業	300箇所の施設で総客室数は21万4,000室。贅を尽くしたプレミアムグレードからお手ごろなカジュアルグレードまで様々な施設を運営している。
クルーズ船事業	16隻のクルーズ船を運航しており、ホテル・リゾート事業同様にプレミアムからカジュアルまで顧客の多様なニーズに対応している。また対象市場により顧客の好みや接客方法に違いがあることから、ドイツや英国などそれぞれの市場に特化したクルーズも運航している。
セールス・マーケティング事業（旅行商品企画・販売・実施）	欧州各国において地元市場のニーズに合わせた旅行商品の企画・販売。自社や1600の提携代理網に加えオンラインサイトによる販売を実施。
デスティネーションサービス（旅行目的地でのツアー運営）事業	旅行目的地側での旅行運営事業を実施している。現地のスペシャリストとして現地滞在中の旅行サービス提供やその他の支援を行っている。世界180箇所で年間２千万人の顧客を取り扱っている。

出典：TUI アニュアルレポート

たって垂直統合型経営の推進により事業を拡大してきたといえよう。

航空、ホテル・リゾート、クルーズなどの旅行素材を自社で作り上げ、それらを組み合わせてパッケージツアーの企画・販売を自社、契約代理店やオンラインサイトで実施。さらに旅行目的地側でのツアー運営業務を実施するDMC事業[1]も展開している。

具体的なイメージとしては、旅行客はTUIの航空機で欧州各地より旅行に出発し、目的地ではTUIのホテルのうち旅行者の好みに応じたグレードの施設を利用する。現地側での観光などのツアー運営は自社で行うことから、サービスの質の保証や安全の管理を徹底させることができる。つまり旅行素材生産から旅行実施までのバリューチェーン全体を同一企業でカバーすることで、旅行商品の品質管理や、旅行者の多様なニーズにきめ細かく対応できることから、結果的に顧客の満足度向上にもつなげる手法である。

同時に克服すべき課題も存在する。旅行素材の自社内生産には、土地、建物、航空機、船舶の確保が必要であることから、事業開始前に巨額の資金を準備する必要がある。また近年、テロの発生などにより地中海南部、トルコ、エジプトなどの地域で旅行客が減少した。同社ではこれら地域にリゾートを多数運営しているため、利用客減少による収入低下に苦しんだ。航空・宿泊・クルーズ事業を運営する垂直統合型経営には、こうしたリスクが存在することにも留意が必要であろう。

また同社はグローバル展開にも積極的である。同社経営計画によると、南ヨーロッパ、アジア、南アメリカ地域の市場に対する事業展開を強化するとしている。特にアジア・南米地域市場では経済発展が著しく、旅行需要の伸びによる旅行商品販売の増加に期待がかかる。こうした欧州以外の市場で自社が所有する宿泊施設を利用した旅行商品を造成・販売することで、その稼働率向上に貢献できる、としている。

冒頭で紹介したとおり、同社は鉱山会社を出発点に多岐に渡る事業を展開してきた。しかし社会や市場の変化に伴い事業領域の見直しを行い、旅行領域での垂直統合型経営に集中することを決定し、集中すべき領域とそうでない領域

1　DMCとは、Destination Management Companyの頭文字であり、観光物件、自然、食、芸術・芸能、風習、風俗など当該地域にある観光資源に精通し、地域と協同して観光地域作りを行う法人のこと、と定義づけられている。(出典：JTB総合研究所)

を選別した。その結果、関連の薄い事業を他社に売却するなどの整理も同時に行ったのである。具体的には海運（コンテナ貨物事業）や他旅行業者へのホテル素材２次卸などの事業からの撤退を決定し、それらを他社に売却することで得た資金で、集中すべき「垂直統合型の旅行事業」の強化を図っている。

【サスティナブル・ツーリズムに対するTUIの取り組み】

昨今、持続可能な観光のあり方であるサスティナブル・ツーリズムの取り組みが注目を集めている。TUIでも経営目標の中にサスティナブル・ツーリズムの推進を掲げ、その運営を目的とした組織であるTUIケア財団を設立した。営利を追求する企業の目的として長期的な視点に立った社会的な貢献を組み入れていることは注目に値しよう。

同社では、取り組みを３段階のステップに分け① Step Lightly、② Make a Difference、③ Lead the Wayとし実施する計画である。最初の段階として、サービス提供部門である航空、宿泊、クルーズの各事業における取り組みを開始している。航空事業では二酸化炭素排出量が少なく燃費のよい最新鋭機材の導入、宿泊施設ではスペイン・マヨルカ、メキシコ、コスタリカでの自社施設における環境保護の取り組み、旅行目的地側でのツアー運営における配慮、具体的にはCO_2排出量の少ない車両の導入を実施している。また販売店舗においても、旅行情報提供・予約決済手続きのデジタル化を推進している。また、教育面では７万7,000人の職員や3,000万人の顧客を対象としたサスティナビリティーに関する啓発を行っている。

（2）日系企業の世界戦略〈JTB・HIS〉

１）JTBが目指すグローバル展開

JTBはわが国における旅行業界のリーダーとして事業を拡大してきた。同社は事業ドメインとして「交流文化産業」に軸足を置き、地球を舞台にあらゆる交流を創造することに邁進するとしている。世界全体のネットワーク型拠点網を強化するために、新会社設立や現地企業とのM&A、合弁会社設立を加速し、高品質な商品・サービスの提供を通じたグローバルブランドを確立すべく、DMCとしての機能向上およびさらなる事業拡大を推進している。そうしてグローバルネットワークを構築し、世界に認知される「圧倒的アジアNo.1」のポジションを目指すことを目標に掲げた。その結果、現在では11の事業群と171社の企業を持ち、海外では37の国・地域で418拠点のネットワークを作り上げた。

運営する事業に関しTUIと比較してみると、JTBは異なった経営手法を採用している。TUIのような、航空、ホテル、クルーズといった旅行素材を自前で生産する内製事業は行っていない。JTBは旅行事業を中心として、その裾野をヨコに拡張するイメージで、具体的には地域交流、金融・決済、出版、企業の福利厚生、イベントプロデュースなどの展開を行っている。またグローバル展開でも、旅行企業に対するM&Aを積極的に展開している。つまり冒頭で紹介した「水平統合型経営」を推進しているのである。

JTBではM&Aを①グローバルネットワークの構築、②アジアを中心とした展開、③着地型事業の展開、④競合他社との競争、これらのための方策と位置づけており、オーガニック（自前主義）とインオーガニック（M&A）の両面からグローバル戦略を実施している。

前出のTUIと同様、同社ではDMC事業のグローバル展開を推進している。上記M&Aの「③着地型事業の展開」における軸となるのがDMC事業であり、世界中に構築した各拠点の観光資源を利活用して誘客につなげ、旅行客の満足強化も狙っているのである。観光資源に対する素材の特性を理解したうえで出発地のニーズにマッチした商品を提供して、拠点エリアにおける観光エキスパートとしての「質の向上」と、取扱高の増加、つまり「量の拡大」を同時に追求している。

2）スター型からネットワーク型へ

JTBの海外展開は当初、日本から海外拠点へ送客するアウトバウンド事業と、海外拠点から訪日旅行を取り扱うインバウンド事業を中心に展開してきた。つまり日本を中心に据えた「日本発、日本着」であり、これを「スター型」と呼んでいる。他方、日本と海外拠点の２地点間以外に、海外拠点間のビジネス拡大、つまり世界中の地域と地域を結ぶ「世界発、世界着」である「ネットワーク型」事業展開への増強に向けて注力しているところである（図表９－３参照）。

図表９－３　スター型戦略からネットワーク型戦略への転換

スター型戦略

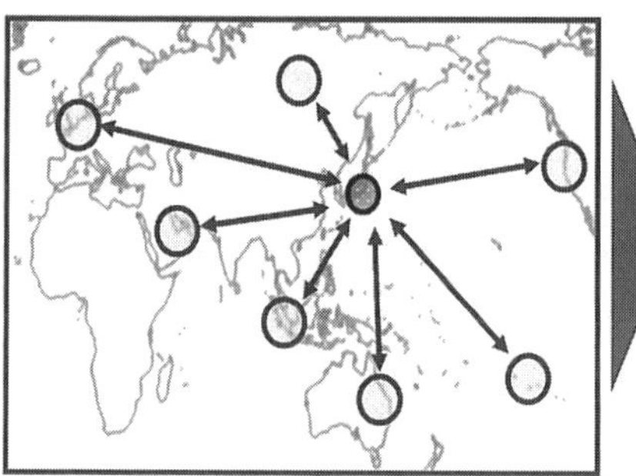

ネットワーク型戦略

日本と拠点国間の２国間ビジネスではおのずと限界が出てくる。さらなる成長を目指し、海外拠点を「出発地」ととらえ、日本以外の目的地への送客ビジネスを実施する。さらに、他の海外拠点を到着地として、DMC 事業の拡大を行う事業モデルとなっている。

３）HIS のグローバル展開

HIS では、日本での旅行事業、ホテル事業、テーマパーク（ハウステンボス）事業、交通事業などを柱にとした「垂直統合型経営」を展開している。同社は日本発の海外旅行領域を皮切りに事業を拡大してきた。取扱客数が増加するに従い、海外でツアーの受入業務を強化する必要があり、自社の海外拠点整備を行い、現在では66カ国・230拠点まで増加させている。特にタイ・インドネシア・ベトナムをはじめとする東南アジアにおいては、自社ブランドでの販売支店網の構築、旅行博への出展や省庁と連携した日本紹介番組への CM 出稿などの各種マーケティング施策を進め、現地顧客の増加に努めている。

同社の海外における旅行事業は、2016年度の受入客（インバウンド旅行客）に対する売上で753億円となっている。日本からの送客需要に限りがあることから、日本以外の市場からの取扱強化を目指している。また海外拠点発（アウトバウンド旅行客）の売上については434億円となった。同社ではその理由として、ローカルマーケットの拡大によると説明している。昨今、訪日旅行が急激な増加を見せる中、同社では訪日旅行を大きなビジネスチャンスととらえ、積極的な展開を行っている。

訪日旅行販売促進の具体的な事例として、タイを取り上げる。

訪日旅行において、アセアン諸国の中でも特に増加を示しているタイ市場。2000年には年間６万5,000人足らずだったものが、2010年には21万人を超え、さらに2016年には90万人を突破するなど飛躍的な増加を示した。同国はこれまで着実な経済発展を遂げ、１人あたりのGDPも2006年の約3,400米ドルから、2015年には約5,700米ドルへと大きな増加を見せた。こうした経済成長は、経済的な豊かさを背景とした生活の「質」の向上への下地をつくり、現在の旅行ブームにつながった。

もとより親日国として有名な同国であるが、日本製品やマンガ・アニメなどのコンテンツがタイ社会に広く定着し、その親近感がさらに強まった。また日本政府はタイ人訪日観光客を増加させる目的で、2013年にタイ人に対する観光ビザの免除を決定している。さらに同時期より継続している円安（タイバーツ高）の恩恵もあり、日本は「行きやすく」「お値打ち」な旅行目的地へと変貌を遂げ、その結果、訪日タイ人観光客数が飛躍的に増加したのである。

こうした状況を踏まえ、HISは同地での訪日事業拡大に乗り出した。まず、市内中心地スクンビット通りに大型の旗艦店を開設、さらにMRTの駅にミニ店舗を多数出店するなど販売網の拡充に努めた。また、バンコク・スワンナプーム国際空港と市内を結ぶ空港鉄道で大規模な広告を展開するなど販売促進活動も実施してきた。

バンコク空港駅プラットフォームのドア広告

撮影：筆者

TITF での HIS ブース

撮影：筆者

東南アジア各国では、旅行見本市が旅行商品販売会としての機能を有している。タイで最大規模の旅行見本市 TITF（Thai International Travel Fair）は2004年より開催されており、毎回約30万人規模の来場者を集めている。海外旅行の出展エリアでは日本の展示・販売ブースは最大規模を誇り、各地方自治体・観光局、宿泊施設、鉄道各社に加え、最近ではショッピングセンターを運営する不動産企業やいわゆる「爆買い」需要をターゲットとした大規模小売業も出展している。旅行会社では HIS は最大規模の展示・販売スペースを確保し、日本旅行の情報提供などに加え、来場者向け特別価格によるパッケージツアー、鉄道パス、観光施設入場券などを販売している。

こうした諸活動の結果、タイ訪日旅行市場において同社は日本観光旅行の専門店としての地位を築き上げるに至ったのである。

2 ICT（情報通信技術）の進展と OTA

ここ数年、訪日観光客数は大きな増加を示し、2016年で2,400万人を数えるまでに成長した。日本政府は2020年には4,000万人、さらに2030年には6,000万人へと増加させるための諸施策を策定した。こうした成長へ向けた課題を特定する目的で、政府は訪日旅行者の満足度に関するアンケート調査を実施している。その結果によると、訪日外国人旅行者が旅行中に困ったこととして、「施設などのスタッフとのコミュニケーションが取れない」が32.9%と最も多く、次いで「無料公衆無線 LAN の環境がない」が28.7%、「多言語表示の少なさ・わかりにくさ」が23.6%となっている。

これらは、いずれも旅行におけるコミュニケーションに関わる課題であり、観光人材の外国語能力育成や観光案内表示の改善に加え、旅行者自身による旅行情報の取得と SNS などを通じた旅行体験の発信を同時に行うことのできる Free Wi-Fi 環境の整備など ICT（情報通信技術）インフラの充実が求められていることが判明している。

（1）OTA（オンライン・トラベル・エージェンシー）

ICT の発達は、旅行者の観光情報の収集や旅行体験の発信による満足度を高める効果だけに留まらない。航空券、宿泊など旅行商品の予約・決済についてもその威力を発揮している。

旅行商品はパンフレット主体の対面販売から、新聞広告などを活用したメディア販売、さらに現在ではインターネットを活用した販売がそのシェアを拡大してきた。昨今ではそうしたインターネット専業の旅行会社が事業規模を拡大し、旅行商品の紹介、予約、決済をすべてインターネット（オンライン）環境で完了させることから、OTA（オンライン・トラベル・エージェンシー）と呼ばれている。

OTA の特徴としては、①いつでも予約・決済が可能である、②店舗が存在しないことから運営費用が安く抑えられる、③商品の品揃えの変更が瞬時に行えるなどがある。同時に、高額の旅行商品を購入する場合には旅行者の不安感が消えないことや、旅行に関わる相談が十分に出来ないなどの克服すべき課題も存在する。

1）OTA の巨大企業、米国 Expedia と Priceline

米国ワシントン州に本拠地を置く Expedia は、もともとマイクロソフトの旅行予約部門として設立され、1999年に独立し、その後急激な拡大を見せた。またそのライバルとなる Priceline は1997年に創業後、Booking.com や agoda などの別ブランド OTA を傘下に抱え事業の拡大を続けている。

現在、旅行取扱額で Expedia は724億米ドル（邦貨換算で約８兆円）となり

図表9－4　Expedia の事業領域

領域	ブランド
旅行予約（総合）	Expedia、Orbitz, Travelocity, Wotif
宿泊予約	Hotels.com
民泊予約	HomeAway
富裕層向け旅行	Classic Vacations
レンタカー	CarRentals.com
クルーズ予約	Expedia CruiseShipCenters
オプショナルツアー	Expedia Local Expert
旅行メタサーチエンジン	trivago
業務旅行	Egencia, Traveldoo
サプライヤーサポート	Hotwire, SilverRail
代理店サポート	Expedia Affiliate Network
旅行広告	Expedia Media Solutions

出典：Expedia Inc. ウェブページ

世界第1位、またPricelineは681億ドル（邦貨換算で約7兆5,000億円）と世界第2位の取扱額を誇るまでに成長した。ちなみに日本の旅行最大手JTBグループが約1兆6,000億円、国内大手OTAの楽天トラベルが約5,600億円の取扱高であることを考えると、これらExpediaとPricelincの規模がいかに巨大かが理解できよう。

これらOTAは、M&Aを通して他の企業を取り込むことで取扱額の拡大と新たな事業領域への進出を同時に実現させた。Expediaを例にとると、オンライン上でツアー、航空券、宿泊、業務旅行、レンタカー、クルーズなどの予約や旅行メタサーチエンジン（横断検索エンジンとも呼ばれ、キーワードや条件を入力することで世界に散らばる航空券やホテルの価格情報を収集・統合・整理し最低価格や最良条件などの検索結果を提供するシステム）、またサプライヤー、旅行代理店や業務旅行を行う企業の業務サポートなど、予約、販売、業務管理の領域のみを事業対象としている。前出のTUIが垂直統合型の事業モデルであれば、これらOTAは旅行商品流通領域に特化した事業拡大であり、これは「水平統合型」であるといえる。

Eコマース（電子商取引）は旅行産業でも世界的な広がりを見せた。

世界各地ではそれぞれ自国を市場とした独立系OTAが事業を展開していた。ExpediaとPricelineはともに米国の企業であるが、そうした海外OTAをM&Aにより傘下に取り込むことで、地球規模の事業拡大に成功するだけでなく、買収された企業が持つ技術力を取り込むことにもつながった。

その結果、商品検索・予約・支払いの機能充実による顧客満足の改善のみならず、たとえばAIなどのテクノロジーを活用した各言語によるコミュニケーション力の向上により、海外OTAでも国内業者並み、あるいはそれ以上の顧客対応能力を身に付けつつある。今後、他国内での新たな利用者獲得につながる可能性には留意が必要であろう。

2）中国のOTA　Ctrip

経済発展の著しい中国では所得や余暇時間の増加により、旅行市場が急激な拡大を見せた。昨今、Eコマースは中国社会で広く定着しており、旅行商品販売でOTAのビジネスモデルは同市場で受け入れられやすい環境にあった。そのなかでも1999年創業のOTA、Ctripは2016年には売上高20億米ドル（邦貨換算で約3,200億円）を記録し同国OTAの最大手となった。中国国内での事業拡大に加え海外の企業に対するM&Aも積極的に実施している。

近年、同社は海外での事業拡大に積極的である。インドOTA最大手、MakeMyTripへの資本参加により同国市場への参入に道を付けた。また英国では旅行メタサーチエンジン大手Skyscannerを買収し、自社商品の販売に活用するだけでなく、競合する他社OTAの商品価格に関する情報収集機能を活用することで、自社商品の価格変更に反映させ、競争力強化に成功している。また多言語対応の必要性からSkyscanner本部の拠点がある英国北部のエディンバラにCtripのコールセンターを置くなど、欧州市場での事業拡大に向けた環境整備を進めている。

(2) OTAの倒産によって見えてきた課題

OTAはインターネットを利活用したEコマースであることから、国境を越えたビジネスと親和性が高い。つまり、外国のOTAが簡単に国内の旅行販売ビジネスを取り扱うことができることから、さまざまな課題も出てきた。

日本で旅行業を営むには旅行業法で定められた要件（営業保証金の供託、財産など経済的な裏づけ、旅行業務取扱管理者の選任など）の履行が求められている。これは旅行商品取引の公正や旅行者の安全確保などを通して、消費者保護を確実なものにすることを目的としているためである。仮に本拠地が海外に存在する外国 OTA が日本国内で旅行商品を販売しても、日本政府が定めた旅行業法をこうした外国旅行企業に守らせる強制力は期待しにくい。つまりグローバル環境でEコマースが定着すると、政府が定めた自国民に対する消費者保護策が十分に働かない可能性が出てきたのだ。

事実、自国民が海外 OTA を利用しその会社が倒産した英国の事例では、英国の消費者保護策が適用できなかったことから大きな混乱を引き起こした。以下、その事例を紹介する。

2016年夏、スペインの OTA である LowcostTravel 社（以下 LCT 社）が倒産した。延べ2万7,000人の顧客が持つ11万件の予約が影響を受けた。同社はスペイン企業であるにもかかわらず、その6割は英国での販売であった。外国のインターネット旅行会社が英国内で旅行商品を販売し、旅行者は同社に旅行代金を振り込んだものの、そのほとんどは旅行が実施されないままとなった。また、ホテル業者が同社を利用した旅行者に対し宿泊代金の追加払いを求めるなどのケースも報告されている。被害にあった旅行者が解決に向け英国の関係省庁や旅行業協会に相談したところ、倒産した旅行会社は英国の企業ではないことから事実上政府による保護はないことが伝えられ、混乱が広がった。

LCT 社は2004年に英国で創業された。Web 上でパッケージツアーを作成する「ダイナミック・パッケージ旅行」で知名度を上げ英国内での顧客を増やした旅行会社である。その後、OTA の競争が進んで価格競争が起こったことから、同社は苦境を乗り切るため、①主要な業務を人件費の安いポーランドに移転させ、さらに②英国政府から航空便を利用する旅行者に支払いが義務付けられている「APC（ATOL Protection Contribution）」の負担回避やその他の費用削減のため、本社をスペインに移転させた。そのことで、英国政府による「旅行者の保護」が抜け落ちることになったのである。英国での利用者にとってみれば LCT 社は「英国で慣れ親しんだ旅行会社」であったものの、その実態は旅行者保護策の手薄な「スペインの旅行会社」であり、同社の倒産により大きな損害を被ることとなってしまったのである。

以上は英国とスペインをめぐる事例であるが、他の国・地域で同様のトラブルが発生する可能性は否定できない。こうしたトラブルを予防するため、日本の観光庁では、2015年にオンライン取引に関するガイドラインを発表し、旅行サイト運営者の基本的情報（国内業者か海外業者の区別）や取引条件の確認を徹底するよう啓蒙に務めている。

これらを踏まえると、利用者が安心・安全な旅行を楽しむため、日本国内の旅行業法などの制度によって保護された国内旅行会社利用の意義は確実に存在するといえる。視点を変えれば、日本の旅行業者は消費者保護に注力していることを積極的にアピールするなど、利用者への啓蒙を推進することが求められている。同時に消費者は外国の旅行会社を利用する場合のリスク、具体的には旅行会社が倒産した場合の旅行者保護制度の有無などについて理解を深めることが求められている。

(3) グローバル化が政策に与える影響
——オーストラリアでは旅行業ライセンス制度を廃止——

豪州では1980年代に旅行業法が施行された。その内容とは、旅行業従事者の育成や旅行業者の経営状態の監視、また営業保証金制度による旅行業者破たんの際の消費者保護など、日本の旅行業法と似た制度であった。

グローバル化の進展によって、他国のOTAが豪州市場に進出しビジネスを拡大してきた。豪州は英語を母国語としていることから、米国発祥で世界展開を行うExpediaやPricelineなどのOTAが簡単に参入しやすい環境があったのである。豪州の旅行業者は旅行業としての事業を行う上で、旅行業法が定めた営業保証金や旅行業ライセンスの登録・更新費用などの支払いを義務付けられていた。他方、外国OTAは豪州の旅行業法には必ずしも縛られないことから、豪州の旅行会社にとって不公平な状況で外国のライバルOTAと競争を強いられたのである。

こうした状況を踏まえて、旅行業者を束ねる旅行業協会は旅行業法が定める営業補償金やその他の制度を継続することに反対を表明した。消費者保護を統括する豪州連邦政府は、その実態調査とライセンス制度・保証金制度の存続に向けて検討を重ねた結果、2015年に旅行業ライセンス制度の廃止に至ったのである。その結果、豪州では旅行商品取引に係る消費者保護は、他の財・サービスと同等の取扱いを受けることとなった。

こうした政府の判断には利点と欠点があろう。従来、旅行は比較的に高額な商品であったことから、これまでは政府は独立した政策によって消費者保護を行ってきた。消費者保護が企業のコスト負担増につながる場合、豪州のように国が定めた法律による管理力を弱めることも想定される。こうした新たな環境下で、旅行産業はそのあり方を変化させ生き残りを図らなければならない。

③ テクノロジーが拓く旅行の未来

IATA（国際航空運送協会）によると、世界の年間航空旅客数は2035年までに現在の２倍である60億人に達するとの試算が示されている。これに対応するには、旅客数の増加に伴い空港滑走路やターミナルの増設また航空路の効率的運用とともに、旅客の搭乗・降機時間の短縮化による空港の取扱乗客数を増やす必要がある。わが国でも、羽田空港や成田空港の旅客処理能力の向上が求められているところである。

さらに旅客志向の多様化に合わせた満足度向上と不満足解消はもちろんのこと、航空会社・空港などの運営側の業務効率化と費用低減またテロ対策やその他の空の安全に関わる措置を含め、それらを同時に達成させることも求められている。

（1）IATAが推進するStB（Simplified the Business）プロジェクト

IATAとは280の航空会社が参加し、全世界の83％の輸送力を有する航空企業の業界団体である。その目的は、①安全かつ効率的な航空運送の助成、②国際航空業務運営の円滑化の促進、③国際機関（国際民間航空機関など）との協力などとなっている。

航空の将来を見据えIATAが取り組んでいるプロジェクトとして、StB（Simplified the Business）がある。最新テクノロジーの利活用による旅行経験改善と運営の効率化を目指す一連の取り組みである。具体的には、①航空券や付随サービスの販売に関わる品揃えの充実や運営費用の削減、②旅行中のタイムリーな情報提供による旅客の利便性向上、③旅行中の待ち時間短縮の実現、といった内容となっている。これまで電子航空券、共用自動チェックイン機、バーコード搭乗券、IC チップ埋め込み手荷物タグなどを実現させ、航空輸送の効率化に貢献してきた。今後は運営方法をゼロから見直すといった抜本的な制度改革により、旅客や航空会社だけではない空港会社、旅行会社、グランドハンドリング会社、システム提供会社などすべての利害関係者に恩恵をもたらすことを目指す方向への転換を行った。

StB が実施した利用者を対象とした調査では、空港での保安検査、機内エンタテインメント設備、到着空港での受託手荷物受取りで特に不満が高いことが判明した。また、旅行全体を通した改善すべき点では、年齢層ごとに求める内容が異なる結果となっている。24歳以下では「機内での Wifi 接続」、25～44歳では「旅行の各段階における場面に応じた情報提供（SNS などを活用した待ち時間表示や、空港ターミナル案内など）」、さらに45歳以上では「客室乗務員の質の高いサービス」といった異なった希望が示された。

長期的な観点に立てば、将来の航空利用者の中心となる現状での若年・中年層の意向を強く意識する必要があろう。若年層の希望が強い「機内 Wifi」については、航空会社側で積極的な対応を進めており、たとえば座席埋め込み型スクリーンを廃止し、必要な情報は機内 Wifi により提供し、必要に応じて旅客が所持するスマートフォン等による利用とし、同時に USB による充電機能を強化するなどのシステム変更に乗り出す動きも出てきた。これにより、設備費用削減と乗客の満足度向上を目指している。

空港保安検査における不満な点では、「靴・ベルト・上着を脱ぐ」が74％、「PC などを取り出して別検査を行う」が51％、「空港により、保安検査の内容が異なる」が47％となった。さらに保安検査で10分以上待つのは許容できない、との意見も多く聞かれた。こうした状況を改善する目的で、関西空港の第２ターミナルの国際線エリアでは、日本初となる最新テクノロジーを活用した「スマートセキュリティ」システムを導入した。これにより搭乗保安検査にかかる処理時間が３分の１ほど短縮されるという。

空港での本人確認手続きは重複も多く、StB プロジェクトでは生体（バイオメトリック）データの登録とその認証により、手続簡略化と時間短縮のためのシステム構築を目指すこととした。

海外渡航の諸手続では、古くより身分証明書であるパスポートと入国許可証にあたるビザが必要だった。世界的に旅行者数は増加を続け、ビザ免除など認証手続きを簡素化する国も増加してきた。他方、ビザに代わる電子認証の事前取得を義務付けている国も存在する。たとえば米国のESTA、カナダのeTAや豪州におけるETAがそれにあたる。こうした電子認証は旅行開始前の出入国審査機能をあわせ持つことから、空港での手続き短縮化につながった。2020年からはEU諸国でも「欧州渡航情報認証制度（ETIAS)」を開始することを発表した。2017年末、国連・安全保障理事会の決議（第2395号）で、テロリストなど航空の安全に脅威を与える可能性のある人物の情報について、各国当局間での情報交換が合意された。また各国政府がメンバーとなっているICAO（国際民間航空機関）では世界的な航空保安に関わる水準の維持・強化を推進中で、世界的な管理体制がより強固なものとなりつつある。具体的には、安全な人物と危険な人物を事前に特定し一括管理することで、空の安全を高めることを目的としているのだ。

こうした状況を受け、IATAでは個人に対するシングル・トークン（個人識別データ)、つまり旅行を行う各個人にID番号を付与し管理する仕組みとなるoneID制度の推進に踏み切った。これは、航空券予約・購入、パスポートデータ、個人の生体データ、各国の出入国管理データなどが紐付けされ一括管理が可能となる制度である。その結果、さらなる諸手続きの重複解消・簡素化による時間短縮が実現できる、としている。また先に触れた調査によると、85%の回答者が、旅行の諸手続に費す時間短縮が実現できるのであれば、関係諸機関への個人データの提供に賛成する、との結果も示された。

IATAでは、2020年にはシングル・トークンをスマートフォンなどの電子機器に記録させておき、空港では顔面・指紋などによる生体認証を増加させつつ、パスポートによる本人確認の簡略化を推進する段階を目指し、その後は出発・到着空港間のデータリンクによる諸手続きの自動化ネットワーク構築を2030年ごろまでに完成させるとしている。それ以降は、パスポートさえ不要となる生体認証を中心とした段階に移行し、まさに「顔パス」時代が到来する可能性が出てきた。

2001年の米国同時多発テロの発生以降、航空保安検査の技術革新が進んだ。それは、従来実施してきたような物理的な保安検査を徐々に削減しつつ、テクノロジーを活用していく自動化のプロセスであった。こうした高度な管理が今後地球規模で進展することで、空の安全の確保と旅客の移動手続きの円滑化・

時間短縮化が同時に実現されることとなる。他方、個人情報の漏洩防止や個人に対する行き過ぎた監視などの弊害を避けるためにも、個人データの保護・管理に関わるより厳格な規則構築が求められよう。

StB プロジェクトでは、他の取り組みにも着手している。

ここでは、自動運転車（Autonomous Vehicles、以下 AV）ならびにドローンの活用可能性について述べることとする。

航空輸送の効率化と安全確保は、空港で実施されるさまざまな地上支援業務にも求められている。その対象となるのは、空港での航空機到着から次の出発までの限られた時間内で、航空機の誘導、地上電力の供給、搭乗橋の接続、次便出発へ向けた燃料搭載、機内清掃、貨物・手荷物や機内食・販売品やその他物品の取り卸し・搭載などである。これらを定時性と安全性を確保しながら確実に実施する必要がある。航空機や地上支援車両が飛行場内で移動し諸業務を実施する過程で、一定の割合で車両や用具の破損・事故が発生する。また業務担当職員のケガなど労働災害の発生に結びつくこともある。空港地上施設の破損に関わる統計によると、空港地上機材の破損にかかわる上位５項目は、貨物の積込み・取り卸しを行うローダー、貨物コンテナ、航空機への旅客乗降用階段、貨物搭載用ベルトコンベア、搭乗橋関連であった。こうした状況を根本から見直す切り札として、AV の導入に向けた動きが加速してきた。ともすれば、自動運転自動車のイメージが強い AV であるが、空港での地上支援業務にあたっても、その真価が発揮されると期待されている。これにより、安全性の確保に加え、旅客の快適性、空港内の混雑緩和、運用効率性向上などにも結びつく、との分析結果が IATA によって示されている。

さらに空港の地上支援業務に関わる無人航空機（UAV：Unmanned Aerial Vehicle、いわゆる「ドローン」）も含まれる。地上からは見えにくい機体箇所の目視チェックや到着航空機の搭乗橋設置サポート、またターミナル・ゲートから航空機が自走可能な地点までの機体移動を、無人牽引車とドローン監視の組み合わせにより実施するといった業務無人化・合理化の可能性も出てきた。

以下、現在開発が進展している事例を紹介しておきたい。

1）旅客搭乗橋

ターミナルビルのゲートへ直接航空機から降機もしくは搭乗する場合、搭乗橋を使用する。航空機到着時の搭乗橋接続は、もっぱら担当職員の操作により実施されてきた。この作業を無人で実施するための開発が進んでいる。

2）空港内バス

目的地空港に着陸後、ターミナルビルから離れたスポットに到着した場合は、空港ターミナルまではバスの移動となる。これまで、国際線で到着した旅客を誤って国内線到着ロビーへ誘導するといったトラブルも存在した。

高度に制御された自動走行バスによって、こうしたトラブルの回避につながるだけでなく、処理できる旅客数や航空機の到着・出発回数の増加など混雑空港の運用効率の向上も期待できよう。

3）手荷物関連作業

旅客の受託手荷物業務の自動化は大きな進展を見せた。しかし依然として、人力を経た作業に依存している部分がある。これをAVによる自動化に移行させるべく開発作業が進んでいる。具体的には機材周りでの取り卸し・積込みの作業、機体と空港ターミナル間の搬送、またターミナルにおける旅客への受け渡しでの自動化が進むこととなる。

つまりAV・ドローンは、空港での地上支援に関わる多くの部分のサポートを行える可能性があり、さらに航空機運航の地上支援業務のみならず、鉄道やバスといった地上交通へのアクセス、ターミナル内での不審者に対する監視などにも活用される可能性がある。

同時に乗り越えるべき課題もあろう。①既存機材を同時運用しながらどのようにAV・ドローンを導入するのか。②厳格な運用規定が存在する空港地上支援業務の基準を満たすだけのAV・ドローンが開発されるのか。③地上支援業務に従事してきた職員の担当業務変更や人員整理など労務面の問題。④航空会社もしくは空港により異なった多様な要求・制約が存在し、それらをどのように調整・管理し克服するか。⑤また自動化には不可欠なデータの取扱いに関する保安上の課題ならびに責任の範囲の課題にも留意が必要である。

(2) 旅行産業はリアルな体験を軸に、他産業を巻き込みながら成長へ

昨今、ブロックチェーン技術は仮想通貨ビットコインの基幹技術として開発され注目を浴びてきた。本技術は分散型台帳管理を行うための技術で、高い信頼性を確保した上で運営費用も抑制することができることから、金融に限らず旅行産業も含めた多様な分野でその導入可能性について検討がなされている。

前出の欧州旅行最大手企業、TUI ではブロックチェーン技術を活用した運営拡大を推進すると表明している。同社の CEO はこの５～10年でブロックチェーン技術が進展し、旅行業者間の取引（いわゆる BtoB）の領域を席巻するであろう、と述べた。自前で所有・運営する航空、クルーズや宿泊施設の在庫管理や販売では従来システムの運営と維持に多額の費用を費やしてきた。そうした費用が低く抑えられるブロックチェーン技術導入は大きな価値を生む、と付け加えている。先に述べたとおり、IATA の StB では、oneID のプロジェクトを推進中であり、旅行企業でもそうしたテクノロジーを活用しつつ、効率化を推進していくであろう。

旅行商品と旅行者を取り巻く環境がどんなに変化しようとも、本項で述べたテクノロジーは「脇役」に過ぎない。人手を介さない業務が増えていく中で、旅行業の生存領域とは異なったところに存在するのではないだろうか。そしてそれは「古くて新しい」ものなのかもしれない。旅行とは、五感をフルに活かしたリアルな体験であり、ここに旅行ビジネスの生存領域が残されているのだ。

旅行はかつてお伊勢参りに代表されるような一生に一度の数少ないイベントであった。時を経て、国際化の進展や交通の発達また宿泊施設の充実が進んだことから旅行者は大幅に増加し、国際観光客数は2016年の段階で延べ12億人を超えるに至った。UNWTO（世界観光機関）ではエネルギーや環境問題だけでなく、難民や貧困の格差拡大などの課題を包括的に見据えた「持続可能な観光」推進に取り組むようになった。旅行ビジネスは交通、宿泊、観光施設などの範囲にとどまらず、もっと大きな他産業との連携が必要な時代となったのだ。

たとえば、昨今では健康志向の高まりもあり、不健康状態に陥らないための「ウエルネス」向上を目的とした旅行のあり方が注目を浴びている。さらに世界

的に平均寿命は伸び続け、今後人生100年時代の到来も意識される中で、医療を目的としたメディカル・ツーリズムにも注目が集まる。他にも、アニメや映画などのメディア・コンテンツが旅行目的として注目を浴び拡大を見せているのはご承知のとおりである。こうした産業横断的な旅行が今後も出現を続け、旅行産業は「生活インフラ」としての骨太な成長を続けていくに違いない。

〈参考文献〉

内閣府　経済社会総合研究所資料。

観光庁 (2015)「オンライン旅行取引の表示などに関するガイドライン」。

観光庁 (2016)「訪日外国人旅行者の国内における受入環境整備に関するアンケート」。

国土交通省、平成28年度データ。

三井住友銀行刊「タイ　アウトルック2017」。

「ダイアモンド ハーバード・ビジネス・レビュー」2017年８月号、ダイヤモンド社。

リンダ・グラットン他著『ライフシフト』東洋経済新報社、2016年。

TUI Annual Report 2016.

TUI Group AGM 2017、CEO プレゼンテーション、p.8。

TUI Sustainability Strategy 2015-2020.

Expedia Inc. 企業グループ　ウェブページ。

HIS アニュアルレポート2016。

JTB Group Profile 2016・2017.

IATA（2017）, *StB White Paper*, International Air Transport Association

米トラベルウィークリー誌　PowerList 2017.

●編著者略歴

・編著者

森下 晶美（もりした まさみ） ………………………………… 第３章、第４章
東洋大学国際観光学部教授。法政大学大学院社会科学研究科経営学専攻修士課程修了。近畿日本ツーリスト(株)、ツアーオペレーターなどを経て2006年東洋大学着任、2017年より現職。2016年観光庁出向（観光産業課課長補佐)。著書に共著『旅行商品企画の理論と実際』同友館、2011年。編著『新版 観光マーケティング入門』同友館、2016年など。

・著　者

松園 俊志（まつぞの しゅんし） ……………………………… 第１章１・２
1946年長崎県出身、法政大学社会学部卒、同大学院社会科学研究科退学。2001年より東洋大学国際地域学部教授、2007年東洋大学現代社会総合研究所所長に就任し2015年退任。2010年より日本国際観光学会（JAFIT）会長2015年退任。2017年東洋大学名誉教授に就任。著書に、共著『国際共生社会学』朝倉書店、2008年。共著『改訂二版旅行業入門』同友館、2005年。

近藤 光則（こんどう みつのり） ……………………………………… 第１章３
観光庁観光産業課旅行業務適正化指導官。1988年運輸省入省。一関市観光戦略担当参事、関東運輸局国際観光課長、観光庁総務課広報広聴官等を経て、2017年より現職。

谷口 和寛（たにぐち かずひろ） ………………………………………… 第２章
弁護士法人御堂筋法律事務所東京事務所所属。平成22年３月東京大学法科大学院卒。平成23年12月弁護士登録。平成26年５月から２年間、任期付公務員として観光庁観光産業課に勤務し（課長補佐)、旅行業、宿泊業、民泊等の観光産業に関する法務を担当。観光庁「新たな時代の旅行業法制に関する検討会」、「経営ガバナンスワーキンググループ」等の委員を歴任。

藤本 幸男（ふじもと ゆきお） ……………………………………………… 第５章
富山福祉短期大学国際観光学科教授、学科長。1973年三重大学教育学部卒。(株)日本交通公社（JTB）入社。ロサンゼルス支店長、JTB ワールドバケーションズヨーロッパ部長、アメリカ部長、常務執行役員など歴任。海外旅行商品企画に25年携わる。旅行市場、商品企画、事業経営などをテーマに講演多数。共著書：『旅行商品企画の理論と実際』同友館、等。

越智 良典（おち よしのり）…………………………………………… 第6章1・2
1975年早稲田大学政治経済学部卒。近畿日本ツーリスト(株) に入社、丸の内海外旅行支店に勤務。視察旅行を中心に海外団体営業を担当。常務取締役を経て専務取締役を最後に退任。ユナイテッドツアーズ社長。2013～2020年（一社）日本旅行業協会理事・事務局長。2020年から東洋大学国際観光学部教授、早稲田大学客員講師、（一社）日本旅行業協会参与。共同執筆：『観光立国日本への提言』成文堂、『日本の観光を担う次世代リーダーへ』出版文化社。

矢ケ崎 紀子（やがさき のりこ）……………………………… 第6章3、第7章
東京女子大学現代教養学部国際社会学科教授。九州大学大学院法学府政治学専攻修士課程修了。(株) 住友銀行、(株) 日本総合研究所、国土交通省観光庁参事官（観光経済担当)、首都大学東京都市環境学部特任准教授、東洋大学国際観光学部教授を経て現職。専門分野は観光政策。著書：『インバウンド観光入門』晃洋書房、2017年、等。

島川 崇（しまかわ たかし）…………………………………………… 第8章1
神奈川大学国際日本学部教授。国際基督教大学卒業、ロンドンメトロポリタン大学院経営学修士（Tourism & Hospitality）修了、東京工業大学大学院情報理工学研究科博士後期課程満期退学。日本航空、松下政経塾、韓国観光公社、日本総合研究所、東北福祉大学、東洋大学を経て現職。著書：『観光と福祉』成山堂書店、2019年、『新しい時代の観光学概論』ミネルヴァ書房、2020年。

徳江 順一郎（とくえ じゅんいちろう）……………………………… 第8章2
上智大学経済学部卒業、早稲田大学大学院商学研究科修了。在学中に起業し、アトレイユ・コーポレーション代表取締役を経て、現在、東洋大学国際観光学部・大学院国際観光学研究科准教授。著書：『ホスピタリティ・マネジメント』『ホテル経営概論』(同文舘出版)、『ホテルと旅館の事業展開』『ホスピタリティ・デザイン論』(創成社)、等。

野村 尚司（のむら しょうじ）………………………………………………… 第9章
東洋大学国際観光学部国際観光学科教授。埼玉大学大学院経済科学研究科博士後期課程修了。1987年よりカンタス航空で営業戦略、マーケティング、政府渉外、総務部門などの業務に携わる。ツーリズム・マーケティング研究所(現 JTB 総合研究所)、玉川大学観光学部を経て現職。専門分野は航空マーケティング、ボーダレス環境下での旅行業経営。

2018年5月22日　初版第1刷　発行
2021年4月1日　初版第3刷　発行

新版 旅行業概論
—旅行業のゆくえ—

編　著　©森下晶美

発行者　脇坂康弘

発行所　株式会社 同友館
東京都文京区本郷3-38-1
TEL. 03(3813)3966　FAX. 03(3818)2774
https://www.doyukan.co.jp/

落丁・乱丁はお取り替えいたします。
三美印刷／松村製本
ISBN 978-4-496-05356-6
Printed in Japan